August Neilreich

Diagnosen der in Ungarn und Slavonien bisher beobachteten Gefässpflanzen welche in Koch's Synopsis nicht enthalten sind

August Neilreich

Diagnosen der in Ungarn und Slavonien bisher beobachteten Gefässpflanzen welche in Koch's Synopsis nicht enthalten sind

ISBN/EAN: 9783743330054

Hergestellt in Europa, USA, Kanada, Australien, Japan

Cover: Foto ©berggeist007 / pixelio.de

Manufactured and distributed by brebook publishing software (www.brebook.com)

August Neilreich

Diagnosen der in Ungarn und Slavonien bisher beobachteten

Gefässpflanzen welche in Koch's Synopsis nicht enthalten sind

DIAGNOSEN

DER IN

UNGARN UND SLAVONIEN

BISHER BEOBACHTETEN

GEFÄSSPFLANZEN

WELCHE IN KOCH'S SYNOPSIS NICHT ENTHALTEN SIND.

VON

Dr· AUGUST NEILREICH

Ritter des Ordens der Eisernen Krone III. Klasse, k. k. Oberlandesgerichtsrathe, Mitgliede der k. Leop. Karol.
Akademie der Naturforscher, correspond. Mitgliede der ungar. Akademie der Wissenschaften, Ehrenmitgliede
des naturforsch. Vereines in Brünn, des naturwissenschaftl. Vereines für Steiermark und des botan. Vereines
für Brandenburg zu Berlin, corresp. Mitgliede der k. ungar. Naturforscher-Gesellschaft in Pest, der k. botan.
Gesellschaft zu Regensburg und der Société imp. des sciences naturelles de Cherbourg, Mitgliede der k. k. zool.-
botan. Gesellschaft, der österr. Gesellschaft für Meteorologie und der k. k. mähr.-schles. naturwissensch.
Gesellschaft zu Brünn, dann Correspondenten der k. k. geolog. Reichsanstalt.

Herausgegeben

von der

k. k. zoologisch-botanischen Gesellschaft in Wien.

Vorgelegt in der Sitzung vom 6. Februar 1867.

WIEN 1867.

Im Inlande besorgt durch **W. Braumüller**, k. k. Hof- und Universitätsbuchhändler.
Für das Ausland in Commission bei **F. A. Brockhaus** in Leipzig.

SEINER EXCELLENZ

DEM

HOCHWÜRDIGSTEN HERRN

DR LUDWIG HAYNALD

ERZBISCHOFE VON KALOCSA

SEINER KK. APOSTOLISCHEN MAJESTÄT WIRKLICHEM GEHEIMEN RATHE, PÄPSTLICHEM THRON-
ASSISTENTEN, RÖMISCHEM GRAFEN, ADELIGEM BÜRGER VON ROM, CONSULTOR DER HEILIGEN
RÖMISCHEN CONGREGATION FÜR DIE AUSSERORDENTLICHEN ANGELEGENHEITEN DER KIRCHE
UND JENER DES INDEX, K. K. EHRENHOFKAPLANE, EHRENMITGLIEDE DER K. UNGARISCHEN
NATURFORSCHER-GESELLSCHAFT ZU PEST, DES SIEBENBÜRGISCHEN VEREINS DER NATUR-
WISSENSCHAFTEN ZU HERMANNSTADT UND DES BOTANISCHEN VEREINES FÜR BRANDENBURG
ZU BERLIN, MITGLIEDE DER K. K. ZOOLOGISCH-BOTANISCHEN GESELLSCHAFT ZU WIEN UND
DER SOCIÉTÉ IMP. DES SCIENCES NATURELLES DE CHERBOURG, BESITZER DES GOLDENEN
VERDIENSTKREUZES PRO PIIS ...... IS, MEMBRUM COLLEGIATUM DER THEOLOGISCHEN FA-
CULTÄT AN DER UNIVERSITÄT ZU PEST

EHRERBIETIGST GEWIDMET.

Vorrede.

Koch's Synopsis florae germanicae et helveticae ist anerkannter-
massen ein so vortreffliches Handbuch zur Bestimmung der Arten, dass
sie seit ihrem Erscheinen allen mitteleuropäischen Floren als Grundlage
oder doch zur Richtschnur gedient hat und noch fortan dienen kann.
Die meisten der in Ungarn und Slavonien bisher beobachteten Arten
und Varietäten sind in *Koch's* Synopsis enthalten, nur bei 420 ist dies
nicht der Fall, meist Pflanzen der östlichen Karpaten, des Tieflandes
und besonders des Banates. Die Diagnosen dieser in *Koch's* Synopsis
nicht vorkommenden ungarischen und slavonischen Arten und Varietäten zu bearbeiten, war die Aufgabe des gegenwärtigen Werkes.

Soll aber diese Aufgabe ihrem Zwecke entsprechen, so musste
nicht nur das von *Koch* gewählte System und die Reihenfolge der Gat-
tungen und Arten, sondern auch die von ihm beobachtete Methode, seine
Ausdrucksweise und Satzstellung streng eingehalten und bei Beschreibung verwandter Arten die gleichen und abweichenden Merkmale genau
seinen Diagnosen angepasst werden. Aus diesem Grunde wurden gegenwärtige Diagnosen auch in lateinischer Sprache geschrieben, da *Koch*
sein Originalwerk *) ebenfalls in dieser Sprache verfasst hat. Nur in
der Benennung einiger Pflanzenorgane musste ich mir Aenderungen
erlauben, um mit den Grundsätzen der neuern Morfologie nicht allzu-
sehr in Widerspruch zu kommen. *Koch* bezeichnet nämlich die dolden-,

---

*) Damit ist die zweite Auflage Leipzig 1843—45 gemeint.

ähren-, trauben- und rispenförmigen Formen des begrenzten oder centrifugalen Blütenstandes (Cyma) mit den Worten *Dolde*, *Aehre*, *Traube* und *Rispe*, welche doch dem unbegrenzten oder centripetalen Blütenstande angehören. Ebenso nennt er die fiederschnittigen und fiedertheiligen Blätter (folia pinnatisecta et pinnatipartita) fast immer *gefiederte Blätter* (folia pinnata) und die Abschnitte (segmenta) derselben *Blättchen* (foliola), was sie nicht sind.

Ich habe nur die bekannten Arten aufgenommen, zweifelhafte und undeutlich beschriebene Pflanzen, deren *Kitaibel* so viele in die Welt gesetzt hat, wurden blos dann berücksichtigt, wenn mir Originalexemplare vorlagen, welche mich in den Stand setzten, die Zweifel aufzuklären. Auch die Bastarte musste ich meistens übergehen, denn die ältern ungarischen Botaniker führen deren sehr wenige und nur solche an, welche man früher für echte Arten gehalten hat, die aber dann in *Koch's* Synopsis gewöhnlich schon enthalten sind. Die in neuerer Zeit in Ungarn aufgefundenen Bastarte, ebenfalls nur einige wenige und nicht hinlänglich beobachtet, hätten nur Stoff zu Vermuthungen und neuen Verwirrungen gegeben, so dass ich es für besser hielt, in der Regel darüber zu schweigen. Die hybriden Formen Ungarns, ohne Zweifel sehr zahlreich, erwarten erst einen Bearbeiter oder richtiger den, der sie zu finden versteht.

Bei Bearbeitung dieser Diagnosen standen mir in den bei weitem meisten Fällen Originalexemplare zur Verfügung. Seine Excellenz der Herr Erzbischof von Kalocsa Dr. *Ludwig Haynald*, in dessen Besitz das *Heuffel'sche* Herbar sich befindet, hat mir mit der grössten Zuvorkommenheit alle von mir gewünschten Pflanzen aus seiner reichen Sammlung zur Benützung überlassen und mich dadurch in die Lage gesetzt, über so manche *Heuffel'sche* Arten, die vielleicht in keinem Herbar wieder zu finden sind, meine Meinung aussprechen zu können. Auch das k. k. botanische Hofkabinet besitzt viele Originaltypen von *Rochel*, *Wierzbicki*, *Heuffel* und *Kotschy*, dann in grosser Menge die zur Vergleichung und Ergänzung oft so nöthigen Pflanzen der russischen und der Balkan-Flora. Sowohl von diesem Herbar als auch von allen übrigen litterarischen Hülfsmitteln des kaiserlichen Museums hat mir der Custos desselben Herr Dr. *Eduard Fenzl* den umfassendsten Gebrauch gestattet. Reich an siebenbürgischen Arten, die überall nach

Ungarn hinübergreifen, ist ferner das Herbar der k. k. zoologisch-
botanischen Gesellschaft, das daher ebenfalls wichtige Beiträge geliefert
hat. Auch einige Privat-Herbarien wurden theilweise benützt und ich
selbst besitze mehrere seltene ungarische Arten aus dem Banate und
den Umgebungen von Pest-Ofen, welche ich von dem ehemaligen Pro-
fessor *Julius von Kováts* erhielt. An den Ufern des Neusiedler Sees,
auf dem Leitha- und Rosaliengebirge dann im Marchthale habe ich oft
botanisirt. Nur *Kitaibel's*che Exemplare habe ich sehr wenige gesehen,
die muss man in Pest oder in Berlin im *Willdenow's*chen Herbar suchen.

Desungeachtet ist es vorgekommen, dass einige von *Heuffel* selbst
aufgestellte Arten in seinem Herbar fehlen und auch sonst nirgend zu
finden sind, dann dass Arten, die unbezweifelt in Ungarn wachsen oder
doch nach glaubwürdigen Angaben dort wachsen sollen, mir von keinem
ungarischen Standorte vorgelegen sind. Diese habe ich meistens nach
siebenbürgischen und russischen Exemplaren bearbeitet. Die von *Anton
Kerner* in den letzten Jahren beschriebenen *Plantae novae* habe ich
fast alle, von den von *Karl Koch* neu aufgestellten oder im Banat neu
aufgefundenen Arten dagegen keine einzige gesehen, doch sind seine
Beschreibungen sehr ausführlich und die neu aufgefundenen Arten
durch russische Exemplare leicht zu ergänzen. Da mir sonach in der
Regel ungarische und meistens auch Originaltypen vorlagen, so habe
ich nur da, wo mir diese fehlten, ausdrücklich bemerkt, nach welchen
Exemplaren die Diagnose entworfen wurde. In allen Fällen also, wo
keine Bezugsquelle angegeben ist, sind mir ungarische und meistens
auch Originalexemplare zu Gebote gestanden. Ausnahmsweise habe ich
dies bei streitigen Arten noch besonders hervorgehoben. Die Standorte
wurden nur kurz berührt, da ich sonst die Angaben in meiner *Aufzählung der in Ungarn vorkommenden Arten* hätte einfach wiederholen
müssen.

Koch hat zwar nicht bei allen aber doch bei vielen jener Arten,
welche die einzigen der Gattung sind, nach der von *Linné* eingeführten
Methode gar keine Diagnose gegeben, sondern einfach auf die Gattungs-
merkmale hingewiesen. Dies ist sehr unpraktisch und sollte stets ver-
mieden werden, allein da es nicht meine Aufgabe ist, *Koch's* Synopsis
in dieser Richtung zu ergänzen und da es anderseits doch manchem Botaniker schwer fallen dürfte, die Art nach den Gattungsmerkmalen zu

bestimmen, so habe ich mich in solchen Fällen beschränkt, nur die Diagnosen der in Ungarn seltnern Arten zu schreiben.

In neuerer Zeit wurde von mehreren Botanikern die Ansicht ausgesprochen, man müsse jede unterscheidbare Pflanzenform gleich den bisherigen in einem viel engern Sinne aufgefassten Arten beschreiben und mit einem besondern Namen bezeichnen. Dieser Meinung kann ich nicht beitreten, denn consequent durchgeführt würde sie zuletzt zur Specialisirung der Individuen führen, was gewiss Niemand wünscht und will, auf ein gewisses Mass beschränkt käme es aber zuletzt doch wieder nur auf die Anschauungsweise, den Takt und den Geschmack eines jeden Einzelnen an, ob eine Pflanzenform die erforderlichen Merkmale besitze, um als Art im obigen Sinne beschrieben und benannt zu werden. Damit wird aber dem bei den bisherigen Arten bestehenden und auch längst anerkannten Uebelstande nicht im mindesten abgeholfen, wohl aber müssten die Namen bis in das Unübersehbare vermehrt werden.

Bezüglich der ungarischen Flora haben *Karl Koch*, *Grisebach*, *Heuffel*, *Schott*, *Schur* und *Anton Kerner* derlei Pflanzenformen als Arten in dem vorerwähnten Sinne aufgestellt, Arten, welche ich in diesem Werke als solche bald beibehalten, bald als Varietäten eingezogen habe. Dieser Vorgang bedarf einer nähern Begründung. Wenn die Unterscheidungsmerkmale solcher Arten nicht gar zu unbedeutend waren, wenn sie sich mit Worten auf eine verständliche Weise ausdrücken und abgrenzen liessen und mir wenigstens keine entschiedenen Uebergänge vorlagen, so habe ich derlei Arten als solche aufgeführt, wenn mir auch über die Erheblichkeit oder die Beständigkeit der angegebenen Merkmale gewichtige Zweifel aufgestiegen sind und ich die Art nach meiner Auffassung für keine hielt. Denn da ich hierüber in der freien Natur keine Beobachtungen anstellen konnte, so wollte ich einer Pflanze das Artenrecht nicht kurzweg absprechen, sondern zog es vor, einen jeden Botaniker in den Stand zu setzen, aus der Diagnose sich sein eigenes Urtheil zu bilden. Wenn aber die Unterscheidungsmerkmale geringfügig oder wenn selbst auffallend doch nur relativ waren, wenn sie sich in Worten nur höchst unbestimmt ausdrücken liessen, augenscheinliche Uebergänge sich vorfanden, die von einem Autor seiner Art beigelegten Merkmale derselben nicht eigenthümlich waren oder gar bei den von ihm selbst gesammelten Exemplaren theilweise oder (was auch vorkommt) ganz fehlten, dann musste ich wohl solche Arten als blose Varietäten aufführen, weil ich sie unter die an bestimmte Ausdrücke gebundene Diagnose gar nicht hätte unterbringen können oder die Beschreibung der Stammart, der sie angehören, mit höchst geringfügigen Abänderungen hätte wiederholen müssen.

Diejenigen Pflanzen, welche in dem vorerwähnten Sinne als Arten aufgeführt wurden, sind mit **grössern fetten Lettern,** jene aber, die nur als Varietäten oder zufällige Formen betrachtet werden konnten, mit **kleinern fetten Lettern** gedruckt. Die charakteristischen Merkmale endlich, wodurch sich eine Art von den verwandten unterscheidet, sind *kursiv* gesetzt.

Auch gegenwärtig bin ich in der angenehmen Lage, für die mir zu Theil gewordene Unterstützung, die ich überall fand, wo ich sie suchte, allseitig zu danken. Ich habe bereits bemerkt, dass die von Seiner Excellenz dem Herrn Erzbischofe von Kalocsa Dr. *Ludwig Haynald* mit so grosser Bereitwilligkeit mir zur Benützung überlassene Pflanzensammlung unter allen mir zu Gebote gestandenen Quellen die ergiebigste und unentbehrlichste war und ich ergreife daher diese Gelegenheit, um hierfür meinen ehrerbietigsten Dank öffentlich auszusprechen. Ebenso habe ich der längst bekannten Liberalität des Herrn Custos Dr. *Eduard Fenzl* erwähnt, mit der er mir die reichen Mittel des k. k. botanischen Hofkabinetes zur Verfügung stellte, aber auch die vielen Gefälligkeiten, welche bei dem Gebrauche dieser Mittel mir der Herr Custos-Adjunct Dr. *Heinrich Reichardt* erwies, muss ich insbesonders hervorheben. Mein jugendlicher Freund *August Kanitz* war wie bei meinem frühern Werke über die Flora Ungarns auch diesmal rastlos thätig, mir das erforderliche Material beizustellen und mich mit den neuesten Erscheinungen der ungarisch-botanischen Litteratur bekannt zu machen. Herr Oberlieutenant *Victor von Janka,* dieser unermüdliche und glückliche Forscher der Flora von Ungarn, die Herrn Professoren Dr. *Anton Kerner* in Innsbruck, *Josef von Dorner* in Pest, *Friedrich Hazslinszky* in Eperjes, Rittmeister *August Schneller* in Presburg und Dr. *Paul Ascherson* Custos am k. Herbarium zu Berlin haben durch eingesendete Pflanzen und ertheilte Auskünfte sehr schätzenswerthe Beiträge geliefert. Nicht mit Stillschweigen darf ich endlich übergehen, dass mein ältester und liebvollster Freund Dr.

VI

Ludwig Ritter von Köchel, von dem ich vor 36 Jahren den ersten Unterricht in der Botanik erhielt, diesmal wie immer mir mit Rath und That an die Hand ging, was bei seiner vielseitigen wissenschaftlichen Bildung für mich von hohem Belang war. Allen diesen noch einmal meinen besten Dank.

Ich hoffe durch gegenwärtige Diagnosen *Koch's* unübertroffenes Meisterwerk in seinem vollen Umfange für die Flora von Ungarn nutzbar zu machen und dadurch den Botanikern dieses Landes das Bestimmen der Arten nicht unbedeutend zu erleichtern.

Wien, den 6. Februar 1867.

Dr. August Neilreich.

DIAGNOSES

PLANTARUM VASCULARIUM

IN

HUNGARIA ET SLAVONIA HUCUSQUE OBSERVATARUM

QUAE

IN KOCH SYNOPSI NON CONTENTAE SUNT.

I. EXOGENAE.

RANUNCULACEAE.

THALICTRUM *L.*

Post Th. Jacquinianum 5 *):

Th. medium *Jacq.* Hort. vind. III. t. 96. Caule sulcato glabro epruinoso recto, foliis 3—4pinnatisectis inferioribus ambitu triangularibus aeque longis ac latis, *segmentis cuneiformibus* plerumque trifidis *viridibus* subtus pallidioribus, laciniis lanceolatis acutis, *auriculis vaginarum triangulari-ovatis* denticulatis *cauli adpressis*, panicula pyramidali diffusa ramis erecto-patentibus non flexuosis, *floribus* subumbellatis verticillatisque *sub anthesi staminibusque porrectis* defloratis pendulis, antheris apiculatis, radice fibrosa. ♃ In pratis collinis Sirmii (*N.* 235)**). Junio, Julio. *Koch* Deutschl. Fl. IV. 135, *Reichb.* Icon. XIII. f. 4632. Th. lucidum *L.* Spec. 770? Th. collino-flavum? Caulis 2—3′ altus, sepala flavida, stamina lutea, ramificationes primariae petioli nunc stipellatae nunc exstipellatae, nota et in aliis Thalictri speciebus variabilis. Inter affinia Th. Jacquinianum *Koch* seu Th. collinum *Wallr.* (*Reichb.* l. c. t. 28 f. 4628) caule, paniculae ramis petiolisque plus minus flexuosis, foliorum segmentis subrotundo-obovatis, auriculis rotundatis patentibus et floribus staminibusque pendulis; Th. elatum *Jacq.* (*Reichb.* l. c. t. 35 f. 4633) caule foliisque glaucis, segmentis subrotundo-obovatis et auriculis rotundatis; Th. flavum *L.* (*Reichb.* l. c. t. 43—4 f. 4638—9) foliis inferioribus ambitu oblongo-triangularibus, panicula fasciculata densiflora et antheris muticis discrepant.

Observatio. *Jacquin* Th. medium suum e semine eduxit, quod sub falso nomine Th. sibirici accepit (unde acceperit non liquet), sed

---

*) Significat paginam in Koch Synopsi.

**) Designat paginam operis mei: Aufzählung der in Ungarn und Slavonien bisher beobachteten Gefässpflanzen. Wien 1866.

Neilreich: ung. Diagnosen

planta, quam olim sevit, in horto Vindobonensi adhuc colitur. Specimen ab *Heuffel* prope Vukovár in Sirmio lectum cum planta Jacquiniana congruit, at Th. medium *Sadl.* Pestin. 233 in montibus Budensibus est secundum specimen authenticum Th. collinum *Wallr.*

Ad Th. simplex et Th. galioides 6:

Th. simplex *L.* (*Reichb.* Icon. XIII. t. 32 f. 4631) et Th. galioides *Nestl.* (*Reichb.* l. c. t. 37 f. 4636) sunt me judicante varietates foliis latisectis et angustisectis unius ejusdemque speciei: Th. simplex *Wahlb.* Succ. I. 359 et *Meyer* Fl. hannov. 4 (conf. etiam *Koch* Taschb. 4 et *Aschers.* Bot. Zeit. 1865 p. 368). Th. laserpitiifolium *Griseb.* It. 311 (secundum synonyma citata) et *Heuff.* Ban. 5 sicut Th. Bauhini *Reichb.* Icon. l. c. t. 40 f. 4636 c. sistunt formam intermediam. Sed Th. laserpitiifolium *Reichb.* l. c. t. 39 f. 4636 et specimen hujus nominis in herbario *Heuffel* asservatum habitu, foliorum segmentis latis, inflorescentia corymbosa et floribus erectis ad Th. flavum γ. variisectum (*N.* 235) spectant. Th. simplex var. latisectum hucusque in Hungaria non observatum nuperrime ab *Janka* in pratis ad Parád Comit. Hevesiensis detectum est, var. angustisectum seu Th. galioides occurrit in pratis humidis hinc inde (*N.* 235).

Ad Th. angustifolium 6:

Th. peucedanifolium *Griseb.* It. 312 secundum specimen herbarii *Heuffel* in valle Almás Banatus lectum est nil nisi forma opima Th. angustifolii *Jacq.* foliorum laciniis angustissime linearibus elongatis flaccidis varie curvatis. „Videtur forma opima in pratis fertilibus enata Th. angustifolii *Jacq.*" sic *Heuffel* in schedula herbarii sui, nihilominus in Enum. Banat. 6 tamquam speciem genuinam proposuit.

MYOSURUS *L.*

Ad M. minimum 12 (absque diagnosi):

M. minimus *L.* Spec. 407. Foliis linearibus integerrimis basilaribus, scapis unifloris, carpellis receptaculo demum longissimo insertis, receptaculo spicam conico-cylindricam aemulante. ⊙ In humidis et inundatis planitierum (*N.* 237). Aprili, Majo. *Sturm* II. 11, *Reichb.* Icon. XIII. f. 4569. Plantula parva caespitosa 3—4" alta, petala flavida, spica fructifera 1¼" longa.

RANUNCULUS *L.*

Post R. ophioglossifolium 16:

R. nodiflorus *L.* Spec. 773. Foliis ovalibus oblongis lanceolatisve integerrimis vel denticulatis, caule erecto dichotome ramoso multifloro, ramis saepe recurvis, *floribus sessilibus* oppositifoliis vel axillaribus, carpellis obovatis marginatis longius breviusve rostratis utrinque tuberculato-scabris. ☉ Majo. Caules 3—10″ alti, petala minima vix lineam longa fugacia flava. Floribus et carpellorum capitulis sessilibus ab affinibus diversissimus. Variat:

α. occidentalis. Rostrum rectum minutum carpello quadruplo brevius. R. nodiflorus *DC.* Syst. II. 250 simul genuina species *Linnaei.* In Gallia centrali.

β. orientalis. Rostrum elongatum subulatum leviter arcuatum carpellum fere aequans. R. lateriflorus *DC.* l. c. 251. R. nodiflorus *W. K.* Pl. rar. II. t. 176, *Reichb.* Icon. XIII. f. 4612. In inundatis salsis et palustribus planitierum Hungariae (*N.* 239).

Post R. Flammula 16:

R. polyphyllos *W. K.* in *Willd.* Spec. II. 1331. *Foliis submersis verticillatis plerumque in petiolos filiformes sine lamina reductis, foliis natantibus et emersis partim oblongis ovalibusve et integerrimis partim cuneatis obovatisve et tridentatis vel fere trilobis,* caule erecto vel natante ramoso multifloro, *floribus longe pedunculatis,* carpellis ovatis turgidis levibus immarginatis apiculo brevi terminatis. ☉ *(W. K.)* ♃ *(Sadl.* Pestin. 225). In inundatis, fossis et stagnis planitierum (*N.* 239). Aprili — Julio. *W. K.* Pl. rar. I. t. 45, *Reichb.* Icon. XIII. f. 4596. Stirps polymorpha, caules 1—6″ longi, petala parva vix unam lineam superantia lutea. Foliis submersis filiformibus et emersis inferioribus numerosis parvis plerisque subtrilobis floribusque multo minoribus a R. Flammula diversus.

Ad R. Ficaria 17:

Ficaria nudicaulis *Kern.* ÖBZ. XIII. 188 vel F. calthaefolia *Reichb.* Icon. XIII. f. 4571 est varietas Ranunculi Ficaria *L.* caule 1—3″ alto simplici unifloro aphyllo vel folio uno alterove instructo et foliis basilaribus subrosulatis cordato-ovalibus obtusis lobis incumbentibus. In graminosis prope Budam, sed absque dubio multis adhuc aliis locis Hungariae inveniendu, a me in Austria quoque lecta.

Post R. illyricum ante §. 4. p. 17:

R. pedatus *W. K.* Pl. rar. II. t. 108. *Foliis glabris vel parce pilosis radicalibus pedato-partitis caulinis paucis 2—3partitis integrisve,* laciniis linearibus vel lanceolatis integerrimis vel paucidentatis, caule erecto plus minus piloso inferne aphyllo superne ramoso bi- plurifloro, pedunculis teretibus, calyce adpresso, radice grumosa. ♃ In collibus montanis clivis arenosis pascuis humidis (*N.* 240). Aprili, Majo. *Reichb.* Icon. XIII. f. 4591. Herba viridis nec sericeo-incana ut in R. illyrico *L.,* caulis circiter pedalis, petala lutea.

Post R. auricomum 17:

R. flabellifolius *Heuff.* in *Reichb.* Fl. excurs. 723, Flora 1833 I. 360. Foliis radicalibus cordato-orbiculatis reniformibusque crenatis indivisis vel palmatilobatis, vaginis radicalibus membranaceis foliiferis vel aphyllis, *foliis caulinis flabelliformibus i. e. obverse-triangularibus rhombeisve antice grosse et inaequaliter crenatis vel inciso-lobatis*, caule plurifloro, pedunculis teretibus, carpellis ventricosis anguste marginatis velutinis rostro uncinato. 2| In dumetis silvisque montanis Banatus (*N.* 240). Aprili, Majo. *Reichb.* Icon. XIII. t. 13 f. 4602. Caulis pedalis, petala lutea. Foliis caulinis flabelliformibus subindivisis a R. auricomo *L.* et R. cassubico *L.* quidem facile distinguendus, sed folia caulina occurrunt etiam palmatipartita imo suprema palmatisecta (R. auricomus grandiflorus seu alliariifolius *Reichb.* Icon. XIII. t. 13 f. 4599). Praesto mihi est porro specimen banaticum tribus caulibus ex eadem radice, bini caules sistunt vulgarem formam R. auricomi, tertius vero folio flabelliformi R. flabellifolii instructus est. Hybrida proles haberi non potest, quia inter affines Ranunculus foliis caulinis indivisis in Banatu non crescit. Meo judicio monstrositas gamophylla R. auricomi.

Ad R. Philonotis 19:

R. Philonotis *β.* **mediterraneus** *Griseb.* in *Heuff.* Ban. 10 seu R. mediterraneus *Steff.* ÖBZ. XIV. 182 est secundum descriptionem et specimen authenticum ad Lugos lectum varietas illa carpellis etuberculatis, quae in Austria et probabiliter etiam in Hungaria vulgatior est quam varietas carpellis tuberculatis. Caeterum tam R. sardous *Cr.* Stirp. II. 1769 p. 111 quam R. hirsutus *Curt.* Fl. lond. II. 1777 t. 40 prioritate Ranunculo Philonotis *Ehrh.* Beitr. II. 1788 p. 145 antecedunt.

Post R. sceleratum 20:

R. pygmaeus *Wahlb.* Fl. lapp. p. 157 t. 8. *Foliis radicalibus palmato- 3—5lobis, caulinis 2—3fidis, lobis oblongis* integris vel leviter bilobis, *caule simplici* 1—2folio *unifloro*, sepalis ovalibus cochleatis obtusis reflexis petala subduplo superantibus, *capitulo carpellorum oblongo, carpellis* oblique ovatis sublevibus *rostro uncinato duplo longioribus*, radice fibrosa. 2| In rupibus sub cacumine alpis Lomnitzer Spitze (*N.* 241). Augusto. Sv. Bot. t. 748, *Reichb.* Icon. I. f. 3—5, *Sturm* H. 95 optime. Plantula pusilla, caulis $\frac{1}{2}$—2" altus post anthesin elongatus, sepala rubescentia, petala parva saturate lutea caduca. Speciminibus diminutis R. scelerati *L.* non absimilis, sed haec caule ramoso plurifloro, foliis superioribus palmato-partitis laciniis linearibus, capitulis oblongo-cylindricis et carpellis rugulosis rostro minimo recedunt. (Comparavi specimina lapponica et tirolensia, hungarica non vidi.)

Post R. parviflorum 20:

§. 6. *Folia palmato-lobata vel -partita, rhizoma horizontale carnosum, flores aurei, carpella levia.*

R. Steveni *Andrz.* in *Bess.* Volhyn. 22. Rhizomate horizontali carnoso, *caule* 2—3folio *multifloro,* pedunculis teretibus, *foliis palmato- 5partitis* radicalibus longe petiolatis caulinis multo brevius petiolatis sessilibusque, *laciniis* rhombeo-obovatis *profunde 2—3fidis* inciso-dentatis, *carpellis* lenticulari-compressis marginatis *rostro subcurvato multoties longioribus,* receptaculo glabro. ♃ In pratis montanis et silvaticis ad Nemes-Podhragy (*Holuby* exs.), ad Magnovaradinum et in Banatu (*N.* 241). Majo—Julio. *Reichb.* Icon. XIII. f. 4605 sed rhizoma desideratur. Caulis 1—1½' altus, petala aurea. Occurrit foliorum laciniis latioribus se invicem tegentibus (R. Frieseanus *Jord.* Observ. VI. 17, 20) et laciniis angustioribus distantibus (R. acris *Jord.* l. c. 15, 20, nec *L.*), in Hungaria tantum haec ultima forma crescere videtur, R. acri *L.* simillima sed rhizomate horizontali 2—5'' longo diversa.

R. carpaticus *Herb.* Select. pl. Galic. 1836 p. 15. Rhizomate horizontali carnoso, *caule* 1—3folio *1—2floro,* pedunculis teretibus, *foliis palmato- 5lobis* vel -3fidis radicalibus longe petiolatis vel nullis caulinis multo brevius petiolatis sessilibusque, *laciniis* rhombeo-obovatis *leviter 2—3fidis* inciso-dentatis, *carpellis* ventricosis marginatis *rostro uncinato triplo longioribus,* receptaculo setoso. ♃ In silvis montanis et subalpinis Marmatiae (*N.* 241). Julio, Augusto. R. Gouani *Willd.* Spec. II. 1322 quoad plantam Marmatiae. R. Lerchenfeldianus *Schur* Siebenb. Ver. 1852 p. 84. Caulis ½—1' altus infra medium saepe aphyllus, folia figura et magnitudine illis R. lanuginosi *L.* simillima interdum maxima semipedem diametro, corolla speciosa aurea.

R. Thomasii *Ten.* Fl. Napol. I. p. LXIX, III. t. 146, IV. p. 78 et 347, V. t. 240 in alpe Csiblesz (*N.* 241) consulto omisi, nam valde dubito, plantam hanc ab auctore sat confuse descriptam et in vallibus silvae Sila Calabriae spontaneam in alpe Csiblesz crescere. Specimina, quae *Kotschy* olim legit, verisimiliter in herbario *Schott,* quod in museum Mexicanum migravit, asservata sunt.

HELLEBORUS *L.*

Ad H. viridem 21:

Omnes Hellebori in Hungaria hucusque rite observati (nam H. niger et H. foetidus ibi certe non crescunt) mihi sunt varietates **H. viridis** *L.* et quidem:

α. **grandiflorus.** Plerumque pauci- (1—3)- florus, calyx expansus 2—2½'' diametro metiens et H. purpurascente excepto intus et extus viridis. H. viridis *Jacq.* Fl. aust. II. t. 106, *Reichb.* Icon. XIV. f. 4718, *Koch* Syn. 21, forma genuina. H. odorus *W. K.* in *Willd.* En. Berol. I. 592, *Koch.* Banat. t. 10, *Reichb.* l. c. f. 4721, *Koch* Syn. 22, forma australis luxurians calycibus omnium maximis. H. graveolens et H. laxus *Host* Fl. aust. II. 89, *Reichb.* l. c. f. 4716 et 4720. H. purpurascens *W. K.* Pl. rar. II. t. 101, *Reichb.* l. c. f. 4725 calyx extus livide purpureus. β. parviflorus. Pluriflorus, calyx expansus 1½—2″ diametro metiens. H. dumetorum *W. K.* in *Willd.* En. Berol. I. 592, *Reichb.* l. c. f. 4719, *Koch* Syn. 22, calyx viridis. H. pallidus *Host* l. c. 90 eadem forma. H. atrorubens *W. K.* Pl. rar. III. t. 271, *Reichb.* l. c. f. 4723, calyx extus obscure violaceus. H. cupreus *Host* l. c. 87 calyx extus saturate cupreus, a forma priore vix diversus.

Omnes hae formae in fruticetis collinis et silvis montanis praecipue Hungariae mediae et australis sicut Slavoniae obviae (*N.* 242). Martio, Aprili. ♃

AQUILEGIA *L.*

Post A. alpinam ♃:

A. glandulosa *Fisch.* in *Link* En. hort. Berol. II. 84. *Calcaribus apice hamatis staminibusque petalorum limbo rotundato brevioribus*, sepalis oblongis, foliis simpliciter vel repetito-trisectis, segmentis varie incisis crenatisque, crenis oblongis obtusis. ♃ In pratis subalpinis Bihariae (*N.* 243). Julio, Augusto. *Ledeb.* Fl. alt. II. 296, *Maund* Bot. V. t. 219. A. alpina *Baumg.* Transs. II. 104 nec *L.* Caulis 1—1½′ altus subaphyllus 1—3florus apice glanduloso-pubescens, folia radicalia parva, caulina adhuc minora, sepala petaloidea speciosa sicut petala vel tota caeruleo-violacea vel sepalorum apices et petalorum limbus albi, folliculi villosi. A. vulgaris *L.* calcaribus limbo longioribus, staminibus limbum parum superantibus et foliis subduplo majoribus differt.

DELPHINIUM *L.*

Post D. Consolida ♃:

D. orientale *Gay* in *Desmoul.* cat. Dord. 12 ex *Gren. et Godr.* Fl. Fr. l. 47. Caule simplici stricto vel ramoso ramis erecto-patentibus, racemis multifloris, corolla monopetala, bracteis (ad basin pedicelli) pinnatisectis trisectis vel indivisis et linearibus pedicellum aequantibus vel superantibus, *bracteolis* (infra basin floris) geminis elongato-linearibus *pedicellum superantibus* saepe dimidiam corollam attingentibus, foliis tripinnatipartitis vel tripinnatisectis, laciniis linearibus, folliculis viscido-hispidis in stylum brevem quasi lateraliter affixum abrupte attenuatis dehiscentibus apice excisis. ☉ Inter segetes et in arenosis Banatus (*N.* 244) et Sirmii (*Kan. et Kn.* ZBG. XVI. 138), deinde ad Quinqueecclesias (ÖBZ. XVI. 287) et verisimiliter multis adhuc locis ditionis australis. Junio, Julio. D. Ajacis *Wolfn.* ÖBZ. VII. 227 nec *L.* Caulis 1—1½′ altus, corollae violaceae vel purpurascentes. Simillimum D. Ajacis *L.* bracteolis parvis pedicello multo brevioribus et folliculis in stylum sensim attenuatis; D. Consolida *L.* racemis paucifloris, pedicellis elongatis, bracteis et bracteolis pedicello multo brevioribus et folliculis glabris discrepant.

PAEONIA *L.*

Post P. peregrinam 28:

P. tenuifolia *L.* Spec. 748. Caule simplici unifloro, folliculis 2—3 a basi subhorizontaliter patentibus, *foliis ternato - multipartitis, laciniis anguste linearibus,* fibris radicalibus in tubera oblonga incrassatis plerisque longe stipitatis. ♃ In clivis arenosis confinium militarium Banatus (*N.* 246). Aprili, Majo. *Roch.* Ban. t. 12, *Reichb.* Icon. XIV. f. 4740. Caulis 1—1½′ altus, corolla speciosa coccinea vel rosea, foliorum laciniis circiter unam lineam latis distinctissima.

NYMPHAEACEAE.

NYMPHAEA *Sm.*

Post N. candidam 30:

N. thermalis *DC.* Syst. II. 54. *Foliis* rotundis ovalibusve profunde cordatis ob sinum rectilineum angustum fere sagittatis, *argute et subsinuatodentatis,* stigmate 24—28radiato. ♃ In rivo calido Pece ad Magnovaradinum et in aqua thermali balnei caesarei Budae ibidem ante 66 annos a *Kitaibel* translata (*N.* 269). Junio — Augusto. *Reichb.* Icon. XVII. f. 121. N. Lotos *WK.* Pl. rar. I. t. 15. Tota glabra, folia ampla subtus obscure violacea, corolla speciosa alba vel subtus rosea. N. Lotos *L.* foliis subtus parce pilosis, petiolis pedunculis calycibusque pubescentibus a N. thermali specie vix differt.

NUPHAR *Sm.*

Post N. luteum 30:

N. sericeum *Lang* Syll. ratisb. I. 180. *Stigmate plano profunde umbilicato 12—20repando-dentato, radiis sericeis in hos dentes et in marginem ipsum excurrentibus,* antheris oblongo-linearibus, foliis ovalibus ad tertiam partem cordato-incisis, lobis distantibus. ♃ In fossis et inundatis Danubii et Tibisci inferioris (*N.* 269). Julio, Augusto. *Reichb.* Icon. II. f. 233, XVII. f. 114 copia prioris. Petala intense lutea, petioli et pedunculi plus minus lepidoto-sericei, quod in varietate N. lutei etiam occurrit.

N. luteum *Sm.* magnitudine et figura corollae foliorumque N. sericeo simillimum stigmate integerrimo et foliorum lobis approximatis, N. pumilum *Sm.* et N. Spennerianum *Gaud.* stigmate stellatim acute dentato denique hemisphaerico et corollis foliisque fere duplo minoribus recedunt.

FUMARIACEAE.

Corydalis capnoides Wahlb. Carpat. 212 in Koch Syn. 34 non descripta occurrit p. 435 et 1016 in addendis.

FUMARIA *L.*

Koch Syn. 35, 435, 1017, deinde in Flora 1846 I. 65, 81.

Omnes Fumariae species glabrae. Radix fusiformis gracilis annua. Caules erecti vel adscendentes $\frac{1}{2} - 1\frac{1}{2}'$ alti, ramosi imo ramosissimi, formae nanae tantum simplices. Folia bipinnatisecta, segmenta pinnatifida laciniis obtusis vel acutis caeterum figura variis, petioli recti flexuosi aut cirrhoso-convoluti. Flores in racemis oppositifoliis sub anthesi plus minus densi deinde laxi. Bracteae et sepala membranacea alba vel pallide rosea, sepala decidua. Corollae roseae vel albae apice atropurpureae. Fructus globosi a latere paulo compressi obsolete vel manifeste tuberculato-rugulosi.

§. 1. *Pedicelli erecto-patentes, corollae circiter 3''' longae, sepala magna corollri duplo vel subtriplo tantum breviora.*

1. F. officinalis *L.* Spec. 984. Foliorum laciniis linearibus lanceolatis cuneatisve, pedicellis erecto-patentibus, fructiferis bractea sua longioribus, sepalis magnis ovatis vel ovato-lanceolatis dentatis acuminatis corolla subtriplo brevioribus eaque paulo angustioribus, *petalis duobus exterioribus obtusis, fructibus transverse latioribus apice truncatis vel emarginatis.* ☉ In agris vineis locis cultis et incultis ubique. Majo — Septembri. *Hammar* Monogr. Fum. p. 9 t. I, *Reichb.* Icon. XIII. f. 4454, *Sturm* H. 2 et 62. Herba glaucescens vel virescens, corollae plerumque intense roseae.

2. F. rostellata *Knaf* Flora 1846 I. 290. Foliorum laciniis oblongo-lanceolatis, pedicellis erecto-patentibus, fructiferis bractea sua longioribus, sepalis magnis rhombeo-ovatis dentatis acuminatis corolla duplo brevioribus eaque paulo latioribus, *petalis duobus exterioribus in rostellum brevissimum acuminatis, fructibus apice rotundatis.* ☉ In agris vineis locis cultis ditionis orientalis et australis (*N.* 248). Majo, Junio. *Hamm.* l. c. 20 t. II, *Aschers.* Brandenb. Ver. V. 222 et ZBG. XVI. 139. F. calycina *Kit.* It. bereg. ined. 1803 et in herbario *Willdenow* (nec *Babingt.*), nomen antiquissimum quidem sed nostris temporibus demum publicatum. F. prehensilis *Kit.* Catal. hort. pest. 1812 p. 10 et Addit. 189, species mixta e F. officinali et rostellata composita, nomen caeterum ineptum. F. media β. prehensibilis *DC.* Syst. II. 134. F. micrantha *Griseb.*

It. 310 et *Heuff.* Ban. 15 fide *Janka* ÖBZ. XV. 360, nec *Lagasca.* F. media *Janka* ÖBZ. XII. 282, nec *Hamm.*, nec *Lois.* Herba glaucescens, corollae roseae.

§. 2. *Pedicelli erecto-patentes, corollae circiter 2''' longae, sepala minuta corolla multo breviora.*

3. F. parviflora *Bertol.* Fl. ital. VII. 310, *Aschers.* Brandenb. Ver. V. 221. Foliorum laciniis linearibus lanceolatisve, pedicellis erecto-patentibus, fructiferis bractea sua longioribus, sepalis minutis ovatis dentatis acuminatis corolla multo brevioribus eaque angustioribus, petalis duobus exterioribus obtusis, fructibus apice rotundatis statu immaturo apiculatis. ⊙ Majo — Septembri. Herba glaucescens vel intense glauca, racemi breves pauciflori. Variat:

α. **tenuiflora** *Aschers.* l. c. Foliorum laciniae angustissime lineares divaricatae carnosulae canaliculatae, sepala corolla sexies breviora, corollae albae rarius pallide roseae. F. parviflora *Lam.* Encycl. II. 567, *Hamm.* l. c. 16 t. II, *Reichb.* Icon. I. f. 102, XIII. f. 4451, *Sturm* II. 62. In cultis vineis agris, commemoratur quidem multis Hungariae locis (*N.* 249), sed vereor ne pleraque falsis determinationibus nitantur.

β. **Vaillantii** *Aschers.* l. c. Foliorum laciniae lineares vel lanceolatae approximatae tenues planae, sepala illis varietatis praecedentis multo minora squamaeformia vix visibilia mox decidua, corollae pallide roseae rarius albae. F. Vaillantii *Lois.* Not. 102, *Hamm.* l. c. 14 t. I., *Reichb.* Icon. I. f. 103, XIII. f. 4452, *Sturm* H. 62. F. Laggeri *Jord.* Pugill. 7 (F. tenuiflora *Janka* ÖBZ. XII. 281, XIV. 24 nec *Fries*, F. Wirtgeni *Steff.* ÖBZ. XIV. 182 nec *Koch*) forma major. In cultis et incultis ubique.

§. 3. *Pedicelli florentes et fructiferi vel saltem fructiferi recurvati.*

4. F. deflexa *Heuff.* Flora 1853 II. 619. Foliorum laciniis linearibus oblongis cuneatisve, pedicellis recurvatis vel sub anthesi rectis patentibus, fructiferis bractea sua paulo longioribus vel brevioribus, sepalis magnis ovatis repandis vel uni-multidentatis acuminatis corolla duplo vel triplo brevioribus eamque latitudine aequantibus vel paulo superantibus, petalis duobus exterioribus acutis, fructibus apice rotundatis statu immaturo apiculatis. ⊙ In rupestribus umbrosis ad Danubium Banatus (*N.* 249). Majo, Junio. Herba glaucescens vel virescens, corollae circiter 2''' longae pallide roseae, fructus omnibus Fumariae speciebus minores. Variat:

α. **Kraliki.** Pedicelli florentes et fructiferi recurvati, fructiferi bracteam aequantes vel eâ paulo breviores, sepala multidentata corollâ duplo breviora, fructus obsolete tuberculati fere leves. F. Kraliki *Jord.* Cat. du jard. de Dijon 1848 p. 19, *Hamm.* l. c. 23. t. II, *Heuff.* Ban. 14.

β. **Petteri.** Pedicelli florentes recti, fructiferi plus minus recurvati bracteâ paulo longiores, sepala repanda vel uni-paucidentata corollâ triplo breviora, fructus manifeste tuberculati. F. Petteri *Reichb.* Icon. XIII. p. 1 f. 4453 b., *Hamm.* l. c. 32 t. IV., *Heuff.* Ban. 15.

Inter F. Kraliki et F. Petteri certi limites frustra quaeruntur.
Pedicelli fructiferi bracteà longiores et sepala repanda vel uni-paucidentata etiam in F. Kraliki, pedicelli fructiferi bracteam aequantes vel eâ
paulo breviores et sepala pluridentata in F. Petteri quoque observari
licet et quidem omnes hae modificationes nonnumquam in uno eodemque
specimine. Hac de causa species istas in unam conjunxi. Quoad nomen
F. Kraliki prioritate gaudet, sed sistit formam tantum extimam totius
seriei, F. deflexa vero species utrasque cum formis intermediis comprehendit.

F. agraria *Griseb.* It. 310 nec *Lagasca* vel ad varietatem α vel β
F. deflexae spectat (*Heuff.* Ban. 14), F. capreolatam *Nendtv.* Quinqueeccl.
23 autem extricare nequeo, nam genuina planta *Linnaei* in Hungaria
hucusque non observata fuit.

CRUCIFERAE.

NASTURTIUM *R. Br.*

Post N. silvestre 38 et 437:

N. proliferum *Heuff.* Flora 1853 II. 624, Ban. 16. Siliculis oblongo-
linearibus linearibusve pedicello dimidio brevioribus, foliis inferioribus
pinnatisectis superioribus pinnatipartitis, segmentis oblongo-vel lineari-
lanceolatis dentatis, caule ramosissimo diffuso, floribus in apice ramorum
in racemos densos breves repetito-ramosos quasi proliferos congestis, petalis
calycem aequantibus vel parum superantibus. ♃ In fossis inter Plavi-
ševica et Danubium legionis romano-banaticae (*Heuff.* exs. 1834). Junio,
Julio. Caulis 1½---2' altus, petala lutea, siliculae 1—2''' longae. Nil nisi
forma monstrosa N. silvestris racemis uberrime evolutis sed floribus
diminutis et fructibus abortivis.

ARABIS *L.*

Post A. arenosam 44:

A. petrogena *Kern.* ÖBZ. XIII. 141 ex ipsis verbis auctoris ab A.
arenosa *Scop.* differt tantum floribus majoribus et siliquis crassioribus
nervo medio prominulo, ex mea sententia A. arenosae forma, quae
differentiam specificam vindicare nequit. In petrosis ad Budam (*N.* 251).

A. neglecta *Schult.* Oestr. Fl. II. 248. Caule simplici glabro, foliis
glabris raro pilis furcatis adspersis, radicalibus longe petiolatis ovato-
oblongis lyratis grosse dentatis vel subintegris, caulinis breviter petiolatis
sessilibusve oblongis vel lanceolatis dentatis aut integris, *siliquis* linearibus torulosis nervo longitudinali prominulo, *maturis arcuato-deflexis,* caudiculis stoloniformibus nullis. ♃ In regione alpina Carpatorum centralium
praecipue circa lacus (*N.* 251) etiam in alpibus Rodnensibus saltem Trans-

silvaniam versus *(Schur)*. Julio, Augusto. A. ovirensis *Wahlb*. Carpat.
204 nec *Wulf*. secundum *Heuff*. Ban. 17 et *Üchtr*. ÖBZ. XVI. 287. A.
glareosa *Schur* Siebenb. Ver. 1850 p. 106 et 1853 p. 59 ob siliquas
deflexas. Caulis 2—4" altus, folia carnosa, petala magna saturate rosea
vel persicina, siliquae crassiusculae 6—10''' longae. Inter A. arenosam
Scop. et A. Halleri *L*. media, ab utraque siliquis maturis deflexis facile
discernenda.

CARDAMINE *L.*

Post C. maritimam 48:

C. graeca *L.* Spec. 915. *Foliis pinnatisectis,* segmentis subconfor-
mibus petiolulatis obovatis dentato-lobatis pinnatifidisque, laciniis obtusis
vix apiculatis, *siliquis* lanceolato-linearibus *in rostrum ensiforme lato-
alatum sensim attenuatis margine dissepimenti argute carinato*, demum
secundis patentibus, caule simplici vel ramoso. ⊙ In rupestribus umbrosis
ad Danubium Banatus (*N.* 253). Martio, Aprili. Pteroneurum graecum
DC. Syst. II. 270, *Reichb*. Icon. IV. f. 581—2, XII. f. 4309. Caulis 3—6"
altus, corollae albae, siliquae 1½''' latae glabrae vel hispidae, haec
ultima forma sistit P. Rochelianum *Reichb*. Deutschl. Fl. Kreuzblütl.
p. 69. C. maritima *Portschl*. tantummodo differt siliquis angustioribus in
rostrum lineare contractis margine dissepimenti obtuso rotundato. Caeterum C. graeca radice tenui gracili ab omnibus Cardamines speciebus
hungaricis discrepat.

MALCOLMIA *R. Br.*

Post M. maritimam 50:

M. africana *R. Br.* Hort. Kew. IV. 121. Caule erecto ramoso,
foliis lanceolatis vel oblongo-lanceolatis acutis subdentatis pilis furcatis
hispidis, pedicellis calyce brevioribus, *siliquis* hispidis *apice acutis*. ⊙ In
arenosis et ad agrorum margines inter Strigonium et Pestinum (*N.* 254).
Aprili, Majo. *Reichb*. Icon. XII. f. 4371. Hesperis africana *L*. Spec.
928, *WK*. Pl. rar. III. t. 277. H. nova *Wint*. Ind. f. 1. Tota canescens,
caulis ½—1' altus, petala lilacina parva lamina vix lineam lata. Petala
M. maritimae *R. Br.* multo majora lamina 2—3''' lata.

SISYMBRIUM *L.*

Post S. strictissimum 53:

S. junceum *MB*. Taur. Cauc. II. 114. *Foliis inferioribus* lanceolatis
sinuato-dentatis vel pinnatifidis hirsutulis, *superioribus anguste linearibus
integerrimis* glabris, calycibus patentibus, siliquis erectis demum axi parallelis. ♃ In pratis siccis et locis salsis planitierum hinc inde (*N.* 255).
Majo, Junio. *Reichb*. Icon. XII. f. 4413. Brassica polymorpha *WK*.

Pl. rar. I. t. 90. Cheiranthus junceus *WK.* l. c. III. t. 234 forma macrior. Erysimum junceum *Willd.* Spec. III. 513. Radix lignescens denique multiceps, caulis 1½—2′ altus, folia glaucescentia summa angustissima ½—1‴ lata, petala flava, siliquae graciles glabrae.

ERYSIMUM *L.*

Post E. crepidifolium 56:

E. Witmanni *Zaw.* Galic. 81 et 194 in rupibus calcareis Pienninorum Scepusii et prope Hradek Liptoviae (*N.* 255) concordat cum E. crepidifolio *Reichb.* Icon. I. f. 13 et XII. f. 4385 habitu indumento radice bienni foliorum figura et petalis sulfureis, differt stigmate manifeste bilobo siliquis incanis angulis viridibus et floribus odoris. In E. crepidifolio stigma est capitatum, siliquae sunt incanae angulis concoloribus vel subvirescentibus et flores inodori (*Aschers* ÖBZ. XV. 277). Praesto mihi sunt tantum 3 specimina E. Witmanni a *Bośniacki* 1857 in Pienninis lecta, in his autem stigma est capitatum exacte ut in E. crepidifolio siliquae contra, quae adhuc immaturae sunt, videntur esse discolores. Equidem E. Witmanni ab E. crepidifolio specifice separare nequeo.

Post E. suffruticosum 58:

Cheiranthus helvetleus *Wahlb.* Carpat. 203 nec *Jacq.* (Erysimum suffruticosum *Reuss* Kv. Slov. 37 nec *Spr.*) in valle alpina Tatrae sic dicto Drechselhäuschen teste *Aschers.* ÖBZ. XV. 278 est varietas longisiliquosa Erysimi stricti *Fl. Wett.*, teste *Uechtr.* ÖBZ. XVI. 287 a Cheirantho alpino *Wahlb.* Fl. lapp. p. 181 t. 12 f. 1 non diversus. Sed Ch. alpinus ab E. stricto floribus minoribus et siliquis gracilioribus flaccidis demum patentibus (nec erectis axi parallelis) parum recedit (*Fries* Summa veget. 29 et 148) et in *Hartm.* Scand. Fl. 1861 p. 106 tamquam synonymon ad suum E. hieracifolium (i. e. E. strictum) refertur.

SYRENIA *Andrz.*

Post S. angustifoliam 58:

S. cuspidata *Reichb.* Fl. excurs. 689. Siliquis ancipiti-compressis canescentibus stylo triplo longioribus, floribus breviter pedicellatis, *foliis radicalibus et caulinis inferioribus oblongo-lanceolatis sinuato-dentatis subruncinatisve, caulinis superioribus vel oblongo-ovatis et grosse dentatis vel oblongo-lanceolatis lanceolatisve et remote mucronato-denticulatis.* ⊙ In saxosis montanis Sirmii et Banatus (*N.* 256). Majo, Junio. *Reichb.* Icon. XII. f. 4399. Erysimum cuspidatum *DC.* Syst. II. 493. Cheiranthus cuspidatus *MB.* Kasp. Meer 182, *WK.* Pl. rar. III. t. 231. Herba strigosa subcanescens, caulis 1—2′ altus, petala flava.

BRASSICA *L.*

Post B. nigram 60 :

B. elongata *Ehrh.* Beitr. VII. 159. *Foliis omnibus petiolatis, inferioribus* oblongis *pinnatifidis aut sinuato-lobatis* hispidulis, *superioribus* lanceolatis *grosse sinuato-dentatis* glabris, racemis jam sub anthesi elongatis laxis, calycibus erectiusculis, *siliquis supra torum breviter pedicellatis* adscendentibus. ☉ In montibus calcareis et in clivis arenosis planitierum (*N.* 257). Junio, Julio. *WK.* Pl. rar. I. t. 28. B. nova *Wint.* Ind. f. 10. Sinapis laevigata *Pall.* Ind. taur. nec *L.* Erucastrum elongatum *Reichb.* Fl. excurs. 694, Icon. XII. f. 4430. Caulis 2—3′ altus, folia subcarnosa, petala flava, siliquae breves pollicares torulosae. Habitu Erucastri obtusanguli *Reichb.* sed semina globosa ut in genere Brassicae. Siliquis stipitatis ob omnibus Brassicae speciebus hungaricis distincta.

ALYSSUM *L.*

Ad A. alpestre 63 :

A. tortuosum *WK.* Pl. rar. I. t. 91. Totum pube stellata incanotomentosum, caulibus herbaceis adscendentibus ramosis tortuosis basi suffruticosis, *racemis* abbreviatis apice caulium *in corymbum dispositis,* petalis retusis, filamentis longioribus alatis, brevioribus basi alato-appendiculatis, siliculis ovalibus compressis pube densissima canescentibus, *seminibus* ovalibus *uno latere angustissime marginatis,* foliis obovatis vel oblongocuneatis obtusis. ☉ et ♃ In pascuis arenosis et in arena mobili planitierum (*N.* 259). Majo — Septembri. *Reichb.* Icon. I. f. 192, XII. f. 4276. A. novum *Wint.* Ind. f. 6. A. alpestre β. majus *Koch* Syn. 64, *Sturm* H. 66. Caules 3—12″ longi, petala minima flava. A. alpestre *L.* (*Reichb.* Icon. XII. f. 4275, *Sturm* H. 66) Europae austro-occidentalis incola habitu alieno, statura humiliore et racemis simplicibus differt.

Ad A. montanum 64:

A. rostratum *Roch.* Reise 2 et 35 (*Wierzb.* Flora 1842 I. 279, *Sadl.* in *Reichb.* Fl. excurs. 670 et Icon. XII. f. 4272) nec *Stev.* est secundum specimen authenticum varietas luxurians A. montani *L.* habitu alieno, caule erecto usque pedali superne ex axillis ramoso, racemis fructiferis elongatis demum ½′ longis, petalis majoribus, foliis magnis oblongo-lanceolatis. In arenosis confinium militarium Banatus (*Heuff.* Ban. 22). A. rostratum *Stev.* differt racemis compositis et radice annua vel bienui.

Ad A. Wulfenianum 64:

A. Rochelli *Andrz.* in *Reichb.* Icon. XII. f. 4273 b. est secundum specimen authenticum forma A. Wulfeniani *Bernh.* foliis oblongo-lanceolatis lanceolatisve parce stellulato-pubescentibus immixtis pilis longioribus simplicibus et pedunculis patentim pilosis. In rupibus alpis Baiku Banatus (*N*. 260). A. repens *Baumg*. Transs. II. 237 non differt (*Heuff.* Ban. 22 et *Fenzl* Diagn. orient. 24—5). Caeterum A. Wulfenianum ipsum varietas alpina A. montani *L.* siliculis glabrescentibus esse videtur.

Inter A. Wulfenianum et §. 2. p. 66:

A. Wierzbickii *Heuff.* Flora 1835 I. 242, Ban. 22. Caulibus herbaceis adscendentibus vel erectis subsimplicibus denique basi suffruticosis, racemis terminalibus solitariis post anthesin valde elongatis, petalis obcordatis, filamentis longioribus alatis, brevioribus basi alato-appendiculatis, *siliculis* rotundis vel obovatis pube stellata brevissima *velutino-incanis*, loculis biovulatis, seminibus alatis, *foliis oblongo-lanceolatis lanceolatisve stellato-hirsutis*. ☉ In montanis rupestribus Comit. Krassoviensis australis (*N*. 260). Majo, Junio. *Reichb.* Icon. XII. f. 4272 b. Stirps speciosa, caulis 1—2′ altus, racemus fructifer usque ¹/₄′ longus, folia viridia vel indumento densiore subcanescentia media 1—1¹/₂″ longa 2—3‴ lata, petala aurea, siliculae 1¹/₂—2‴ longae aeque latae.

PETROCALLIS *R. Br.*

Ad P. pyrenaicam 66 (absque diagnosi):

P. pyrenaica *R. Br.* Hort. Kew. IV. 93. Radice multicipite, caudiculis perennantibus in caespitem densum pulvinatum collectis, scapo abbreviato aphyllo villoso, foliis apice caudiculorum rosulatis palmato-3—5fidis ciliatis caeterum glabris nitidis, siliculis ovalibus glabris. ♃ In rupibus calcareis vallis alpinae Drechselhäuschen Tatrae orientalis (*N*. 261). Majo, Junio. *Sturm* H. 65, *Reichb.* Icon. XII. f. 4256. Draba pyrenaica *L.* Spec. 896, *Jacq.* Fl. austr. III. t. 228. Scapus 1″ altus sub anthesi saepe in foliorum caespite occultatus, petala magna lilacina, flores odorem Vanillae spargentes.

DRABA *L.*

Post D. aizoidem 67:

D. lasiocarpa *Roch.* exs. Scapo aphyllo glabro, foliis rigidis lineari-lanceolatis lanceolatisve acutis glabris setis rigidis pectinato-ciliatis, staminibus corolla brevioribus, *stylo diametro transversali siliculae breviore*, siliculis lanceolatis glabris vel hispidulis. ♃ In rupibus montium humiliorum (*N*. 261). Martio, Aprili. *Sturm* II. 60. D. Aizoon *Wahlb.* Carpat. 193, *Reichb.* Icon. XII. f. 4255. Caules 2—6″ alti, petala flava, stylus ¹/₄‴ longus. Simillima D. aizoides *L.* differt tantum petalis majoribus saturate luteis, staminibus paulo longioribus et stylo 1‴ longo; equidem D. lasiocarpam varietatem brevistylam D. aizoidis habeo.

Post D. frigidam 68:

D. Kotschyi *Stur* ÖBZ. IX. 33 cum icone, XI. 189. *Caule uni—plurifolio pedicellisque hirsutis, foliis* caudiculorum et caulium ovatis ellipticis vel lanceolatis basin versus attenuatis grosse aut inciso aut parce *dentatis* immixtis subintegris *nunc glabris et ciliatis nunc plus minus hirsutis, hirsutie caulium et foliorum e pilis simplicibus et ramosis brevioribus orta.* siliculis oblongis glabris rarius pilosiusculis, *stylo brevissimo.* ♃ In alpinis montis Csiblesz alpium Rodnensium (*N.* 261). Junio, Julio. D. androsacea *Baumg.* Transs. II. 234 nec *Willd.* Caules 1—3″ alti, petala magna alba. Inter D. tomentosam *Wahlb.* et D. frigidam *Saut.* media, ab utraque foliis dentatis et indumenti fabrica saepe aegre distinguenda.

Post D. muralem 70:

D. nemorosa *L.* Spec. ed. I. 643. Tota pubescens, caule folioso ramoso, foliis ovatis remote dentatis caulinis sessilibus, *pedicellis* horizontaliter patentibus *silicula puberula ter — sexies longioribus,* radice simplici. ☉ In graminosis montanis et arenosis planitiei (*N.* 262). Majo, Junio. D. muralis β. nemorosa *L.* Spec. ed. II. 897. D. nemoralis *Ehrh.* Beitr. VII. 154, *Sturm* H. 60, *Reichb.* Icon. XII. f. 4236. Caules 3—8″ alti, petala flava. D. murali *L.* maxime affinis, in aliis terris etiam cum siliculis glabris occurrens, specifice haud diversa.

COCHLEARIA *L.*

Post Armoraciam rusticanam seu Cochleariam Armoracia 72 et 439:

C. macrocarpa *WK.* in *Willd.* Spec. III. 451 (*WK.* Pl. rar. II. t. 184, *Reichb.* Icon. XII. f. 4263) differt quidem a C. Armoracia *L.* sapore radicis mitiore, caule minus angulato altiore 2—3pedali, foliis caulinis inferioribus tantum irregulariter inciso-dentatis (nec pectinato-pinnatifidis), floribus et siliculis majoribus, nihilominus suadente *Sadl.* Pestin. 283 et monentibus ipsis auctoribus varietas Cochleariae Armoracia, fortasse in solo uliginoso orta. In pratis humidis et paludibus planitierum praecipue ad Tibiscum, colitur etiam in hortis rusticanis (*N.* 263).

CAMELINA *Cr.*

Post C. dentatam 73:

C. macrocarpa *Reichb.* Icon. XII. p. 10 f. 4294 b. exhibet folia caulina integerrima C. sativae *Cr.* et siliculas magnas C. dentatae *Pers.* (*Heuff.* Ban. 24), sed foliorum figura in C. dentata quam maxime variabilis est. occurrit ea enim foliis pinnatifidis sinuatis dentatis repandis integerrimisve et omnes has formas in Austria quoque observavi. Caeterum C. dentata ipsa est species dubia a C. sativa haud diversa, cum semina unius in alteram transeant (*DC.* Syst. II. 517).

THLASPI *L.*

Post Th. praecox 74:

Th. Jankae *Kern.* ÖBZ. XVI. 297, XVII. 35. *Radice multicipite caudiculis abbreviatis in caespitem collectis*, foliis integerrimis vel repando-denticulatis, radicalibus oblongo-obovatis obtusis in petiolum attenuatis, caulinis cordato-oblongis acutis sessilibus, caulibus simplicibus, *racemis fructiferis elongatis, antheris etiam defloratis luteis*, ovariis 8—10ovulatis, siliculis triangularibus apice truncatis et stylo exserto vel triangulari-obcordatis et stylo sinum emarginaturae parum superante, ala valvularum antice latitudine loculi, seminibus levibus. ♃ In lapidosis montanis, in monte Zobor ad Nitriam (*Kern.* l. c.), ad pedem et in montibus Matrae usque in planitiem Comit. Hevesiensis (*Janka* ÖBZ. XVI. 171) et probabiliter adhuc multis locis Hungariae superioris sed hucusque cum Th. alpestri *L.* et Th. montano *L.* confusum. Aprili, Majo. Th. praecox *Kit.* Addit. 197 cum? Th. moutanum *Knapp* Presb. Corresp. Bl. 1863 p. 124 nec *L.* Th. alpestre *Janka* l. c. cum? nec *L.* Herba glauca, caules ½—1' alti, petala alba magna circiter 3''' longa, stylus lineam longus vel paulo brevior. Inter affinia Th. alpestre *L.* petalis parvis vix 2''' longis et antheris primum luteis mox purpureis denique nigris, Th. praecox *Wulf.* siliculis apice profundius emarginatis et ala valvularum antice loculo duplo latiore, Th. montanum *L.* et Th. Kovatsii *Heuff.* caudiculis elongatis stoloniformibus recedunt.

Observatio. *Kerner* l. c. describit sepala plantae a *Schiller* in monte Zobor lectae viridia demum flavescentia, siliculas apice emarginatas et stylum sinu emarginaturae parum longiorem, contra monet *Janka* in litteris, sepala stirpis Matrensis sub anthesi purpurea esse ut in Th. praecoce *Wulf.*, simul siliculae secundum specimina mecum communicata sunt apice truncatae et stylus propterea exsertus. Exemplaria a *Knapp* in eodem monte Zobor sed tantum in statu florente lecta et a me visa in sicco colorem sepalorum discernere non sinunt. Caeterum *Janka* in litteris Th. Jankae a Th. praecoce specifice non diversum putat et revera planta montis Zobor illam montium Matrae cum Th. praecoce Littoralis austriaci conjungere videtur.

Post Th. montanum 74:

Th. Kovatsii *Heuff.* Flora 1853 II. 624. *Radice multicipite, caudiculis elongatis stoloniformibus rosulas sparsas cauliferas et steriles nutrientibus*, foliis integerrimis, radicalibus oblongo-ovatis vel subrotundis obtusis longe petiolatis, caulinis cordato-oblongis acutis sessilibus, caulibus simplicibus seu parum ramosis, *racemis fructiferis elongatis*, antheris etiam defloratis luteis, ovariis 4—8ovulatis, *siliculis triangularibus apice truncatis vel levissime emarginatis stylo exserto, ala valvularum antice quoque* *loculo plus duplo angustiore*, seminibus levibus. ⅞ In rupibus umbrosis sub monte Bagyes Comit. Krassoviensis (*N.* 265). Majo. Herba glauca, caules ½—1' alti, petala alba. Simile Th. montanum *L.* siliculis subrotundo-obcordatis apice profunde emarginatis et ala valvularum antice latitudine loculi recedit.

Post Th. cepeaefolium 75:

Th. dacicum *Heuff.* ÖBZ. VIII. 26. Radice multicipite, caudiculis abbreviatis caespitem laxum formantibus, foliis integerrimis repandisve, radicalibus obovatis vel subrotundis obtusis breviter petiolatis, caulinis late cordato-ovatis acutis sessilibus, caulibus simplicibus, *racemis floriferis et fructiferis umbelliformibus abbreviatis*, antheris etiam defloratis luteis, ovariis 8—12ovulatis, *siliculis triangularibus apice emarginatis*, ala valvularum antice latitudine loculi, stylo sinum emarginaturae parum superante, seminibus levibus. ⅞ In rupibus alpis Baiku Banatus (*N.* 265). Julio, Augusto. Herba glauca, caules 2—4" alti, petala magna alba. Affinia Th. rotundifolium *Gaud.* et Th. cepeaefolium *Koch* petalis dilute violaceis et siliculis oblongo-obovatis obtusis differunt.

TEESDALIA *R. Br.*

Ad T. nudicaulem 75 (absque diagnosi):

T. nudicaulis *Rob. Br.* Hort. Kew. IV. 83. Radice multicauli, caulibus simplicibus aphyllis vel lateralibus parce ramosis foliosis, foliis basilaribus rosulatis spathulatis integerrimis dentatis vel lyrato-pinnatifidis, caulinis oblongis dentatis pinnatifidisve nonnumquam fasciculatis, petalis inaequalibus. ⊙ In agris et silvis arenosis Comit. Mossoniensis et Soproniensis rara (*N.* 265). Reichb. Icon. XII. f. 4189. Iberis nudicaulis *L.* Spec. 907, *Sturm* H. 11. Caules 2—5" alti, petala minima alba caduca.

LEPIDIUM *L.*

Post L. latifolium 78:

L. crassifolium *WK.* Plant. rarior. I. t. 4. *Siliculis* ovatis *acutis glabris*, stylo subnullo, *foliis indivisis* integerrimis acutis, radicalibus ovatis vel ellipticis longe petiolatis, *superioribus sagittato-lanceolatis* amplexicaulibus, radice crassa multicipite comosa. ⅞ In salsis siccis et locis sterilibus planitierum (*N.* 266). Majo, Junio. *Reichb.* Icon. XII. f. 4220. Caules ½—1' alti, folia carnosa glauca, petala parva alba.

AETHIONEMA *R. Br.*

Post Ae. saxatile 80:

Ae. banaticum *Janka* Linn. 1859 p. 558 in rupestribus ad Thermas Herculis inflorescentia laxissima floribus minoribus et siliculis unilocularibus ab A e. saxatili *R. Br.* differre dicitur. Objacent mihi specimina florifera et fructifera ab *Heuffel* ipso loco citato lecta, sed siliculae sunt evidenter biloculares et inflorescentia non laxior et flores non minores quam in A e. saxatili typico, id etiam in alpibus germanicis floribus majoribus et minoribus albis et carneis variat.

CALEPINA *Desv.*

Ad C. Cor vini 82 (absque diagnosi):

C. Corvini *Desv.* Journ. bot. III. 158. Tota glabra vel parce pilosa, caulibus erectis vel adscendentibus, foliis basilaribus rosulatis pinnatifido-lyratis, caulinis sessilibus sagittato-oblongis sinuato-dentatis repandis vel integerrimis, fructibus ovatis reticulato-rugosis in stylum conicum crassum induratum acuminatis. ⊙ In cultis ruderatis ad vias (*N.* 264). Majo, Junio. *Sturm* II. 68, *Reichb.* Icon. XII. f. 4163. Bunias nova *Wint.* Ind. f. 2. B. cochlearioides *Willd.* Spec. III. 412, *WK.* Pl. rar. II. t. 107 nec *Murr.* Plerumque multicaulis, caules ½—1' alti, petala alba parva.

VIOLARIEAE.

VIOLA *L.*

Post V. mirabilem 94:

V. Olimpia *Beggiato* in Atti della soc. ital. di scien. nat. Milano 1865 p. 174*) *Caulibus adscendentibus declinatisve striatis multifloris et multifoliis petiolisque hispidulis, foliis late crenatis, basilaribus reniformi-cordatis obtusis caespitosis, caulinis cordatis acutis sensim decrescentibus, summis minimis, stipulis foliorum inferiorum pinnatifidis,* superiorum lanceolatis dentatis, floribus basilaribus corollatis fertilibus, caulinis apetalis sterilibus, sepalis acutis, capsulis oblongis obtusis glabris. 2|. In montibus circa Schemnitz. Julio, Augusto. Affinis V. mirabilis *L.* caulibus erectis triquetris unifariam pilosis paucifloris et paucifoliis, foliis majoribus, caulinis non decrescentibus, summis maximis, stipulis subintegerrimis et toto habitu longe aberrat. Species mihi perquam suspecta et quoad florendi tempus valde anomala. Diagnosis haec secundum descriptionem et iconem auctoris confecta, nam specimina nec viva nec exsiccata vidi.

RESEDACEAE.

RESEDA *L.*

Post R. Phyteuma 97:

R. inodora *Reichb.* Icon. XII. p. 22 f. 4445 b. *Foliis* oblongo-lanceolatis acutis *indivisis bi - trifidisque,* pedicellis calyce longioribus,

---

*) In honorem Olimpiae e nobili gente Coleoni-Porto.

calycibus sexpartitis fructiferis vix majoribus, laciniis lineari-cuneatis obtusis, *capsulis sexangularibus trirostratis angulis serrulato-scabris,* caule ramoso. ⊙ In graminosis montanis et in pratis arenosis planitici (*N.* 268). Majo — Augusto. R. mediterranea *Schult.* Oestr. Fl. II. 9, *Sadl.* Pestin. 194, nec *L.* Caulis pedalis et ultra, petala albida.

DROSERACEAE.

Post Droseram 98:

ALDROVANDA *L.* Gen. n. 390.

Calyx 5partitus. Petala 5. Stamina 5. Styli 5. Capsula unilocularis apice 5valvis, valvae medio semina gemina gerentes.

A..vesiculosa *L.* Spec. 402. Caule natante multiarticulato, foliis verticillatis celluloso-turgidis, petiolo cuneiformi apice fimbriato, fimbriis setaceis laminam cochleariformem superantibus, floribus paucis axillaribus solitariis, pedunculis folio longioribus, fructiferis cernuis. ♃ In aquis stagnantibus aut lente fluentibus planitierum rara (*N.* 270). *Reichb.* Icon. XIII. f. 4521, *Casp.* Bot. Zeit. 1859 p. 117, 125, 133, 141, t. 4 et 5. Herba lurida diaphana fluitans, flores albi parvi.

POLYGALEAE.

POLYGALA *L.*

Ad P. vulgarem 99:

P. vulgaris b. **elongata** *Roch.* Ban. p. 55 t. 17 est varietas habitu insignis in solo arenoso orta caulibus procumbentibus 1—2' longis ramosis, ramis floriferis adscendentibus foliisque pubescentibus. In arena mobili legionum germanico- et serbico-banaticarum (*Heuff.* Ban. 31).

Post P. vulgarem 99:

P. alpestris *Heuff.* Ban. 31 secundum specimen ab *Heuffel* ad pedem alpis Sarko lectum caulibus elatis 10" altis superne ramosis, foliis imis parvulis non rosulatis vel nullis, caulinis majoribus versus apicem caulis magnitudine increscentibus, nervis alarum calycis apice vena obliqua conjunctis, venis nervorum lateralium ramulosis areolato-anastomosantibus et sapore insipido*) a P. amara *Jacq.*, quacum auctor comparat, omnino discrepat, sed notae, quae hanc differentiam constituunt, evidenter demonstrant, P. alpestrem potius ad P. vulgarem *L.* et quidem ad varietatem caule ramoso pertinere. Hanc formam cum planta banatica exacte congruentem in Austria saepe observavi, sed paulo serius floret quam forma typica caule simplici. P. alpestris *Reichb.* Icon. I. f. 45 et XXVIII.

---

*) P. amara saporem amarum etiam in sicco servat.

p. 89 t. 146 alpium Sabaudiae et Helvetiae incola est alia planta, ob caules humiles et venas alarum non anastomosantes ad P. amaram, ob folia basilaria rosulata deficientia ad P. vulgarem spectans.

Post P. amaram 100:

P. hospita *Heuff.* in *Maly* En. austr. 316, Flora 1853 II. 620.
Floribus cristatis, *racemis spurie terminalibus paucifloris foliosis*, alis oblongo-obovatis acutis basi obliqua in unguem attenuatis trinerviis, nervis apice vix conjunctis, lateralibus externe venosis, venis ramulosis non areolato - anastomosantibus, *foliis rosulatis nullis, caulinis infimis parvulis* obovatis obtusis, *superioribus multo majoribus* oblongo-lanceolatis lanceolatisve acutis. ♃ In apricis montanis ad Danubium in Banatu (*N.* 299). Majo, Junio. P. supina *Roch.* Reise 4, nec *Schreb.* Multicaulis pubescens, caules adscendentes 3—6″ alti simplices vel ramosi basi suffruticosi, racemus primum terminalis serius lateralis, absoluta enim anthesi inter pedunculum racemi et folium caulis continuatur nova promens folia pedunculosque 1—5floros et hac ratione racemum compositum foliosum mentiens, flores magni pallide coerulei. Inflorescentia ab omnibus aliis Polygalis diversa.

SILENEAE.

DIANTHUS *L.*

Post D. barbatum 103:

D. compactus *Kit.* in *Schult.* Oestr. Fl. I. 654 (*Kit.* Addit. 222, *Reichb.* Icon. XVI. f. 5014) in alpinis Carpatorum orientalium (*N.* 285) fide *Griseb.* It. 302 foliis duplo angustioribus et bractearum arista a basi patentissima flexuosa (nec erecto-patente vel patente stricta) a D. barbato *L.* specifice differre dicitur. Hae differentiae re vera non exstant, foliorum latitudo est valde variabilis et arista etiam in D. barbato reflexo-patens (*Koch.* Syn. 103). D. compactus vix varietas alpina D. barbati considerari potest (Conf. etiam *Janka* Linn. 1859 p. 560).

D. Carthusianorum 103 sic definiatur:

D. Carthusianorum *L.* Spec. 586. *Floribus in capitulum terminale pauci-vel multiflorum aggregatis, squamis involucri et calycis coriaceis fuscis vel stramineis* obovatis vel oblongis obtusis vel truncatis in mucronem attenuatis vel aristatis calyce duplo brevioribus vel (arista inclusa) eum aequantibus, *calycis dentibus acutis*, petalorum lamina unguem aequante vel eo duplo breviore, *foliis omnibus linearibus, vaginis latitudinem folii ter-quater superantibus.* ♃ Junio - - Augusto. Calyx purpureo-fuscus vel basi viridis. Variat:

α. pratensis. Caulis circiter pedalis, capitulum plerumque multiflorum, involucri et calycis squamae fuscae rectae, petalorum lamina amoene purpurea longitudine unguis, corolla expansa ampla 6—8‴ diametro. In pratis praecipue montanis frequens, ad alpes adscendens. D. Carthusianorum *Sturm* H. 27, *Reichb.* Icon. VI. f. 733, XVI. f. 5019 c et e. D. vaginatus *Reichb.* Icon. VI. f. 732.

β. reflexus. Involucri squamae demum reflexae, caetera ut in varietate praecedente. In rupestribus Banatus austro-orientalis (*N.* 285). D. vaginatus *Reichb.* Icon. XVI. f. 5018. D. polymorphus *Wierzb.* in *Reichb.* l. c. 44 quoad locum natalem banaticum, nec descriptio nec icon teste *Heuff.* Ban. 32. D. Carthusianorum γ. banaticus *Heuff.* l. c. D. banaticum *Heuff.* in *Griseb.* lt. 301 extricare nequeo, etiam *Heuffel* in *En.* Ban. l. c. mentionem ejus non facit, videtur ad D. atrorubentem *All.* spectare.

γ. arenarius *Heuff.* in schedula herbarii sui. Caulis circiter pedalis, capitulum pauciflorum, involucri et calycis squamae stramineae apice fuscae rectae, petalorum lamina pallide purpurea ungue duplo brevior, corolla expansa parva 4‴ diametro. In pratis arenosis confinium militarium Banatus occidentalis (*N.* 285). D. sabuletorum *Heuff.* ÖBZ. VIII. 26, Ban. 32.

δ. nanus. Caulis 1—6″ altus, capitulum 1—3florum, caetera ut in varietate praecedente. In graminosis siccis montium Leithae et in salsis ad Peisonem (*N.*). D. Carthusianorum δ. campestris *Heuff.* Ban. 32? D. Carthusianorum *Reich.* Icon. XVI. f. 5019 a, b, d est forma intermedia ob caules nanos et corollas amplas.

D. atrorubens *All.* (*Koch* Syn. 103) a pluribus auctoribus etiam varietas D. Carthusianorum habetur.

Post D. atrorubentem 103:

D. polymorphus *MB.* Taur. Cauc. I. 324.

Floribus in capitulum terminale pauciflorum aggregatis, squamis involucri et calycis coriaceis stramineis obovatis vel oblongis obtusis vel truncatis in mucronem acuminatis vel breviter aristatis calyce duplo brevioribus, calycis dentibus obtusissimis, petalorum lamina ungue duplo breviore, foliis omnibus linearibus, vaginis latitudinem folii ter—quater superantibus. ♃ In clivis et pratis arenosis planitiei orientalis (*N.* 285). Junio — Augusto. *Reichb.* Icon. VI. f. 730, XVI. f. 5017 b. saltem calyx adjectus. D. diutinus *Kit.* in *Schult.* Oestr. Fl. I. 655 et Addit. 226 (nec *Reichb.* Icon. VI. f. 729 et XVI. f. 5017, qui ad D. atrorubentem spectat). Caulis 1—1½′ altus, calyx pallide viridis vel purpurascens, corolla expansa circiter 6‴ diametro pallide purpurea. Dentibus calycis obtusissimis valde distinctus.

Post D. liburnicum 104:

D. Balbisii *Ser.* in *DC.* Prodr. I. 356.

Floribus in capitulum terminale multiflorum aggregatis, squamis involucri et calycis coriaceis viridi-albis vel

pallide purpurascentibus apice saepe fuscis, squamis involucri oblongis vel
ovatis in aristam longam calycem aequantem vel paulo superantem
attenuatis aut acuminatis, squamis calycis ovatis acutis vel mucronatis
calyce duplo brevioribus, *calycis dentibus acutis*, petalorum lamina ungue
duplo breviore, *foliis linearibus, caulinis latioribus fere lineari-lanceolatis,
vaginis latitudinem folii ter—quater superantibus.* ♃ In rupestribus Banatus
austro-orientalis (*N.* 285). Junio, Julio. D. capitatus *Roch.* Reise 49 nec
DC. D. glaucophyllus *Reichb.* Icon. XVI. f. 5015 c. Habitu D. Carthusianorum, caulis 1—2' altus, folia glaucescentia basilaria ½—1'''
caulina 1-2''' lata longissima, calyx obscure purpurascens, corolla expansa
6—8''' diametro amoene purpurea. Secundum *MK.* Deutschl. Fl. III.
197—8, *Koch* Syn. 104, *Gren. et Godr.* Fl. Fr. I. 231 et *Vis.* Dalmat. III.
161 varietas glaucescens D. liburnici. *Bartl.*

D. pruinosus *Janka* habitu et foliis latis mox flaccidis capitulisque
amplis insignis, nihilominus tamen characteribus certis a D. capitato
DC. et formis procerioribus D. Carthusianorum *L.* aegerrime dirimen-
dus ac fortasse nil nisi unius alteriusve varietas gigantea habitat in rupestribus ad cataractas Danubii infra Orsova jam in Valachia (*Janka* in
Delect. sem. hort. Vindob. 1858 p. 4), sed fieri potest, hanc stirpem intra
limites Banatus inveniendam esse.

Post D. Seguierii 105:

D. trifasciculatus *Kit.* in *Schult.* Oestr. Fl. I. 654. *Caule in summo
apice brevissime trifido, floribus in tres fasciculos terminales aggregatis,*
squamis calycinis ovato- vel lanceolato-subulatis in aristam herbaceam
tubum aequantem vel eo breviorem excurrentibus, bracteis foliaceis linearibus cuspidatis, foliis lineari-lanceolatis attenuato-acuminatis subseptem-
nerviis, *vaginis latitudinem folii aequantibus vel ea brevioribus,* petalis
obovatis dentatis. ♃ In silvis et collibus ditionis australis praecipue
Banatus (*N.* 286). Julio, Augusto. *Reichb.* Icon. XVI. f. 5021. D. lanci-
folius *Tausch* Flora 1831 I. 215 fide *Heuff.* Ban. 33. Caulis 1—1½' altus,
folia 2—4''' lata, calyx pallide viridis vel purpurascens, corolla expansa
ampla 8—12''' diametro amoene purpurea. Me judicante forma levis poly-
morphi D. Seguierii *Vill.* et quidem ejus varietati, quae D. collinus
WK. nominatur, proxima. „Differt a D. collino fere ut D. compactus
a D. barbato" *Kit.* Addit. 224 id est aliis verbis: Non differt.

Post D. glacialem 105:

D. nitidus *WK.* Pl. rar. II. t. 191. *Caule glabro superne 1—3floro,*
squamis calycinis ovatis lanceolatisve subulato-cuspidatis tubum dimidium
subaequantibus, foliis obverse lanceolatis vel linearibus obtusis aut acutiusculis uninerviis basin versus attenuatis, petalorum lamina dentata calyce
paulo breviore. ♃ In subalpinis calcareis Carpatorum occidentalium usque
in regionem Mughi (*N.* 286). Augusto, Septembri. *Reichb.* Icon. XVI. f.

5035. D. alpinus auct. hung. veter. nec *L.* Caulis 3—10'' altus, folia basilaria fasciculata vel caespitosa, corolla expansa 6—10''' diametro saturate rosea basi petalorum pilis flavescentibus barbata. Medium tenens inter D. alpinum *L.* vel D. glacialem *Hänke* et D. deltoidem *L.*, ab illis caule elongato saepe 2—3floro et corolla minore, ab hoc caule glabro nitido (nec pubescenti-scabro) recedens.

Ad D. plumarium 107:

D. hungaricus *Hausskn.* ÖBZ. XIV. 210, 211 et 217 in valle Demanovka Liptoviae et in latere septentrionali Carpatorum centralium est forma levis subalpina D. plumarii *L.* calycis tubo purpurascente squamas calycinas longitudine ter (nec quater) superante et petalis albis (*Uechtr.* ÖBZ. XVI. 316).

D. serotinus *WK.* Pl. rar. II. t. 172, quem in Austria saepe observavi et qui cum speciminibus hungaricis exacte congruit, a D. plumario *L.* tantummodo statura majore, caule foliisque plerumque viridibus, florescentiae tempore provectiore et loco natali diverso scilicet campis arenosis planitierum discrepat, certe non species genuina. Alyssum montanum *L.* eodem modo in rupibus calcareis primo vere, in arenosis planitiei autem usque in autumnum floret.

D. petraeus *WK.* Plant. rar. III. t. 222 (*Reichb.* Icon. XVI. f.5028) secundum specimina loco classico lecta a D. plumario *L.* non differt nisi floribus minoribus, petalorum lamina ad tertiam partem (nec ad medium) digitato-multifida et foliis viridibus (nec glaucis); vix varietas notabilis. Folia margine neutiquam sunt semper levia, ut volunt auctores l. c. p. 247, variant potius margine levi et ciliato-scabro et quidem non raro in uno eodemque caespite, etiam petalorum laminae non sunt dentatae, ut icon supra citata (absque dubio per errorem delineatoris) eas exhibet, sed digitato-multifidae quamquam D. plumario minus profunde incisae. Ad rupes calcareas Bihariae et Banatus (*N.* 288). Junio, Julio.

Post D. superbum 107:

D. Wimmeri *Wich.* Schles. Gesellsch. 1854 p. 74 est forma levis subalpina D. superbi statura paulo robustiore, calycis tubo purpurascente breviore et crassiore et petalis saturatius lilacinis, se habens ad D. superbum ut D. hungaricus ad D. plumarium (*Hcus.* ÖBZ. IX. 199 et X. 9, *Aschers.* ÖBZ. XV. 278, *Uechtr.* ÖBZ. XVI. 317). In subalpinis Carpatorum centralium, D. superbus legitimus est planitierum vel montium humiliorum incola (*N.* 287).

SAPONARIA *L.*

Post S. officinalem 108:

S. glutinosa *MB.* Taur. Cauc. I. 322. Floribus fasciculato-corymbosis, *calycibus elongato-cylindricis cauleque glanduloso-hirsutis,* petalis linearibus bidentatis coronatis reflexis, foliis ovatis vel ellipticis acutis plus minus hirsutis. ♃ Ad margines silvarum in Danubii tractu Banatus (*N.* 288). Majo — Julio. *Reichb.* Icon. XVI. f. 4994 b. Caulis pedalis, petala parva sanguinea.

SILENE *L.*

Inter S. dichotomam et sectionem II. Otites 110:

S. Gallinyi *Heuff.* in *Reichb.* Fl. excurs. 815. Caule adscendente ramoso pubescente, cincinnis terminalibus subgeminis laxis secundis, *floribus* alternis, calycibus elongatis anguste clavatis *erectis* 10nerviis ad nervos pilis crassis bulbosis sursum hirtis dentibus lanceolatis acuminatis, pedicellis brevissimis, *petalis ultra medium bilobis* retuso-coronatis, *foliis* hirsutis, inferioribus obverse lanceolatis, *superioribus linearibus, carpophoro capsulam aequante.* ☉ Ad agrorum margines et in fruticetis legionis romano-banaticae (*N.* 288). Julio. *Heuff.* Flora 1833 l. 358 et Ban. 35, *Reichb.* Icon. XVI. f. 5069. Caulis 1—3' altus, flores laete rosei diurni, folia angusta vix lineam lata uninervia, haec ultima nota autem fide *Vis.* Dalmat. III. 166 non est constans et propterea S. Gallinyi a S. trinervia *Seb. et Mauri* specifice non distincta. S. gallica *L.* petalis indivisis et carpophoro brevissimo, S. dichotoma *Ehrh.* floribus sub anthesi cernuis albis, foliis elliptico-lanceolatis et carpophoro capsula triplo breviore recedunt.

Post S. viscosam 110:

S. longiflora *Ehrh.* Beitr. VII. 144. *Glabrescens, racemo spurie verticillato, pedunculis oppositis subunifloris,* floribus erectis, *calycibus* elongato-clavatis 10striatis *glaberrimis dentibus acutis, petalis bifidis fauce coronatis,* carpophoro capsulam aequante vel paulo superante, foliis non undulatis, inferioribus obverse lanceolatis longe petiolatis, superioribus lineari-lanceolatis sessilibus. ♃ In pratis et collibus dumosis (*N.* 289). Julio — Septembri. *WK.* Pl. rar. I. t. 8, *Reichb.* Icon. XVI. t. 294 f. 5107. Caules 1½—3' alti, calyces 8—12''' longi, petala magna supra pallide virentia subtus livido-plumbea nonnisi vesperi patentia fragrantia.

S. multiflora *Pers.* Syn. 1. 496. *Velutino-pubescens non viscosa, racemo spurie verticillato,* pedunculis oppositis 1—3floris nonnumquam multifloris, floribus erectis vel horizontalibus, *calycibus clavatis* 10striatis *pubescentibus dentibus obtusis, petalis bifidis fauce denudatis,* carpophoro capsulam aequante, foliis non undulatis, inferioribus oblongo-cuneatis in petiolum attenuatis, superioribus obverse lanceolatis linearibusve sessilibus. ☉ In pratis planitierum (*N.* 289). Junio, Julio. *Reichb.* Icon. XVI. f. 5098, Silene *Wim.* Ind. f. 47. Cucubalus multiflorus *Ehrh.* Beitr. VII. 141, *WK.* Pl. rar. I. t. 56. Caules 2—3' alti, calyces circiter ½'' longi, petala magna viridi-alba.

Post S. nemoralem 110:

S. viridiflora *L.* Spec. 597. *Pubescens superne viscosa, cyma pani-culaeformi erecta laxa ramis oppositis elongatis 1—3floris,* floribus nutan-tibus erectisve, *calycibus cylindricis demum ovatis* 10striatis *glanduloso-pubescentibus* dentibus acutis, *petalis bifidis fauce coronatis, carpophoro capsula multoties breviore, foliis* inferioribus oblongis in petiolum decur-rentibus, *superioribus ovalibus vel subrotundo-ovalibus* sessilibus. ♃ In silvis montanis et collibus dumosis ditionis australis (*N.* 290). Junio, Julio. *Reichb.* Icon. XVI. f. 5104. Caulis 2—3' altus, petala magna virescentia.

Post S. nutantem 111:

S. transsilvanica *Schur* ÖBZ. VIII. 22, X. 181 est mera varietas S. n u t a n t i s *L.*, cum tam characteres essentiales quam limites certi desi-derentur. Differt enim secundum specimina ab ipso *Schur* in Transsilvania lecta caule superne minus viscido, cyma pauciflora minus infracto-nutante, ramis tantum 1—3floris, floribus minoribus et carpophoro breviore. Alias differentias indagare nequeo. Folia subtus punctato-scabra et dentes capsulae erecto-patuli sunt in S. nutante ut in S. transsilvanica et semina, quae teste *Schur* in S. transsilvanica majora esse deberent, inveni potius minora. Petala alba vel viridi-alba. In locis rupestribus montanis ad summas alpes usque, in Transsilvania frequens, in Hungaria tantum in monte Pikuj Comit. Beregiensis (*N.* 289), sed specimina hujus ditionis non vidi. S. s p e r g u l i f o l i a *Schur* Sert. 12 nec *MB.* S. c o m-m u t a t a *Schur* Siebenb. Ver. 1859 p. 66 nec *Guss.* S. d u b i a *Herb.* Bucov. 388. S. s a x a t i l i s *Schur* En. Transs. 101 et verisimiliter etiam *Sims* Bot. Mag. t. 689, icon saltem quadrat, quamquam sistit plantam cultam e Sibiria allatam.

Post S. inflatam 112:

S. Zawadzkii *Herb.* in *Zaw.* Fl. Galic. 191 *). *Caule adscendente pubescente* simplici unifloro vel cymose paucifloro, *calycibus* ovatis inflatis multistriatis reticulato-venosis *pubescentibus* dentibus ovatis obtusis, *pe-talis integris coronatis,* foliis crassis utrinque punctato-scabris calvis tenuissime ciliatis, radicalibus oblongis vel oblongo-obovatis acuminatis subsessilibus congestis, caulinis multo minoribus lanceolatis linearibusve. ♃ In rupibus alpium Rodnensium (*N.* 292). Junio, Julio. M e l a n d r y u m Z a w a d z k i i *A. Br.* Flora 1843 I. 387. Caulis ½—1' altus, petala magna alba. Habitu S. i n f l a t a e sed solo indumento facile discernenda.

Ad S. Saxifraga 114:

S. petraea *WK.* Pl. rar. II. t. 164 et *Reichb.* Icon. XVI. f. 5086 est varietas S i l e n e s S a x i f r a g a *L.* foliis angustissime linearibus et petalis

---

*) Z a w a d z k i citat „Herbich Prodr. Fl. Bucov. n. 298" tale opus vero non exstat.

subtus viridi-luteolis. Sola haec varietas in Hungaria scilicet in Banatu (*N.* 291) occurrit. S, Saxifraga *WK.* 1. c. t. 163 vero est alia species Croatiae et Dalmatiae incola, quae praecipue laciniis calycis lanceolatis acutis (nec ovatis obtusis) a S. Saxifraga *L.* et S. petraea *WK.* discrepat, in *Vis.* Dalmat. III. 167 S. Kitaibelii nuncupata, haec in Hungaria hucusque non observata est.

Inter S. Saxifraga et §. 4 p. 114:

S. flavescens *WK.* Pl. rar. II. t. 175. Multicaulis, caulibus erectis pubescentibus cymose 1—3floris, *calycibus* oblongo-cylindricis 10striatis *pubescentibus,* fructiferis clavatis, dentibus lanceolatis acuminatis, petalis bifidis coronatis, *foliis incano-pubescentibus,* inferioribus obverse lanceolatis, *superioribus linearibus minimis.* ♃ In rupestribus calcareis Banatus et prope Budam (*N.* 291). Junio, Julio. *Reichb.* Icon. XVI. f. 5090. Radix multiceps, caules 6—10" alti propter folia pauca minima fere nudi, petala viridi-flavescentia, habitu distinctissima.

Post S. acaulem 115:

S. dinarica *Spr.* Syst. II. 405. *Radice caespitosa caules hirsutos subuniftoros et caudiculos steriles nutriente,* calycibus oblongo-cylindricis multistriatis reticulato-venosis *hirsutis,* fructiferis subclavatis, dentibus ovatis obtusiusculis, petalis bilobis coronatis, foliis linearibus glabris ciliatis acutis. ♃ In rupibus alpium Banatus (*N.* 291). Julio, Augusto. *Reichb.* Icon. XVI. f. 5114. S. depressa *Baumg.* Transs. I. 404 nec *MB.* Caules 1—3" longi, petala saturate rosea, caespites nunc laxi nunc densissimi.

LYCHNIS *DC.*

Post L. Viscaria 116:

L. nivalis *Kit.* in *Schult.* Oestr. Fl. I. 698, Addit. 236. *Petalis semibifidis* ecoronatis **), caule* glabro *non viscoso* paucifolio *apice cymose 1—3floro,* foliis glabris ciliatis, basilaribus spathulato-lanceolatis longe petiolatis, caulinis lineari-lanceolatis linearibusve sessilibus. ♃ In alpibus Rodnensibus ad nives perennes (*N.* 292). Julio, Augusto. Silene Siegeri *Baumg.* Transs. I. 400, *Reichb.* Icon. XVI. f. 5088. Polyschemone nivalis *Schott* Analect. 56 cum descriptione accurata ad plantam vivam quidem sed cultam. Stirps elegans, caulis 3—8" altus, corolla amoene purpurea maxima expansa 8—10'" diametro. Affinis L. alpina *L.* floribus multoties minoribus umbellato-capitatis diversa.

Post L. vespertinam 116:

L. nemoralis *Heuff.* in *Reichb.* Fl. excurs. 824, Flora 1833 I. 356. Petalis semibifidis coronatis, caule superne pedunculis calycibusque glan-

---

*) Teste Kitaibel l. c., nec ego coronam detegere potui, secundum Schott l. c. vero sunt petala coronata, fortasse tantum in statu culto vel haec nota variabilis.

duloso-villosis, foliis acuminatis, inferioribus spathulato-ovatis vel ellipticis, superioribus ovato- vel oblongo-lanceolatis, *capsula globosa dentibus conniventibus*, floribus dioicis. ⊙ In fagetis Bihariae et Banatus (*N.* 292). Aprili, Majo. *Reichb.* Icon. XVI. f. 5124. Melandryum nemorale *A. Br.* Flora 1843 I. 371. Caulis 1—2' altus L. vespertinà gracilior, flores minores, petala alba. Secundum *Koch.* Reise 63 nonnisi forma silvatica L. vespertinae *Sibth.*

ALSINEAE.

SAGINA *L.*

Ad S. ciliatam 117:

S. dichotoma *Heuff.* Flora 1853 II. 626 est secundum *Heuff.* Ban. 37 varietas dichotoma S. ciliatae *Fries* et solum haec varietas nec forma typica in Hungaria occurrit et quidem unice ad Baszest Comit. Krassoviensis.

ALSINE *Wahlb.*

Ad A. setaceam 124:

A. banatica *Bluff et Fingerh.* Comp. I. 2. 99 (Arenaria banatica *Heuff.* Flora 1833 I. 359, Sabulina banatica *Reichb.* Icon. XV. t. 205 f. 4922) est secundum specimina authentica et confitente ipso auctore in En. Ban. 38 varietas gracilis laxa A. setaceae *MK.* caulibus filiformibus diffusis et foliis fere capillaribus. In rupibus calcareis ad Thermas Herculis.

Post A. setaceam 124:

A. falcata *Griseb.* Rumel. I. 200. *Foliis setaceo-filiformibus 3nerviis falcatis*, caudiculis caespitosis, caulibus floriferis adscendentibus superne corymboso-cymosis, pedicellis calyce longioribus, *sepalis oblongo-lanceolatis acuminatis margine membranaceis, exterioribus 3—5nerviis, petalis calycem subaequantibus* oblongis brevissime unguiculatis. ♃ In saxosis dumosis montanis raro (*N.* 278). Majo, Junio. *Heuff.* ÖBW. VII. 176, Ban. 38. Arenaria frutescens *Kit.* in *Schult.* Oestr. Fl. I. 667 et Addit. 208. Suffruticosa, caules 3—6" alti, calyces virides, petala alba parva. A. verna *Bartl.* foliis rectis, sepalis 3nerviis et petalis majoribus calyce longioribus, A. setacea *MK.* sepalis albis stria dorsali viridi uninervi, A. Jacquini *Koch* et A. glomerata *Fenzl* habitu stricto, caule non suffruticoso et sepalis albis, A. tenuifolia *Cr.* radice gracili annua discrepant.

Post A. Jacquini 125:

A. glomerata *Fenzl* Alsin. in tab. ad p. 46. *Tota pube plus minus glandulosa canescens*, foliis subulato-setaceis basi 3nerviis, caulibus e basi

4*

adscendente erectis strictis simplicibus vel erecto-ramosis, *floribus brevissime pedicellatis dense fasciculato-cymosis, sepalis inaequalibus linearisubulatis acutissimis albo-subcartilagineis dorso viridi-bistriatis*, *petalis calyce triplo brevioribus.* ⊙ In montanis graminosis et arenosis planitierum (*N.* 278). Junio, Julio. A r e n a r i a g l o m e r a t a *MB.* Taur. Cauc. I. 350. Caules ½—1′ alti, petala alba. Ab A. J a c q u i n i *Koch* tantum statura robustiore, indumento canescente et inflorescentia magis compacta differt, A. J a c q u i n i aut est glaberrima aut caulis basi vel superne pilis glanduliferis adspersus.

CHERLERIA *L.*

Ad Ch. sedoidem 126 (absque diagnosi):

Ch. sedoides *L.* Spec. 608. Radice multicipite, caudiculis perennantibus in caespitem pulvinatum densissimum collectis, foliis imbricatis linearibus subtrigonis glabris, floribus polygamis axillaribus subsessilibus, calycis laciniis oblongis obtusis 3nerviis, petalis plerumque nullis. ♃ In rupibus calcareis alpinis Carpatorum occidentalium (*N.* 277). Junio, Julio. *Jacq.* Fl. austr. III. t. 284, *Reichb.* Icon. XV. t. 204. A l s i n e C h e r l e r i a *Fenzl* in *Gren. et Godr.* Fl. Fr. I. 255. Herba luteo-viridis acaulis, folia parva 1—1½′′′ longa, petala si adsunt alba. Ab A l s i n i s generice haud distincta.

MOEHRINGIA *L.*

Post M. muscosam 126:

M. pendula *Fenzl* Alsin. in tab. ad p. 46. *Foliis linearibus acutis planis* 3nerviis glabris vel basi ciliatis *viridibus*, caulibus filiformibus diffusis glabris vel puberulis procumbentibus aut pendulis geniculis radicantibus apice cymose 1—3floris, sepalis lanceolato-subulatis subcarinatis, *floribus decandris pentapetalis*, petalis calycem paulo superantibus. ♃ In rupibus calcareis Banatus (*N.* 280). Junio, Julio. A r e n a r i a p e n d u l a *WK.* Pl. rar. I. t. 87, *Reichb.* Icon. XV. t. 217 f. 4944. Caules ½—3′ longi, petala alba parva.

ARENARIA *L.*

Post A. grandifloram 129:

A. graminifolia *Schrad.* Hort. Gotting. I. p. 11 t. 5. *Foliis linearisubulatis* elongatis margine scabris, caulibus erectis glabris cyma multiflora terminatis, *sepalis ovato-rotundis obtusissimis margine membranaceis,* petalis obovatis calyce duplo triplove longioribus. ♃ In graminosis silvaticis montanis (*N.* 279). Majo, Junio. E r e m o g o n e p r o c e r a *Reichb.* Icon. XV. t. 220. A l s i n e g r a m i n i f o l i a *Bluff et Fingerh.* Comp. I. 2. 96. A l s i n e Preslii *Reuss* Kv. Slov. 75. Caules 1—1½′ alti, folia infima usque ½′ longa circiter ⅓′′′ lata, petala magna alba.

CERASTIUM *L.*

Ad C. triviale 133:

C. longirostre *Wich.* Schles. Gesellsch. 1854 p. 74 in subalpinis Tatrae (*Uechtr.* ÖBW. VII. 360, XVI. 316) est varietas macrantha et macrocarpa **C. trivialis** *Link*, a quo statura robustiore, petalis calyce subduplo longioribus, capsulis calycem subtriplo (nec duplo) excedentibus scilicet 4—6''' longis quasi in rostrum leviter arcuatum productis, seminibusque majoribus differt. C. macrocarpum *Schur* Siebenb. Ver. 1851 p. 177 et 1859 p. 131 in alpibus Rodnensibus Transsilvaniae est eadem planta. Sed C. triviale *δ*. alpinum *Koch* Syn. 134 et *Sturm* II. 63 propter petala parva et capsulam calyce duplo tantum longiorem aliam sistit varietatem C. trivialis in alpinis frequenter obviam.

LINEAE.

LINUM *L.*

Post L. viscosum 139:

L. nervosum *WK.* Pl. rar. II. t. 105. *Sepalis lanceolatis cuspidatis 3-5nerviis* capsulam subaequantibus *supra medium minutissime glanduloso-serratis, glandulis sessilibus, foliis lanceolatis* acutissimis cuspidatisve 3—5nerviis *glabris* vel subciliatis, infimis minutis confertis, *caulibus erectis glabris* vel basi pilosis, *radice multicipite.* ♃ In pratis silvaticis Banatus et Comit. Aradiensis (*N.* 309). Junio, Julio. *Reichb.* Icon. XVI. f. 5163. Caules 1—2' alti, petala caerulea maxima usque 10''' longa. L. tenuifolium *L.* sepalis uninerviis margine stipitato-glandulosis, foliis anguste linearibus et petalis pallide roseis, L. usitatissimum *L.* sepalis eglanduloso-ciliolatis et radice annua, L. perenne *L.* et L. austriacum *L.* sepalis integerrimis eglandulosis interioribus obtusis discrepant.

Post L. usitatissimum 140:

L. hologynum *Reichb.* Fl. excurs. 833, Icon. XVI. f. 5164. Sepalis ovatis acuminatis late hyalino-membranaceis basi uninerviis apice eglanduloso-ciliolatis capsulam subaequantibus, foliis lineari-lanceolatis acuminatis uninerviis glabris, caule solitario erecto glabro, *stylo simplici apice quinquefido.* ⊙ In cacumine montis Domugled ad Thermas Herculis (*N.* 309). Julio, Augusto. Petala caerulea. Cum L. usitatissimo *L.* omnino conveniens, stylis vero concretis apice tantum liberis ab hoc et omnibus Lini speciebus europaeis, quae stylos liberos aut basi solum coalitos habent, valde aberrans. Diagnosis secundum descriptionem et iconem auctoris confecta, specimina enim in herbario *Heuffel,* a quo *Reichenbach* plantam hanc accepit, desiderantur et in nulla alia collectione eadem mihi obviam venit. Etiam *Planchon* Lini generis monographus frustra tentavit, exemplaria hujus speciei acquirere (Lond. Journ. of Bot. VII. 1848 p. 170). An tota species lusus singularis casu quodam ortus?

Ad L. alpinum 140:

L. alpinum *Wahlb.* Carpat. 91 Carpatorum centralium incola (*N.* 310) habet teste *Uechtr.* ÖBZ. XVI. 318 pedunculos fructiferos strictos nec recurvatos ut L. alpinum *Jacq.*, est igitur varietas alpina L. perenuis *L.* nec L. austriaci *L.*

RADIOLA *Gmel.*

Ad R. linoidem 141 (absque diagnosi):

R. linoides *Gmel.* Syst. I. 289. Caule filiformi a basi dichotome ramoso in cymam laxam corymbiformem abeunte, foliis ovatis acutis integerrimis oppositis, pedunculis capillaribus. ⊙ In agris et arenosis humidis vallis Moravae inter Brocka et Csary *(Knapp)*, ad Rézbánya Comit. Bihariensis (*Kern.* ÖBZ. XVI. 204), in Comitatibus Verovitic et Požega Slavoniae (*Kn.* ZBG. XVI. 156). Julio — Septembri. Linum Radiola *L.* Spec. 402. R. millegrana *Sm.* Fl. brit. I. 202, *Reichb.* Icon. XVI. f. 5152. Planta pusilla tenuissima 1—2″ alta glabra, flores numerosi, petala minima alba.

MALVACEAE.

Ante Malvam 141:

KITAIBELIA *Willd.*

Neue Schrift. der Berl. naturforsch. Fr. II. 107.

Calyx duplex, exterior 6—9fidus, interior 5fidus. Styli plurimi inferne connati. Carpidia monosperma indehiscentia in capitulum 5lobum congesta.

K. vitifolia *Willd.* l. c. Foliis ambitu cordatis 3—7angulis, lobis acuminatis inaequaliter grosse serratis, pedunculis axillaribus unifloris solitariis binis ternisve, calyce exteriore interiorem superante. ♃ In nemoribus prunetis locis pinguibus subhumidis Slavoniae (*N.* 293). Junio — Septembri. *WK.* Pl. rar. I. t. 31, *Reichb.* Icon. XV. f. 4831. Planta orgyalis ramosissima hirsuta nauseosa, folia maxima, corolla alba vel pallide rosea.

Abutilon Avicennae Gärtn. in Koch. Syn. 144 praetermissum occurrit p. 440 in addendis.

TILIACEAE.

TILIA *L.*

Post T. grandifoliam 145:

T. vitifolia *Wierzb.* Flora 1845 I. 324 prope Csudanovec Comit. Krassoviensis est secundum specimen authenticum forma insignis T. grandifoliae *Ehrh.* foliis cordatis irregulariter inciso-lobatis subtus glabris lobis acuminatis. T. vitifolia *Host* Fl. aust. II. 59 non differt, icon vero in *Reichb.* Icon. XVI. f. 5140 sistit specimen foliis leviter incisis.

T. flava *Wolny* „quae praeter alios characteres ramis valde divaricatis eminenter distinguitur"? (*Roch.* Ban. 2) est fide *Bayer* ZBG. XII. 33 forma T. grandifoliae *Ehrh.* foliis flavide virentibus. In herbario musei caesarei Vindobonensis asservatur specimen T. flavae a *Wierzbicki* prope Steierdorf in Banatu lectum et in schedula affirmat *Rochel,* hanc Tiliam eandem esse, quam ipse ad Vukovár et *Wolny* ad Karlovic legerunt. Sed hoc specimen sistit formam T. parvifoliae *Ehrh.* foliis minimis subtus glaucescentibus in venarum axillis eximie rufo-barbatis, petiolis ramulisque juvenilibus hirtis.

Post T. parvifloram 115:

T. argentea *Desf.* in *DC.* Hort. Monsp. 66. *Foliis* oblique subrotundo-cordatis serratis acuminatis *subtus niveo-tomentosis*, cymis multifloris, parapetalis spathulato-retusis. ♄ In collibus et montibus humilioribus, in ditione australi silvas formans (*N.* 295). Julio. *Reichb.* Icon. XVI. f. 5150. T. alba *WK.* Pl. rar. I. t. 3 nec. *Ait.* Flores flavescentes fragrantes.

HYPERICINEAE.

HYPERICUM *L.*

Ad H. Richeri 117:

H. Richeri *Vill.* (*Roch.* Ban. t. 12, *Reichb.* Icon. XVI. f. 5186) variat caule tereti vel superne plus minus ancipiti, cyma corymbiformi vel umbelliformi pauci- vel multiflora, foliis ovatis oblongis vel oblongo-lanceolatis obtusis vel acutis basi rotundatis vel subcordatis aut margine tantum aut in disco quoque atropunctatis, bracteis lanceolatis vel lineari-subulatis, sepalis ovato- vel lineari-lanceolatis, fimbriis bractearum et sepalorum glanduliferis vel partim eglandulosis nunc longioribus nunc brevioribus nunc brevissimis, petalis calycem duplo vel triplo superantibus. Caules erecti vel adscendentes (non procumbentes ut in H. androsaemifolio *Vill.*) pedales eo humiliores et corollae eo majores quo altius in alpes adscendunt ita, ut caules tandem vix spithamam excedant (*Kit.* Addit. 246). H. alpinum *WK.* Pl. rar. III. t. 265, H. Rochelii *Griseb.* It. 299 et H. umbellatum *Kern.* ÖBZ. XIII. 141 ne varietates quidem habere possum, cum characteres ab auctoribus propositi ita confluant, ut varietates ullae certis limitibus adumbrari fas non sit, attamen bracteas et sepala plantae hungaricae et transsilvanicae brevius et parcius fimbriata observavi quam in aliis terris e. c. in Serbia. In alpinis et subalpinis Carpatorum orientalium et australium, in Banatu in regionem montanam descendens, imo in collibus Sirmii (*N.* 296).

ACERINEAE.

ACER *L.*

Post A. monspessulanum 149:

A. tataricum *L.* Spec. 1495. *Foliis subcordato-ovalibus indivisis acuminatis inaequaliter inciso- vel lobato-serratis, corymbis erectis.* ♄ In dumetis et silvis montium humiliorum et planitierum (*N.* 298). Majo. *Reichb.* Icon. XV. f. 4824. Flores albi, fructus purpurascentes.

GERANIACEAE.

ERODIUM *L'Hérit.*

Post E. ciconium 156:

E. Neilreichii *Janka* in litteris. Pedunculis 3—7floris, sepalis aristatis, *staminibus glabris, fertilibus lanceolatis versus apicem sensim attenuatis,* valvularum aristis hispidis intus setis longissimis obsitis, foliis ambitu oblongis aut pinnatifidis segmentis inciso-dentatis aut pinnatipartitis segmentis pinnatifidis. ⊙ In pascuis arenosis ad Sashalom prope Hatvan Comit. Hevesiensis. Majo, Junio. Tota herba hirsuta, caules usque 10″ longi, petala calycem aequantia vel paulo superantia caerulea, fructus cum rostro circiter 3″ longi. Simillimum E. ciconium *Willd.* tantum staminibus ciliatis et calycibus petalis fructibusque majoribus differt. An species genuina?

RUTACEAE.

Post Rutam 159:

PEGANUM *L.* Gen. n. 601.

Calyx persistens 5partitus. Petala 5 ad basin gynophori inserta. Stamina 15 cum petalis inserta. Ovarium globoso-trilobum triloculare.

P. Harmala *L.* Spec. 638. Caule herbaceo ramosissimo, foliis irregulariter multipinnatipartitis, laciniis linearibus, floribus solitariis terminalibus caule evoluto denique lateralibus, sepalis linearibus subpinnatifidisve petala oblonga aequantibus. ♃ In monte Gerardi pone Budam sub Ficu Carica spontanea facta, absque dubio reliquiae imperii osmanici (*N.* 305). Junio. Fl. graeca V. t. 456, *Reichb.* Icon. XV. f. 4818. Herba glaucescens glabra, caulis 1—1½′ altus, folia carnosula, corolla viridi-alba, odor gravis nauseosus.

PAPILIONACEAE.

SAROTHAMNUS *Wimm.*

Ad S. vulgarem 166 (absque diagnosi):

S. vulgaris *Wimm.* Fl. Schles. ed. I. 1832 p. 278. Ramis angulatis virgatis glabratis, foliis ternatis sericeo-pilosis, summis simplicibus foliolisque oblongis vel obovatis integerrimis, floribus pedicellatis solitariis axillaribus, leguminibus lineari-oblongis planis margine villoso-ciliatis caeterum glabris. ♄ In silvaticis arenosis planitierum et montium (*N.* 328). Majo, Junio. Spartium scoparium *L.* Spec. 996, Fl. dan. t. 313, EB. t. 1339. Frutex usque orgyalis, folia obscure viridia, corollae speciosae aureae, legumina atra.

GENISTA *L.*

Post G. ovatam 167:

G. Mayerl *Janka* ÖBZ. IX. 4, XIII. 256 in silvis Comit. Bihariensis et **G. hungarica** *Kern.* ÖBZ. XIII. 140 in quercetis montis Pilisiensis pone Budam (*N.* 329) ambigunt inter G. tinctoriam *L.* et G. ovatam *WK.*, ab illa leguminibus junioribus sparse pilosis, ab hac leguminibus maturis glaberrimis diversae; G. Mayeri est forma foliis ellipticis usque 14''' latis, racemo terminali simplici paucifloro et anthesi vernali; G. bungarica habet folia lanceolata 5—6''' lata, racemos multifloros in paniculam amplam dispositos et floret aestate; illa ob florendi tempus varietas leiocarpa G. ovatae, haec varietas trichocarpa G. tinctorinae esset. Differentiae e glabritie et pubescentia herbae, porro ex inflorescentia racemosa vel paniculata desumtae sunt fallacissimae. In Banatu G. tinctoria Junio — Augusto, G. ovata Majo et Junio (*Heuff.* Ban. 49), prope Budam autem, in Croatia et Germania etiam Junio et Julio floret (*Sadl.* Pestin. 316, Syll. Croat. 124, *Koch* Syn. 441), hinc florendi tempus non est tanti momenti quanti ab *Janka* et *Kerner* habetur. Non errant forte, qui G. tinctoriam et ovatam varietates unius speciei considerent.

G. laslocarpa *Spach* Ann. des scienc. nat. 1845 p. 135 Slavouiae incola (*Heuff.* Ban. 49) nil nisi forma paniculata G. ovatae, cui racemus simplex adscribitur.

CYTISUS *L.*

Ad C. austriacum 170:

C. austriacus *L.* variat:

α. albus. Corolla alba. C. albus *Hacq.* Sarmat. Karp. I. 49. C. leucanthus *WK.* Pl. rar. II. t. 132.

β. **pallidus** *Schrad.* in *DC.* Prodr. II. 155. Corolla ochroleuca plus minus in luteum vergens. C. **pallidus** *Kit.* It. Bereg. ined. C. **leucanthus** b. **obscurus** *Roch.* Ban. p. 50 t. 13. C. **banaticus** *Griseb.* It. 292 forma floribus terminalibus et lateralibus. C. **Heuffelii** *Wierzb.* Flora 1845 I. 321 forma foliolis angustis fere linearibus ½—1‴ latis. Huc quoque pertinet C. Rochelii *Wierzb.* in *Roch.* Reise 48 teste *Griseb.* It. 293, nam specimina authentica hujus stirpis non vidi.

γ. **aureus.** Corolla saturate lutea vel vitellina. C. **austriacus** omnium fere auctorum, *Jacq.* Fl. aust. I. t. 21, *Sturm* II. 59. Praeter colorem corollae inter species supra propositas nullam aliam differentiam constantem et essentialem detegere potui (Conf. etiam *Janka* Linn. 1859 p. 563—4, *Heuff.* Ban. p. 50 nota ad n. 402 et *Kern.* ZBG. XIII. 329—31). C. austriacus occurrit in graminosis dumosis arenosis collium et planitierum, var. α. et β. nonnisi in ditione orientali, var. γ. ubique quidem sed versus occidentem frequentior (*N.* 330). Julio, Augusto.

C. **cinereus** *Host* Fl. aust. II. 343, qui in *Heuff.* Ban. 50 ad C. austriacum confertur, manifeste ad C. ratisbonensem *Schaeff.* spectat.

Post C. ratisbonensem 172:

C. **leiocarpus** *Kern.* ÖBZ. XIII. 90. *Floribus* subgeminis breviter pedicellatis *omnibus lateralibus*, caulibus decumbentibus vel adscendentibus, *calycibus* oblongis *ramulis foliisque glabris vel juventute pilis sparsis adpressis obsitis, petalis germinibusque leguminibusque glaberrimis.* ♃ In calcareis Bihariae (*N.* 331). Majo, Junio. Corolla lutea, vexillum in medio macula fusco-purpurea pictum ut in C. hirsuto *L.*, calyx viridis, legumen atrum nitidum. C. hirsutus hirsutie omnium partium patente et leguminibus hirsutis vel saltem ciliatis, C. ratisbonensis *Schaeff.* calycibus et leguminibus sericeis differunt.

MELILOTUS *Tourn.*

Ad M. caeruleam 184:

M. **procumbens** *Bess.* Volhyn. 30 non differt a M. caerulea *Desr.* nisi racemis oblongis, fructiferis basi laxis, leguminibus paulo longioribus et foliolis angustioribus. Caules procumbentes vel adscendentes, corollae dilute caeruleae. Vel varietas M. caeruleae vel haec e M. procumbente cultura orta. In pratis et pascuis salsis planitierum (*N.* 333). M. caerulea b. laxiflora *Roch.* Ban. t. 14, *Ledeb.* Ross. I. 535. M. laxiflora *Friv.* in *Griseb.* Rumel. I. 39. Trigonella Besseriana *DC.* Prodr. II. 181, *Reichb.* Icon. IV. f. 525.

TRIFOLIUM *L.*

Sectio I. **Lagopus** *Koch* Syn. 184. Inter species hungaricas hujus
sectionis T. medium *L.* calycis tubo glabro, T. alpestre *L..* T. Sarosiense *Hazsl.* et T. rubens *L.* calycis tubo vigintinervio, T. pannonicum *Jacq.* et T. ochroleucum *L.* corollis ochroleucis, T. incarnatum
L., T. angustifolium *L.*, T. arvense *L.*, T. striatum *L.* et T. sca-
brum *L.* spicis demum cylindricis facile sunt cognoscenda. Restant 5
species difficilius discernendae T. pallidum *WK.*, T. pratense *L.*, T.
expansum *WK.*, T. diffusum *Ehrh.* et T. reclinatum *WK.*, quarum
ultimae tres in *Koch* Synopsi non contentae sunt. Hae 5 species a pri-
oribus spica globosa vel ovata et calycis tubo decemnervio piloso, a T.
pannonico et ochroleuco adhuc corollis purpureis rubellis aut albis
differunt.

Post T. pratense 185:

T. expansum *WK.* Pl. rar. III. t. 237. *Spicis globosis denique*
ovatis solitariis *basi involucratis, calycis tubo decemnervio villoso, dentibus*
filiformibus ciliatis *erectis, superioribus quatuor tam tubo quam corolla*
dimidia brevioribus, infimo duplo longiore, *alis corollae carinam aequanti-*
bus, stipulis oblongis in cuspidem subulatam sensim abeuntibus, foliolis ovato-
oblongis oblongisve obsolete denticulatis aut integerrimis caulibusque
procumbentibus vel adscendentibus *patentim pilosis, radice perenni ramo-*
sissima. In pratis planitierum et graminosis montanis (*N.* 334). Junio –
Septembri. Caules 1½—2' longi ramosissimi diffusi, spicae magnae, corollae
purpureae. Simile T. pratense *L.* spicis minoribus subgeminis, stipulis
brevioribus, alis carina longioribus, caulibus minus ramosis et pubescentia
accumbente, T. pallidum *WK.* dentibus calycis superioribus quatuor
tam tubo suo quam corolla dimidia longioribus, foliolis obovatis, corollis
albis vel pallide roseis, caulibus erectis minus ramosis et radice fusiformi
annua vel bienni recedunt.

Post T. medium 185:

T. Sarosiense *Hazsl.* Éjsz. Magy. 76. *Spicis globosis* denique ovatis
solitariis basi nudis, *calycis tubo vigintinervio glabro* vel parcissime piloso,
dentibus filiformibus ciliatis erectis, superioribus quatuor tubum aequantibus sed corolla dimidia brevioribus, infimo paulo longiore, stipulis lanceolatis acuminatis, foliolis ellipticis obsolete denticulatis aut integerrimis
caulibusque procumbentibus vel adscendentibus subglabris, rhizomate
cylindrico repente. ♃ In graminosis prope Eperjes (*N.* 334). Junio, Julio.
Caules pedales ramosi, spicae magnae, corollae purpureae. Cum T. medio
L. habitu et omnibus notis exacte conveniens, sed calycis tubo 20nervio

(nec 10nervio) diversum. Hybridum non habeo, sed fortasse occurrunt formae intermediae, qua de causa haec species ulterius observanda est. (Vidi specimem authenticum ab auctore mecum benevole communicatum).

T. diffusum *Ehrh.* Beitr. VII. 165. *Spicis* globoso-ovatis solitariis *basi involucratis, calycis tubo decemnervio pilis longis hirsuto, dentibus* filiformibus longe *ciliatis erectis subaequalibus tubo duplo longioribus et corollam aequantibus vel paulo superantibus,* stipulis lanceolatis cuspidatis, *foliolis* ovato-oblongis oblongisve obsolete denticulatis aut integerrimis *caulibusque* erectis *patentim pilosissimis, radice annua vel bienni.* In pascuis et collibus arenosis planitierum nec non ad vineas et silvarum margines (*N.* 335). Junio, Juli. *WK.* Pl. rar. I. t. 50. T. purpurascens *Roth* Catal. I. 91. T. albidum Rel. Kit. 108. *Wint.* Ind. f. 7 sine nomine. Caules 8″—2′ alti ramosi quidem at „nuspiam diffusi" (*WK.* l. c. p. 51), quare jam *Roth* nomen mutavit, spicae magnae, corollae ex albo rubellae. Dentibus calycinis longissimis hirsutissimisque hoc Trifolium insigne.

T. reclinatum *WK.* Pl. rar. III. t. 269. *Spicis* globosis denique ovatis solitariis *basi nudis, calycis tubo decemnervio piloso, dentibus* subulatis ciliatis erectis *in fructu patentibus subpungentibus, superioribus quatuor tam tubo quam corolla dimidia brevioribus, infimo longissimo apicem corollae fere attingente* reliquis latiore, stipulis lanceolatis cuspidatis, *foliolis* obovatis oblongisve vel foliorum inferiorum obcordatis obsolete denticulatis aut integerrimis *caulibusque* procumbentibus vel adscendentibus *adpresse pilosis, radice annua.* In pratis subsalsis Banatus et Sirmii (*N.* 334). Junio, Julio. T. reflexum *DC.* Prodr. II. 197 evidenter lapsus calami. T. echinatum *Wiersb.* Flora 1845 I. 325 nec *MB.* Caules 1—2′ longi, spicae parvae fructiferae quasi echinatae, corollae purpurascentes.

Sectio IV. *Koch* Syn. 190. Post T. multistriatum:

T. vesiculosum *Savi* Fl. pisan. II. 165. Spicis ovatis denique oblongis solitariis basi nudis, *calyce* bracteato scarioso glabro *multinervio et inter nervos striolis transversalibus eximie reticulato, fructifero obovato inflato* ore coarctato, *dentibus* subulato-setaceis subaequalibus corollam dimidiam superantibus erectis *in fructu patentibus vel recurvis,* bracteis subulatis calyce brevioribus, petalis acutis multinerviis jam sub anthesi scariosis, stipulis parte libera longissime setaceo-cuspidatis, foliolis setaceo-serratis venoso-striatis foliorum inferiorum ellipticis superiorum elliptico-lanceolatis. ♃ In agris pratis locis salsis planitierum (*N.* 335). Julio, Augusto. T. recurvum *WK.* Pl. rar. II. t. 165. Caules erecti 1½—3′ alti ramis recurvis demum patentissimis foliisque glabri, spicae amplae in fructu 2″ longae 1″ latae, calyces albidi, corollae albae vel tinctu purpureo, species distinctissima.

T. strictum WK. in Koch Syn. 191 praetermissum occurrit p. 1020 in addendis.

Sectio VI. **Trifoliastrum** *Koch* Syn. 190. Post T. elegans
193 — 4:

T. angulatum *WK.* Pl. rar. I. t. 27. Capitulis globosis laxis, pedunculis axillaribus folio sublongioribus, *pedicellis defloratis deflexis interioribus calycis tubum aequantibus vel paulo superantibus*, calyce glabro fauce denudato, *dentibus* subulatis rectis subaequalibus *corollam dimidiam superantibus, caulibus decumbentibus* glabris, stipulis ovato-lanceolatis acuminatis, *foliis obovatis obcordatisve* mucronato-denticulatis, *radice annua.* In arenosis et salsis planitierum (*N.* 336). Junio, Julio. Caules ramosi diffusi ½—2' longi angulati, capitula parva post anthesin ob pedicellos deflexos obverse umbelliformia, corollae rubellae.

DORYCNIUM *Tourn.*

Post D. herbaceum 196:

D. diffusum *Janka* ÖBZ. XIII. 314. *Foliolis* oblongo-cuneatis *sparsim pilosis pilis accumbentibus, capitulis subvigintifloris, calycis dentibus tubo subtriplo brevioribus, vexillo panduraeformi emarginato-truncato*, leguminibus subglobosis vel ellipsoideis. 2| In pratis Comit. Bihariensis (*N.* 337). Junio, Julio. Caules pedales, corolla parva alba vel vexillum tinctu roseo, carina apice atro-violacea. D. herbaceum *Vill.* indumento patente et vexillo oblongo-cuneato obtuso, D. suffruticosum *Vill.* indumento subsericeo-villoso, calycis dentibus tubum dimidium subaequantibus et vexillo panduraeformi quidem sed apiculato recedunt. Omnes hae notae autem sunt parum constantes et D. herbaceum et D. suffruticosum in agro Vindobonensi saltem invicem transeunt, ideoque omnes tres varietates unius ejusdemque speciei scilicet D. pentaphylli *Scop.* considerandae sunt (Conf. *Neilr.* Nachtr. zur Fl. N.-Ö. 96).

GLYCYRRHIZA *L.*

Post G. glabram 198:

G. glandulifera *WK.* Pl. rar. I. t. 21. Foliis impari-pinnatis, foliolis ovato- vel oblongo-lanceolatis obtusis emarginatisve supra glabris subtus glutinosis, *petiolo communi immarginato*, stipulis minimis caducis, *spicis elongatis laxis* axillaribus pedunculatis folio brevioribus, *leguminibus* semiobovatis 2—4spermis *setis brevibus crassis glanduliferis demum induratis obsitis.* 2| Ad ripas et in insulis Danubii inferioris (*N.* 338). Junio, Julio. Caulis 2—3' altus pubescens, corollae violaceae. Simillima G. glabra *L.* solis leguminibus glabris diversa.

G. echinata *L.* Spec. 1046. Foliis impari-pinnatis, foliolis ellipticis vel ovato-lanceolatis mucronatis glabriusculis subtus impresso-resinosopunctatis, *petiolo communi marginato,* stipulis lanceolato-subulatis, *spicis globoso-capitatis densissimis* axillaribus brevissime pedunculatis, *leguminibus* ovalibus subdispermis *setis longis eglandulosis demum induratis subpungentibus echinatis.* ♃ In inundatis, paludibus et ad ripas planitierum (*N.* 338). Junio — Septembri. *Jacq.* Hort. vind. I. t. 95, *Schk.* Handb. II. t. 205, Bot. Mag. t. 2154. Caulis 1—2' altus pubescens, corollae pallide violaceae.

COLUTEA *L.*

Ad C. orientalem 199:

C. cruenta *Ait.* Hort. Kew III. 55 in vineis prope Kis-Györ Comit. Borsodiensis (*Reuss* Kv. Slov. 115) et in montanis lapidosis ad Nagy Bercel Comit. Neogradiensis frequens et vere spontanea (*Janka* ÖBZ. XVI. 223) in *Koch* Syn. 199 sub nomine antiquiore C. orientalis *Duroi* occurrit.

OXYTROPIS *DC.*

Ad O. montanam 202:

O. carpatica *Uechtr.* ÖBZ. XIV. 218, XVI. 319 differt secundum diagnosin auctoris ab O. montana *DC.* corollis amoene cyaneis (nec roseis) et leguminibus pilis brevissimis nigris dissitis hirtis denique indumento abjecto glabrescentibus, dum O. montanae legumina pilis longioribus albis dense pubescentia adscribuntur. Sed legumina O. montanae sunt typice etiam pilis brevibus nigris obsita, ut jam *Koch* in Deutschl. Fl. V. 224 monuit, et variant tantum pilis longioribus albis non raro in uno eodemque racemo imo in uno eodemque leguminc. Indumentum leguminis in O. montana persistit quidem maturitate, haec nota vero et color corollae cyaneus mihi saltem non sufficiunt ad differentiam specificam constituendam.

ASTRAGALUS *L.*

Dispositio specierum.

1. Corollae lilacinae violaceae caeruleae vel purpureae.
1. Alae corollae bifidae. 2.
    Alae corollae integrae. 3.
2. Legumina glabra stipitata, stipes calycem superans: A. australis.
    Legumina pubescentia in calyce sessilia: A. austriacus.
3. Legumina linearia arcuata: A. monspessulanus.
    Legumina ovata vel oblonga recta. 4.
4. Legumina pendula. 5.
    Legumina erecto-patula. 6.

5. Pedunculi cum racemo folium aequantes vel paulo tantum superantes, alae carinâ breviores, vexillum carinam subaequans, legumina stipitata, stipes calycem superans: A. alpinus.
Pedunculi cum racemo folium longitudine bis superantes, alae carinâ longiores, vexillum carinâ duplo longius, legumina subsessilia: A. oroboides.
6. Herba glabra laete viridis: A. sulcatus.
Herba pilis adpressis plus minus densis obsita, virescens vel canescens 7.
7. Spica elongata late linearis usque 3″ longa: A. virgatus.
Spica dense capitata vel saltem abbreviata et pauciflora 8.
8. Calyx fructiger inflatus: A. vesicarius.
Calyx fructiger immutatus. 9.
9. Spica abbreviata 4—6flora denique laxiuscula: A. Rochelianus.
Spica dense capitata ovata vel ovato-oblonga multiflora. 10.
10. Corolla ½″ longa e violaceo et albo variegata, vexillum alis sesquilongius: A. hypoglottis.
Corolla 1″ longa intense purpurascens, vexillum alis triplo longius: A. Onobrychis.

II. Corollae ochroleucae vel citrinae.

1. Flores ad radicis collum congesti: A. exscapus.
Flores in spicis vel racemis axillaribus. 2.
2. Radix annua, legumina contortuplicata: A. contortuplicatus.
Radix perennis, legumina ovata oblonga vel linearia. 3.
3. Legumina linearia arcuata: A. glycyphyllos.
Legumina oblonga vel ovata recta. 4.
4. Legumina glabra cum floribus pendula: A. galegiformis.
Legumina adpresse vel patentim pilosa cum floribus erecta. 5.
5. Spicae elongatae lineares, legumina adpresse pilosa: A. asper.
Spicae capitatae, legumina patentim pilosa. 6.
6. Caulis ramosus diffusus 1—2′ longus aeque ac folia adpresse pilosus, corollae pallide ochroleucae: A. Cicer.
Caulis simplex 1—8″ longus aut subnullus aeque ac folia patentim villosus, corollae saturate citrinae: A. dasyanthos.

Ad Phacam oroboidem DC. id est Astragalum oroboidem Hornem. p. 200 n. 4 et 412, cum species sectionis secundae generis Phaca in Koch Syn. 200 ob legumen semibiloculare rectius ad genus Astragalus pertineant.

A. oroboides *Hornem.* Fl. dan. t. 1396. Caule adscendente subglabro, stipulis lanceolatis liberis, *foliis 5—7jugis,* foliolis oblongis glabris vel subtus pilosis. racemis elongatis multifloris cum pedunculo folio duplo longioribus, *alis integris carinâ paulo longioribus, vexillo carinâ duplo longiore, leguminibus ellipticis pendulis nigro-villosis vix conspicue stipitatis* *in calyce subsessilibus.* ♃ In alpibus Tatrae orientalis rarissime (*N.* 340). Julio, Augusto. A. leontinus *Wahlb.* Fl. lappon. p. 191 t. 12 nec Wulf. Phaca oroboides *DC.* Prodr. II. 274. Caules ½—1' longi, corollae pallide caeruleae, legumina brevia tantum 4—5''' longa. Similis A. alpinus *L.* (Phaca astragalina *DC.*) habitu graciliore, foliis 7—12jugis, alis carina brevioribus, carina vexillum subaequante, corollis ex albo et caeruleo variegatis et stipite leguminum calycem superante, A. australis *Lam.* (Phaca australis *L.*) alis bifidis, corollis ex albo et violaceo variegatis, leguminibus glabris testaceis et eorum stipite calycem superante distinguuntur (Specimen hungaricum non vidi).

Inter A. arenarium et §. 2 p. 204:

A. Rochellanus *Heuff.* exs. 1835, Flora 1853 II. 622. Pilis adpressis totus sericeo-canus, caule decumbente diffuso ramosissimo basi suffruticoso, stipulis superioribus concretis oppositifoliis, *foliis 10—16jugis,* foliolis linearibus vel lineari-lanceolatis acutiusculis, spicis abbreviatis 4—6floris, pedunculis folio longioribus, pedicellis brevissimis bracteam subaequantibus, vexillo elongato alis et carina duplo longiore, *leguminibus oblongo-cylindricis* erecto-patulis *sericeo-villosis in calyce sessilibus.* ♃ In rupibus ad Danubium legionis serbico-banaticae (*N.* 340). Majo, Junio. A. arenarius b. multijugus *Roch.* Ban. t. 15. A. chlorocarpos *Griseb.* Rumel I. 50. Caules 1—1½' longi, corollae 6—8''' longae caeruleae. Similis A. arenarius *L.* foliis 3—6jugis et leguminibus stipitatis diversus.

Post A. argenteum 205.

A. virgatus *Pall.* Astr. t. 18. *Pilis adpressis totus sericeo-canus,* caule erecto aut adscendente ramoso ramis virgatis, stipulis lanceolatis liberis, foliis 6—10jugis, foliolis oblongo-linearibus linearibusve, *spicis elongatis* multifloris, pedunculis folio multo longioribus, *calycibus* pube nigra adpressa et pilis albis patulis hirsutis, *fructigeris non inflatis,* vexillo alis paulo longiore, *alis integris, leguminibus* lineari-oblongis subtriquetris *erecto-patulis* calyce subduplo longioribus hirsutis in calyce sessilibus. ♃ In pratis arenosis ditionis orientalis (*N.* 340). Majo, Junio. A. novus *Wint.* Ind. f. 13. Caules basi lignescentes ½—2' alti, corollae magnae 6—8''' longae violaceae. Affinis A. vesicarius *L.* statura multo minore, foliolis ovalibus brevioribus latioribusque, spicis capitatis et calycibus fructigeris inflatis differt.

Post A. hamosum 206:

A. contortuplicatus *L.* Spec. 1068. Totus villosus, caule procumbente, stipulis lanceolatis liberis, foliis multijugis, foliolis obovatis ovalibusve emarginatis, spicis capitatis 6—multifloris densis, pedunculis folio brevioribus, *leguminibus contortuplicatis* compressis dorso canaliculatis villosis, *radice annua*. In campis siccis, ad vias et ripas arenosas ditionis orientalis (*N.* 341). Junio — Septembri. *Pall.* Astr. t. 79. Magnitudine valde varians, caules ramosissimi 1—4' longi, corollae calycem subaequantes ochroleucae. Radice annua tenui et figura leguminum ab omnibus. Astragalis hungaricis diversus.

Post A. asperum ante sectionem secundam 206:

A. galegiformis *L.* Spec. 1066. Caule erecto stricto subglabro, stipulis lanceolatis liberis, foliis 12—16jugis, foliolis oblongis supra glabris subtus adpresse pilosis, *racemis elongatis* multifloris *laxis, floribus pendulis*, pedunculis folium aequantibus vel eo longioribus, *leguminibus* semiellipticis triquetris *glabris pendulis*. ♃ In pratis montis Vulkan in confinibus Comit. Zarandensis et Transsilvaniae (*N.* 341). Junio, Julio. *Pall.* Astr. t. 29. Caules 1—2' alti, racemi cum pedunculo 4—8" longi, corollae flavescentes, habitu Galegae officinalis *L.* (Vidi tantum specimina rossica).

A. dasyanthus *Pall.* Astr. t. 65. Totus villosus, caule erecto vel adscendente abbreviato vel subnullo et tunc foliis et pedunculis basilaribus, stipulis triangulis vel lanceolatis liberis, foliis 10—18jugis, foliolis ovalibus, *spicis globoso-capitatis* multifloris densis, pedunculis folio brevioribus, *leguminibus* ovato-triquetris inflatis *villosis erecto-patulis*. ♃ In collibus et clivis arenosis praecipue ditionis orientalis (*N.* 341). Majo, Junio. A. eriocephalus *WK.* Pl. rar. I. t. 46. A. pannonicus *Schult.* Oest. Fl. II. 335. Caulis crassus usque 8" altus pedunculis foliisque brevior, corollae magnae 10—12''' longae saturate citrinae.

ONOBRYCHIS *Tourn.*

Post O. arenariam 211:

O. alba *Desv.* Journ. bot. 1814 I. 82. *Caulibus* adscendentibus *pedunculis petiolis foliisque subtus cano-sericeis*, foliis multijugis, foliolis linearibus vel lineari-lanceolatis, spicis densis abbreviatis, *calycis* pilosi *dentibus* subulatis *legumine paulo longioribus*, alis calyce brevioribus, carina vexillum aequante vel parum superante, *leguminibus sericeo-pilosis* margine anteriore carinatis, disco elevato-reticulatis, margine discoque spinoso-dentatis, dentibus marginalibus illis disci longioribus. ♃ In rupestribus calcareis ad Csiklova et Svinica Banatus (*Heuff.* Ban. 58). Majo, Junio. Hedysarum album *WK.* Pl. rar. II. t. 111. Caules pedales, corollae albae. Simillima O. sativa *Lam.* differt quidem herba sparse pilosa viridi, foliolis latioribus, calycis dentibus legumine brevioribus, corollis saturate roseis et leguminibus glabrescentibus, sed teste *Koch.* Reise 66 O. alba cultura in O. sativam abit.

VICIA L.

Post V. sepium 215:

V. truncatula *Fisch.* Hort. Gorenk. 1812 ex *MB.* Taur. Cauc. III. 473 — 4. *Racemis axillaribus 3—6floris brevissimis, foliis cirrho simplici brevissimo vel mucrone terminatis 7—10jugis,* foliolis oblongis vel lineari-oblongis obtusis truncatis vel retusis mucronatis, *vexillo glabro,* dentibus calycis lanceolato-subulatis inaequalibus, superioribus duobus conniventibus, *leguminibus* oblongis glabris *deflexis.* ♃ In montanis Banatus (*N.* 344). Majo, Junio. Caulis pedalis, corollae ochroleucae. Similis V. sepium *L.* foliis 4—8jugis, cirrhis ramosis multo longioribus, calycis dentibus brevioribus, corollis violaceis et leguminibus erecto- vel horizontaliter patentibus differt.

Post V. peregrinam 218:

V. hungarica *Heuff.* ÖBZ. VIII. 26. *Floribus axillaribus solitariis* breviter pedunculatis, foliis 5—8jugis, foliolis linearibus obtusis retusisve mucronatis, *vexillo glabro, dentibus calycis* lineari-subulatis subaequalibus *porrectis,* leguminibus horizontaliter patentibus lanceolatis puberulis. ⊙ Inter vineas ad Veršec Banatus et prope Pestinum (*N.* 344). Majo, Junio. *Corollae constanter dilute flavae.* Similis V. peregrina *L.* dentibus calycis superioribus quatuor sursum curvatis et corollis obscure violaceis diversa. Species satis dubia, in herbario *Heuffel* enim desideratur et quamquam auctor eam jam ante 40 annos ad Pestinum legit, tamen *Sadlero* et botanicis recentioribus ignota esse videtur.

LATHYRUS L.

Ad L. Nissolia 221:

L. Nissolia *L.* variat petiolis foliiformibus anguste linearibus et lineari-lanceolatis 1— 3‴ latis, leguminibusque tenuiter et adpresse pubescentibus nec non glaberrimis. Haec varietas leiocarpa est L. gramineus *Kern.* ÖBZ. XIII. 188, quae non tantum ad Magnovaradinum sed etiam in Germania occurrit (*Uechtr.* ÖBZ. XIV. 195), at plurimos hucusque fugisse videtur.

Post L. pratensem 223:

L. Hallersteinii *Baumg.* Trans. II. 333 vel L. pratensis b. grandistipulus *Roch.* Ban. t. 16 in silvis montanis Banatus (*N.* 346) a L. pratensi *L.* caule humiliore subsimplici, stipulis hastatis nec sagittatis, magnitudine foliolorum, cirrhis subsimplicibus et racemis pauciloris recedit „in florum directione vero et in calycis forma differentia nulla" (*Griseb.* It. 294). Secundum *Janka* in Linn. 1859 p. 565 „L. Hallersteinii toto coelo a L. pratensi differt" secundum *Rochel* contra l. c. p. 54 „sistit quidem aberrationem peculiarem sed specie non esse diversum certissimum est" Equidem in notis supra allatis differentias specificas perspicere nequeo (Conf. etiam *Koch* Syn. 1021).

OROBUS *L.*

Ad O. vernum 221:

O. vernus *L.* variat:

α. angustifolius *Endl.* Poson. 451. Foliola linearia vel lineari-lanceolata. O. tuberosus *Lumn.* Poson. 307 non *L.* O. praecox *Kit.* Addit. 328. In silvis montanis ad Posonium et Budam (*N.* 347). O. alpestris *WK.* Pl. rar. II. t. 126 in montanis et subalpinis Croatiae et Slavoniae, porro O. flaccidus *Kit.* in *Reichb.* Fl. excurs. 536, Icon. X. f. 1290 et *Kit.* Addit. 328 in Croatia ad eandem varietatem spectant.

β. vulgaris. Foliola lanceolata ovato-lanceolata vel ovata. O. vernus omnium fere auctorum, *Sturm* H. 7. In silvis montanis ubique.

γ. latifolius *Roch.* Ban. p. 54 t. 16. Foliola late ovata, vix varietas. O. rigidus *Lang* En. 2. O. variegatus *Heuff.* Ban. 61 secundum specimina authentica. O. variegatus *Tenore* leguminibus junioribus subtiliter glanduloso-scabris, quae in planta *Heuffeliana* glabra, differt. In silvis montanis ditionis australis (*N.* 347).

Post O. album 225:

O. canescens *L.* fil. Suppl. 327. Caule angulato simplici, foliis

2—4jugis, *foliolis lineari-lanceolatis linearibusve*, stipulis semisagittatis basin foliolorum inferiorum longe superantibus, *stylo apice in figuram rhombeam dilatato, radice ramosa.* ♃ In pratis et silvis montanis ditionis australis (*N.* 347). Majo, Junio. Subtiliter pubescens, caulis pedalis, corollae in planta hungarica albae cum tinctu ochroleuco (O. pallescens *MB.* Taur. Cauc. II. 153), in gallica caerulescentes (O. canescens Bot. Mag. t. 3117). O. pannonicus *Jacq.* (O. albus *L.* fil.) O. canescenti habitu quidem simillimus herba glabra, stylo lineari et radice tuberosa statim dignoscitur.

Post O. luteum 226:

O. ochroleucus *WK.* Pl. rar. II. t. 118. Caule angulato subsimplici,

foliis 8 — 10jugis, foliolis oblongo-lanceolatis obtusiusculis concoloribus, stylo lineari apice barbato, radice ramosa. ♃ In montibus Pilisiensibus (*N.* 347). Majo, Junio. Caules 1½—2' alti cum petiolis villosuli, folia pinnata loco mucronis non raro foliolo diminuto impari terminata, foliola parva 8—10''' longa 3—4''' lata, corollae ochroleucae. Foliis multijugis ab omnibus Orobis hungaricis diversus, habitu ad Vicias spectans.

ROSACEAE.

SPIRAEA *L.*

Ad S. chamaedryfoliam 231:

In **S. chamaedryfolla** *L.* sunt folia glabra vel in juventute subtus puberula, in S. oblonglfolla *WK.* (*Koch* Syn. 1022) sunt subtus villosula vel adulta glabrata, aliam differentiam tam in *Koch* Syn. 1. c. quam in *Ledeb.* Ross. II. 13 et 14 frustra quaesivi, in utraque stirpe stylus lateralis, folia latiora vel angustiora integerrima aut antice dentata et pedunculi plus minus foliosi observari licet.

S. crenata *L.* Spec. 701. *Foliis* cuneatis obtusis integerrimis vel antice crenato-serratis basi in petiolum brevem attenuatis manifeste vel obsolete *trinerviis* margine glabris vel ciliatis, ramulis teretibus puberulis denique glabris, *corymbis* subhemisphaericis ramos hornotinos laterales foliosos terminantibus hinc *pedunculatis*, staminibus petala superantibus. ♄ In silvaticis collinis et montanis ditionis orientalis (*N.* 325). Majo, Junio. *Pall.* Ross. t. 19. *Guimp.* Holzart. t. 10. S. hypericifolia *Schm.* Baumz. I. t. 56 (non t. 55) nec *L.* S. hypericifolia α. latifolia *Ledeb.* Icon. V. t. 428. Fruticulus 1—3' altus ramis virgatis, corymbi parvi, petala alba. Corymbis pedunculatis nec sessilibus a S. obovata *WK.*, foliis trinerviis nec pinnatinerviis ab omnibus aliis Spiraeae speciebus hungaricis differt.

S. obovata *WK.* in *Willd.* En. Berol. I. 541 (*Koch* Syn. 1022, *Guimp.* Holzart t. 11) est forma pannonica S. hypericifoliae *L.* Spec. 701 (*Ledeb.* Icon. V. t. 430) Rossiae indigenae, a qua parum differt (*C. Koch* in *Regel* Gart. Fl. III. 1854 p. 409, *Ledeb.* Ross. II. 13). Convenit foliis trinerviis cum S. crenata *L.*, recedit ab hac et reliquis Spiraeis hungaricis corymbis lateralibus sessilibus. Teste *Bielz* in ÖBZ. XI. 364 in monte Tepej Transsilvaniae, fide *Willd.* l. c. „in Hungaria" (ubi?) occurrit, sed post *Kitaibel* nemo eam in Hungaria observasse videtur.

GEUM *L.*

Post G. urbanum 232:

G. aleppicum *Jacq.* Collect. I. 1786 p. 88, Icon. rar. I. t. 93. Totum hispidum, receptaculo hirsuto, carpellis pilis longis adspersis, arista biarticulata, *articulo* inferiore glabro superiorem quater superante, *superiore piloso, floribus erectis, petalis suborbiculatis calyce longioribus*, calyce fructifero recurvato, carpophoro nullo, foliis radicalibus lyrato-pinnatisectis, caulinis trisectis trifidisve. 24 In Bihariae montibus, etiam in alpibus Rodnensibus Transsilvaniae (ÖBZ. XVI. 124, 204). Junio, Julio. G. strictum *Ait.* Hort. Kew. ed. I. 1789 II. p. 217 (*Aiton* ipse citat G.

aleppicum *Jacq.*) G. urbanum β. hispidum *Wahlb.* Suec. I. 329. Caules 1—2′ alti, petala lutea. Simile G. urbanum *L.* habitu graciliore, indumento minus hispido, articulo superiore basi tantum hispidulo caeterum glabro et petalis obovatis calycem subaequantibus negre distinguitur.

Post Geum 233:

WALDSTEINIA *Willd.*

Neue Schrift. der Berl. Naturforsch. Fr. II. 105.

Calyx turbinato-campanulatus 10fidus laciniis biserialibus, exterioribus 5 minoribus. Petala 5. Carpella 2—6 fundo calycis inserta, stylus terminalis deciduus.

W. geoides *Willd.* l. c. p. 106 t. 4. Tota pubescens, caulibus erectis adscendentibusve oligophyllis multifloris, foliis radicalibus longe petiolatis palmato-5lobis, caulinis breviter petiolatis 3lobis vel 3fidis, lobis obtusis inciso-serratis, petalis calycem paulo superantibus, rhizomate repente. ♃ In silvis montanis umbrosis (*N.* 323). Aprili, Majo. *WK.* Pl. rar. I. t. 77. Caules graciles ½—1′ alti, petala lutea.

RUBUS *L.*

Post R. fruticosum 234:

R. hirtus *WK.* Pl. rar. II. t. 141 secundum descriptionem et iconem auctorum nil nisi forma R. glandulosi *Bell.* caule sterili procumbente longissimo (ad 5′ elongato), foliis trisectis, segmentis utrinque hirtis subtus albidis, calycibus reflexis increscente fructu horizontaliter patentibus. In silvis umbrosis montanis et subalpinis.

Post R. caesium 234:

R. agrestis *WK.* Pl. rar. III. t. 268 est forma agrestis R. caesii *L.* dense pubescens segmentis subtus velutinis. In arvis et vineis ubique. R. caesius in silvis crescens est gracilior et minus pubescens nonnumquam fere glaber.

COMARUM *L.*

Ad C. palustre 235 (absque diagnosi):

C. palustre *L.* Spec. 718. Caule e basi repente adscendente plerumque ramoso plurifloro, foliis impari-pinnatisectis bijugis, summis trisectis vel indivisis, segmentis oblongis lanceolatisve acutis serratis discoloribus subtus glauco-incanis, calycis laciniis stellatim expansis, interioribus ovatis acuminatis, exterioribus lineari-lanceolatis, petalis calyce subtriplo minoribus. ♃ In turfosis Carpatorum occidentalium raro (*N.* 320). Junio, Julio. Fl. dan. t. 636, EB. t. 172. Caulis 1—2′ altus, calycis laciniae intus e viridi sanguineae, petala minuta cum staminibus et stylis fusco-purpurea.

POTENTILLA *L.*

Post P. thuringiacam 239:

P. chrysantha *Trevir.* Hort. Vratisl. 1818. *Caulibus lateralibus in orbem patentibus adscendentibusve* superne cymoso-ramosis pedunculis petiolisque hirsutis, pilis patentibus eglandulosis tuberculo insidentibus, cyma laxa foliosa, *foliis concoloribus* utrinque adpresse pilosis, *radicalibus caespitosis centralibus cum caulinis inferioribus palmato–5sectis* immixtis nonnumquam 6–7sectis, caulinis superioribus 3sectis, segmentis cuneato-obovatis vel oblongis inciso-serratis, dentibus utrinque 5–10, carpellis rugulosis. ♃ In rupestribus calcareis Banatus (*N.* 320). Aprili, Majo. Caules ½—1' longi, petala aurea nunc speciosa calyce duplo longiora pollicem diametro (P..chrysantha *Reichb.* Icon. VI. f. 808, *Ledeb.* Icon. IV. t. 338) nunc duplo minora calycem subaequantia (P. micropetala *Reichb.* Fl. excurs. 593 nec *Don*, P. Heuffeliana *Steud.* Nomencl. II. 387). Simillima P. heptaphylla *Mill.* Gard. Dict. n. 9, *Lehm.* Rev. Potent. 76 (P. intermedia et thuringiaca *Koch*) statura graciliore et foliis palmato-7—9sectis recedit, sed cum P. chrysantha etiam foliis 7sectis occurrat (*Heuff.* Bau. 65, *Janka* Linn. 1859 p. 567), nullam video differentiam specificam, in *MK.* Deutschl. Fl. III. 527—8 P. intermedia, thuringiaca et chrysantha in unam speciem coadunatae sunt.

Ad P. auream 240:

P. chrysocraspeda *Lehm.* Hort. Hamburg. 1849 et Rev. Potent. 160 t. 54 est varietas P. aureae *L.* foliis plerisque 3sectis quidem sed immixtis quoque foliis 4—5sectis, se habet igitur ad P. auream ut P. subacaulis *Wulf.* ad P. cineream *Chaix* (*Koch* Syn. 241—2). ♃ In alpinis et subalpinis Carpatorum Rodnensium et Banatus (*N.* 321). Junio — Augusto. 'P. grandiflora *Baumg.* Trans. II. 68 nec L. P. transsilvanica *Schur* Sert. 23.

AREMONIA *Neck.*

Ad A. agrimonoidem 245 (absque diagnosi):

A. agrimonoides *DC.* Prodr. II. 588. Caulibus adscendentibus petiolisque villosis inferne aphyllis, foliis basilaribus interrupte pinnatisectis cum impari, caulinis trisectis, segmentis rotundo-obovatis obtusis grosse serratis, floribus terminalibus in cymam parvam pauciforam collectis, calycis fructiferi tubo subgloboso osseo laciniis conniventibus coronato. ♃ In silvis montanis Slavoniae et Banatus (*N.* 322). Majo, Junio. Agrimonia Agrimonoides *L.* Spec. 643, Fl. graeca V. t. 458, *Sturm* II. 59. Caules debiles 2—6" alti, petala parva lutea.

POMACEAE.

CRATAEGUS *L.*

Post C. monogynam 259:

C. pentagyna *WK.* in *Willd.* Spec. II. 1006. *Foliis ambitu ovatis obo-vatisve pinnatifido-3—5lobis* basi cuneatis vel truncatis supra pubescentibus et subtus plus minus villosis aut utrinque glabris, lobis acutis obtusisve inciso-serratis, ramulis petiolis pedunculis calycibusque cano-villosis vel sparse pilosis vel glabris, *calycis laciniis abbreviatis* apice reflexis, aut semirotundis et obtusis aut triangulis et acutiusculis, *floribus pentagynis*, *drupis* globosis aut ellipsoideis *pentapyrenis*. ♄ In dumetis montanis Sirmii et Banatus australis (*N.* 317). Majo, Junio. Frutex aut arborescens, petala alba. Variat drupis coccineis (C. pentagyna *Heuff.* Ban. 67) et nigris (C. melanocarpa *MB.* Taur. Caucas. I. 386, *Heuff.* l. c., C. Oxyacantha var. oliveriana *Lindl.* Bot. Reg. t. 1933 optime) et utraeque formae variant iterum indumento densiore et tenuiore vel nullo, attamen speci-mina drupis nigris sunt typice glabriores. Stirps valde polymorpha nunc ad C. monogynam *Jacq.* nunc ad C. nigram *WK.* spectans, ab illa, si drupae coccineae et herba glabra, floribus 5gynis nec 1—3gynis; ab hac, si drupae nigrae et herba villosa, foliis brevioribus minus dense villosis 3—5fidis nec 5—7fidis et calycis laciniis abbreviatis aegre distinguenda; hybrida haberi non potest, quia in terris quoque occurrit, ubi C. nigra non crescit.

C. nigra *WK.* Pl. rar. I. t. 61. *Foliis ambitu ovato-oblongis pinna-tifido-5—7lobis* basi cuneatis vel truncatis supra pubescentibus *subtus villosis*, lobis acutis inciso-serratis, *ramulis petiolis pedunculis calycibusque cano-villosis, calycis laciniis triangulis* acutis apice reflexis, *floribus penta-gynis*, *drupis* globosis *pentapyrenis*. ♄ Ad ripas et in insulis Danubii inferioris (*N.* 317). Majo, Junio. Frutex aut arborescens, folia in autumno purpurascentia, petala alba, drupae nigrae.

CUCURBITACEAE.

CUCURBITA *L.* (*Koch* Syn. 276).

Sectio I. **Lagenaria.** *Corolla alba summo calycis tubo inserta stel-latim expansa.*

1. C. Lagenaria *L.* Spec. 1434 *(Flaschenkürbiss).* Molliter pubes-cens, caule scandente, cirrhis ramosis, foliis cordatis indivisis obtusis denticulatis, fructibus clavatis lageniformibusque levibus lignescentibus. ☉ Colitur ubique in hortis rusticorum (*N.* 273). Junio — Augusto. *Rumpf* Herb. Amboin. V. t. 144, *Blackw.* Herb. VI. t. 522. Lagenaria vulgaris

Ser. in *DC.* Prodr. III. 299. Tota planta moschum redolens, fructus albidi vel pallide virides denique sordide lutei.

Sectio II. Pepo. *Corolla aurea imo calyci inserta campanulata.*

2. C. Pepo *L. (Gemeiner Kürbiss) Koch* Syn. 276. C. polymorpha δ. oblonga *Duch.* in *Lam.* Encycl. II. 155.

3. C. Melopepo *L. (Melonenkürbiss) Koch* Syn. 276. C. polymorpha ε. Melopepo *Duch.* l. c. 157. C. Pepo ζ. Melopepo *DC.* Fl. franç. III. 693.

4. C. maxima *Duch.* l. c. 151 *(Riesenkürbiss).* Caule scandente foliisque subhispidis, cirrhis ramosis, *foliis cordatis indivisis* subangulatis dentatis acutis rugosissimis, *fructibus sphaeroideis* levibus reticulatisve. ⊙ Colitur passim e. c. in agro Posoniensi ad saginandos porcos *(Endl.* Poson. 280). Junio — Augusto. *Wight.* Icon. pl. Ind. orient. II. t. 507. Folia ampla, calycis laciniae floris feminei quandoque in foliola cordata petiolata excrescentes, corollae speciosae limbo reflexo, fructus maximi flavi aurantinei vel virides maturitate cavi succulenti. Suadente *Pers.* Syn. II. 593 varietas Cucurbitae Pepo *L.*

5. C. verrucosa *L.* Spec. 1435 *(Warzenkürbiss).* Caule scandente foliisque hispidis, cirrhis ramosis, *foliis* ambitu cordatis *5lobis, fructibus globoso-ellipsoideis verrucosis.* ⊙ Colitur passim *(N.* 273). Junio — Augusto. C. polymorpha γ. verrucosa *Duch.* l. c. 155. C. Pepo δ. verrucosa *DC.* Fl. franç. III. 693. Cucurbitae Pepo *L.* simillima tantummodo fructu minore albido cortice duriore fere lignoso diversa C. subverrucosa *Willd.* Spec. IV. 609, quae etiam in Hungaria colitur *(Hazsl.* Éjsz. Magy. 113), fructu clavato-ellipsoideo flavo minus verrucoso recedit.

6. C. aurantia *Willd.* Spec. IV. 607 *(Pomeranzenkürbiss).* Caule scandente foliisque hispidis, cirrhis ramosis, *foliis* ambitu subcordatis *3lobis vel obsolete 5lobis,* lobis brevissimis terminali cuspidato, *fructibus globosis levibus.* ⊙ Colitur passim *(Hazsl.* l. c.). Junio — Augusto. Tota planta scaberrima, fructus magnitudine facie et colore illis Citri Aurantium *L.* similes.

CUCUMIS *L.*

Post C. Melo 277:

C. Citrullus *Ser.* in *DC.* Prodr. III. 301 *(Wassermelone).* Caule scandente hispido, cirrhis ramosis, *foliis ambitu ovato-oblongis bipinnatilobatis,* lobis oblongis obtusis repando-dentatis, *fructibus ellipsoideis* levibus. ⊙ Colitur frequenter in agris planitierum *(N.* 273). Junio — Augusto. Cucurbita Citrullus *L.* Spec. 1435, *Rumpf* Herb. Amboin. V. t. 146, *Blackw.* Herb. II. t. 157. Corollae parvae luteae, fructus virides stellato-maculati carne aquosa plerumque rosea seminibus nigris, coluntur vero multae varietates carne et seminibus albidis vel flavescentibus.

Post Ecballion 277:

SICYOS *L.* Gen. n. 1094.

Flores monoici. Calyx 5dentatus. Corolla 5fida. Mas. Stamina 5 in columnam antheriferam connata. Fem. Stylus 2—3fidus, stigmata indivisa. Ovarium uniloculare ovulo unico pendulo. Fructus nucamentaceus ovatus echinatus.

S. angulatus *L.* Spec. 1439. Caule scandente, cirrhis umbellato-ramosis, foliis cordatis 5angulatis asperis, lobis acutis denticulatis, floribus axillaribus pedunculatis, masculis racemosis, femineis umbellato-aggregatis, fructibus tomentoso-lanuginosis spinis longis vestitis. ⊙ Ex America boreali allatus hinc inde ad sepes et dumeta subspontaneus, in hortis Banatus herba molestissima (*N.* 274). Junio — Augusto. *Lam.* Illustr. IV. t. 796 f. 2. Corollae parvae luteo-virides.

SCLERANTHEAE.

SCLERANTHUS *L.*

Post S. perennem 281:

S. neglectus *Roch.* in *Baumg.* Transs. III. 345, Ban. p. 35 t. 3. Floribus decaudris, *laciniis calycis* oblongis *rotundato-obtusis margine lato membranaceo cinctis, fructiferis patulis.* ♃ In cacumine alpis Muraru Banatus (*N.* 276). Julio, Augusto. A S. perenni *L.* nonnisi calycibus fructiferis apertis, qui in illo clausi, diversus, nota vix ullius momenti, ideoque mera ejus varietas alpina, ut jam *Baumgarten* l. c. monuit.

CRASSULACEAE.

RHODIOLA *L.*

Ad Rh. roseam 282 (absque diagnosi):

Rh. rosea *L.* Spec. 1465. Rhizomate cylindrico crasso carnoso nodoso multicipite, foliis cuneatis vel cuneato-oblongis planis crassiusculis acuminatis antice serratis sessilibus confertis, cyma terminali corymbiformi. ♃ In rupestribus alpinis totius Carpatorum tractus (*N.* 225). Julio, Augusto. Fl. dan. t. 183, EB. t. 508. Sedum roseum *Scop.* Carniol. I. 326. Caulis simplex 3—8″ altus glaber ut tota planta, folia canescentia, petala flavescentia vel purpurascentia florum femineorum saepe nulla. A. Sedis floribus dioicis generice haud distincta.

SEDUM *L.*

Post S. sexangulare 287:

S. Hillebrandii *Fenzl* ZBV. VI. 449. *Foliis* carnosis *cylindricis vel cylindrico-oblongis obtusis patentibus serius recurvis basi obtusa aut truncata sessilibus,* cyma glabra, petalis lanceolatis acutis calyce subtriplo longioribus, caudiculis repentibus, caulibus sterilibus obscure sexfariam foliatis. ♃ In arenosis planitierum passim (*N.* 226). Junio, Julio. Folia subtilissime punctulata pruinose micantia viridi-glauca, cymae multiflorae, petala aurea. Simile S. acri *L.* et S. sexangulari *L.*, praeter notas indicatas caudiculis fragilissimis, caulibus inferius tota longitudine foliis exaridis lineari-subulatis albis adpresse squamatis et floribus majoribus diversum.

SEMPERVIVUM *L.*

Post S. tectorum 288:

S. assimile *Schott* ÖBW. III. 19. Caule erecto glanduloso-pubescente, *foliis* opaco-viridibus margine ciliatis, *rosularum* oblongo-obovatis abrupte in mucronem acuminatis *utrinque hirsutis puberulisve vel denique glabris,* caulinis oblongis vel oblongo-lanceolatis plus minus pubescentibus, petalis stellato-expansis lineari-lanceolatis acuminatis calyce duplo longioribus, squamis hypogynis brevibus truncato-rotundatis. ♃ In rupestribus montanis ad Aggtelek Comit. Gömöriensis, forma hirsuta (Archiepisc. *Haynald* exs.) et in Banatu australi, forma pubescens glabrescens (*Heuff.* Ban. 73). Augusto. Caulis ½—1' altus, petala rosea. Simillimum S. tectorum *L.* non differt nisi foliis omnibus excepto margine ciliato utrinque glabris vel caulinis superioribus puberulis, planta banatica igitur transitum repraesentat S. assimilis formae hirsutae in S. tectorum, forte hoc ex illo cultura ortum.

Post S. hirtum 290:

S. Heuffelii *Schott* ÖBW. 1852 Januario p. 18. *Foliis* rosularum caulinisque inferioribus oblongis vel obovatis acutis, caulinis superioribus cordato-lanceolatis acuminatis, omnibus ciliatis et *utrinque glanduloso-pubescentibus, petalis* calyce duplo longioribus *apice expansis.* ♃ In rupibus calcareis Banatus (*N.* 227). Julio, Augusto. S. patens *Griseb.* It. 1852 p. 315. Caulis ½—1' altus, petala pallide flavescentia. Simillimum S. hirto *L.* et me judicante mera ejus varietas nonnisi statura foliisque majoribus et petalis apice expansis nec campanulato-conniventibus diversum.

SAXIFRAGEAE.

SAXIFRAGA *L.*

Post S. mutatam 295:

8. luteoviridis *Schott* Bot. Zeit. 1851 p. 65. *Foliis rosularum lingulato-obovatis* glaucis glabris *margine* cartilagineo *integerrimo postice non fimbriato cinctis*, secundum marginem remote punctatis, apice obtuso brevissime acuminatis, foliis caulinis cuneatis oblongisve minoribus caule pedunculis calycibusque dense glanduloso-pilosis, caule in cymam racemivel paniculaeformem 3 -multifloram abeunte, *petalis oblongo - obovatis obtusis.* ♃ In rupibus alpium Rodnensium (*N.* 228). Julio, Augusto. S. luteopurpurea *WK.* in *Schult.* Oestr. Fl. I. 637—8 nec *Lapeyr.* S. Lapeyrousii *Herb.* Stirp. Bucov. 35 nec *Don.* S. tecta *Kit.* Addit. 169. Dense caespitosa, caulis 2—6″ altus plerumque dense foliosus, petala luteo-viridia vel rubescentia. Affinis S. mutata *L.* differt foliis rosularum postice fimbriato - ciliatis et petalis lineari - lanceolatis acutis croceoaurantiacis.

Post S. caesiam 296:

S. Rochelliana *Sternb.* in *Host* Fl. austr. I. 501. *Foliis caudiculorum dense congestis in eorum apice rosulatis lingulatis vel lineari-oblongis* obtusis glaucis *expansis demum recurvatis* margine cartilagineo integerrimo basi ciliato cinctis, secundum marginem multipunctatis, dorso convexis obtuse carinatis, junioribus calcareo-crustatis adultis levibus nitidis, *foliis caulinis* lineari-cuneatis minoribus *caule pedunculis calycibusque dense glanduloso-pilosis*, caule apice cymose uni-plurifloro, petalis obovatis obtusis 3—5nerviis, nervis lateralibus arcuatis. ♃ In rupibus ad Thermas Herculis (*N.* 228). Julio, Augusto. S. pseudocaesia *Roch.* in *Host* l. c., Ban. p. 35 t. 3. S. rigens vel rigida *Kit.* Addit. 170. Densissime caespitosa, caules 1—3″ alti, folia rigida 3—6‴ longa 1‴ lata, petala alba magna 4‴ longa antice 2—3‴ lata. Proxima S. caesia *L.* foliis duris fere trigonis arcuato-recurvatis parvis 2‴ longis ½‴ latis et habitu alieno recedit.

Post S. exaratam 301:

S. perdurans *Kit.* in *Wahlb.* Carpat. 123. *Glabra rarius parce pubescens eglandulosa,* caudiculis caespitosis apice rosulatis lateralibus procumbentibus, foliis ambitu late cuneiformibus in petiolum planum decurrentibus palmato- 3—5fidis, laciniis porrectis ovatis oblongisve obtusis muticis obsolete 3nerviis surculorum integris vel 3crenatis, caulinis bracteiformibus 3fidis aut integris, caule apice cymoso 1 - 5floro, petalis patentibus oblongis obtusis calyce duplo longioribus sessilibus. ♃ In rupibus muscosis alpinis et subalpinis Carpatorum occidentalium (*N.* 229). Junio — Augusto. S. ajugaefolia *Wahlb.* l. c. 122 nec *L.* S. Wahlenbergii *Ball* Bot. Zeit. 1846 p. 401. S. Flittneri *Heuff.* Flora 1851 I. 920.

Caules 1 –3″ alti, petioli et nervi in pagina foliorum inferiore purpurei, petala alba. Variat iu alpibus editioribus ut affines foliis rosularum densissime imbricatis, surculis nullis et caule 1—2floro: S. ajugaefolia var. β. *Wahlb*. l. c., S. perdurans *Kit*. Addit. 175, haec in frigidis Tatrae usque 7000′. Alia varietas β. latifolia *Ball* l. c. 402 seu S. Grzegorcekii *Janka* ÖBW. VI. 241 foliis latitudinem vix duplo longis et caule unifloro hucusque tantum in subalpinis Carpatorum centralium Galiciae observata est. Ab omnibus his formis similis S. exarata *Vill*. stirps Alpium occidentalium indumento glauduloso-pubescente differt.

Post S. granulatam 305:

S. carpatica *Reichb*. Fl. excurs. 552. *Caule erecto vel adscendente villosulo aut inferne glabro simplici 1—3floro* paucifolio, foliis petiolisque glabris, radicalibus et caulinis inferioribus ambitu cordato-rotundis vel reniformibus palmato-5lobis longe petiolatis, caulinis superioribus 3fidis, summis bracteiformibus ovalibus vel lanceolatis integris, lobis foliorum ovatis vel semirotundis acutis vel obtusis, *calycibus semisuperis*, petalis oblongis calyce subduplo longioribus, *radice granulata*. ♃ In rupibus alpinis Carpatorum tam occidentalium quam orientalium (*N*. 231). Julio, Augusto. S. rivularis *Towns*. Traw. 487 et veterum auctorum nec *L*. S. sibirica *Wahlb*. Carpat. 121 nec *L*. Caules debiles 1—4″ alti, petala alba. S. granulata *L*. caule elato ramoso multifloro et habitu diversissimo discrepat.

Ad S. rotundifoliam 305:

S. Heuffelii *Schott* Analect. 28 in Banatu est fide *Heuff*. Ban. 75 varietas S. rotundifoliae *L*. cyma viscido-glandulosa, at *Schott* hujus notae mentionem non facit, secundum ejus descriptionem, nam specimina authentica non vidi, S. Heuffelii ab S. rotundifolia omnino non differt.

Post S. rotundifoliam 305:

S. fonticola *Kern*. ÖBZ. XIII. 90. *Tota glabra*, caule erecto cyma paniculaeformi multiflora terminato, *foliis radicalibus et caulinis inferioribus reniformibus basi sinu apertissimo cordatis* dentatis longe petiolatis, caulinis superioribus brevius petiolatis cuneatis tridentatis integrisve, *calycibus liberis patentibus*, petalis oblongo-ovatis stellatim expansis calyce plus duplo longioribus. ♃ Ad rivulos alpinos Bihariae (*N*. 231). Caulis ½—1′ altus, petala magna alba punctis citrinis et purpureis picta. In simillima S. rotundifolia *L*. caulis petioli et pedunculi sunt pilosi, sepala et petala angustiora. Caeterum S. fonticola per S. heucherifoliam *Griseb*. It. 317, stirpem transsilvanicam, in S. rotundifoliam transire videtur.

UMBELLIFERAE.

HACQUETIA *Neck.*

Ad II. Epipactis 308 (absque diagnosi):

H. Epipactis *DC.* Prodr. IV. 85. Foliis tantum basilaribus longe petiolatis ambitu rotundo-reniformibus palmato-5fidis, laciniis rhombeo-obovatis obtusis inciso-serratis, caulibus aphyllis folia paulo superantibus umbella simplici capitata terminatis, involucri stellati foliolis oblongo-obovatis obtusis antice serratis umbellâ multo longioribus. ♃ In silvis montanis et subalpinis Carpatorum occidentalium (*N.* 205). Aprili, Majo. *Reichb.* Icon. XXXI. t. 1. Astrantia Epipactis *Scop.* Carniol. I. 185, *Jacq.* Fl. austr. V. app. t. 11. Dondia Epipactis *Spr.* Umbell. 21, *Sturm* II. 24. Tota glabra, caules 3—8″ alti, umbella 3—4‴, ejus involucrum 1—2″ diametro, petala minuta aurea.

Trinia Kitaibelii MB. in Koch Synopsi 312 non descripta occurrit p. 115 in addendis.

SISON *L.*

Ad S. Amomum 314 (absque diagnosi):

S. Amomum *L.* Spec. 362. Caule erecto ramosissimo, foliis simpliciter pinnatisectis, segmentis foliorum inferiorum ovato-oblongis oblongisve inciso- vel lobato-serratis, sequentium pinnatifidis, summorum pinnati-partitis diminutis, umbellis pauciradiatis, involucro utroque 2—5phyllo, foliolis linearibus. ☉ In umbrosis ad Thermas Herculis (*N.* 207). Julio, Augusto. *Jacq.* Hort. vind. III. t. 17, *Reichb.* Icon. XXXI. t. 18. Caulis 1—2′ altus glaber ut tota planta, umbellae parvae numerosae radiis inaequalibus, petala minima alba, fructus 1‴ longi fusci.

BUPLEURUM *L.*

Post B. ranunculoides 320:

B. diversifolium *Roch.* Ban. p. 68. Caule simplici vel parce ramoso, *foliis nervosis, radicalibus oblongo-linearibus* acutis basin versus attenuatis, *caulinis e basi ovato amplexicauli lanceolatis acuminatis,* involucro mono-phyllo aut nullo, *involucelli foliolis lineari-subulatis* sub anthesi umbellulam excedentibus, jugis anguste alatis, valleculis univittatis. ♃ In graminosis alpium Banatus (*N.* 208). Julio, Augusto. *Reichb.* Icon. XXXI. t. 44. B. heterophyllum *Roch.* Ban. t. 28 nec *Link.* Caulis ½—1½′ altus, petala flava. B. ranunculoides *L.* involucelli foliolis ellipticis triplo latioribus, B. falcatum *L.* foliis caulinis versus basin attenuatis nec dilatatis, B. junceum *L.* et B. Gerardi *Jacq.* radice annua distinguuntur.

OENANTHE *L.*

Post Oe. silaifoliam 322:

Oe. media *Griseb.* Rumel. I. 352, 357. Radice fasciculata, *fibris* napiformibus clavatis fusiformibusque *sessilibus*, caule ramoso sulcato fistuloso, foliis radicalibus et caulinis inferioribus bipinnatisectis, summis pinnatisectis, segmentis pinnatifidis, laciniis linearibus vel foliorum inferiorum lineari-lanceolatis, *umbellis 5—8radiatis radiantibus*, involucro nullo, involucellis polyphyllis, *fructibus cylindricis annulo calloso ad basin cinctis.* ♃ In pratis humidis et aquarum fossis ditionis austro-orientalis (*N.* 210). Majo, Junio. *Reichb.* Icon. XXXI. t. 56. Oe. peucedanifolia *Heuff.* exs. olim, nec *Poll.* Caulis 1—2′ altus, laciniae foliorum 5—8‴ terminales interdum 12‴ longae, ½‴ circiter latae, petala alba. Simillima Oe. silaifolia *MB.* (*Reichb.* l. c. t. 52) non differt nisi umbellis non radiantibus et foliorum laciniis paulo brevioribus, notae haud sufficientes speciei constituendae, accedit quoque id, quod petala in Oe. silaifolia inaequalia et subradiantia occurrant et tunc umbellae radiantes et non radiantes aegerrime discernendae sint. Planta agri Vindobonensis hucusque pro Oe. silaifolia sumta ob umbellas radiantes Oe. mediam sistit.

Oe. banatica *Heuff.* Flora 1854 I. 291. Radice fasciculata, *fibris* napiformibus ovalibus ellipticisque *sessilibus*, caule ramoso sulcato fistuloso, foliis radicalibus et caulinis inferioribus bipinnatisectis, summis pinnatisectis, segmentis pinnatifidis, laciniis lineari-lanceolatis linearibusve, *umbellis 10—15radiatis radiantibus*, involucro oligophyllo vel nullo, involucellis polyphyllis, *fructibus ellipsoideis ecallosis.* ♃ In dumetis et ad silvarum oras ditionis austro-orientalis (*N.* 209). Majo, Junio. *Reichb.* Icon. XXXI. t. 56. Oe. dacica *Kov.* Pl. rar. exs. n. 446. Oe. silaifolia *Heuff.* exs. olim pro parte, nam genuina Oe. silaifolia *MB.* secundum specimina ab *Heuffel* ad Lugos lecta in Banatu etiam occurrit. Caulis 1—2′ altus, laciniae foliorum 3—5‴ longae ⅓—1‴ latae, petala alba.

SESELI *L.*

Sectio I. **Hippomarathrum.** *Involucelli foliola plus minus cupulata.*

Post S. Hippomarathrum 324:

S. rigidum *WK.* Pl. rar. II. t. 146. *Caule rigido subtomentoso superne ramoso, foliis ternato-2—3pinnatisectis, laciniis linearibus rigidis subpungentibus, umbellis multiradiatis, radiis fructibusque tomentosis, involucellis basi cupulatis in lacinias lanceolato-subulatas cano-tomentosas irregulariter fissis.* ♃ In rupibus calcareis Banatus (*N.* 211). Junio — Augusto. *Reichb.* Icon. XXXI. t. 70. Caulis pedalis crassus, folia glauca, laciniae circiter 1″ longae ½‴ latae, umbellae densissimae, petala alba.

S. leucospermum *WK.* Pl. rar. I. t. 89. *Caule* rigido ramoso *glabro* vel superne pubescente, *foliis 2—4pinnatisectis, laciniis setaceis,* umbellis multiradiatis, radiis tomentosis, fructibus junioribus tomentosis adultis glabris, *involucellis basi cupulatis in lacinias lanceolato- acuminatas albo-tomentosas fissis.* ♃ Ad rupes et in pratis montanis ditionis austro-occidentalis (*N.* 211). Augusto, Septembri. *Reichb.* Icon. XXXI. t. 71. Caulis 1—1½' altus, folia glauca, laciniae 1—2" longae vix ¼''' latae, petala alba rarius rubella, fructus minime albi sed testaceo-virescentes vel purpurascentes. S. Hippomarathrum *L.* habet involucella ad apicem usque cupulata limbo tantum repando-dentato.

Sectio II. **Euseseli.** *Involucelli foliola libera.*

Post S. coloratum 324:

S. gracile *WK.* Pl. rar. II. t. 117. Caule ramoso glabro, *foliis ternato - 3pinnatisectis, laciniis capillaribus,* umbellae radiis elongatis inaequalibus glabris, *involucelli foliolis setaceis,* fructibus glabris. ♃ In rupestribus calcareis Banatus (*N.* 211). Julio, Augusto. Caules 1—2' alti graciles debiles, folia viridia, laciniae 1—2" longae, umbellae ante anthesin nutantes, *petala flava* et hac nota ab omnibus hujus generis speciebus hungaricis distinctum.

TROCHISCANTHES *Koch.*

Ad T. nodiflorum 327 (absque diagnosi):

T. nodiflorus *Koch* Umbell. 104. Caule glabro ramosissimo, foliis ter trisectis, segmentis oblongis vel ovato-lanceolatis acutis acuminatisve profunde et grosse serratis, umbellis numerosissimis paniculatim dispersis, involucelli foliolis lineari-subulatis caducis, fructibus glabris. ♃ In silvaticis asperis Banatus loco speciali vero ignoto (*N.* 212). Junio — Augusto. *Gaud.* Fl. helvet. II. 401, *Reichb.* Icon. XXXI. t. 77. Caulis 3—4' altus, foliorum segmenta magna usque 4" longa et 2" lata, petala exigua viridi - flavida, fructus magni nigricantes, odor totius plantae grate aromaticus.

SILAUS *Bess.*

Post S. pratensem 329:

S. virescens *Griseb.* Rumel. I. 362. Caule erecto angulato glabro superne ramoso, *foliis ambitu oblongo-lanceolatis 2—3pinnatisectis, laciniis* linearibus mucronatis, *involucri polyphylli foliolis anguste linearibus,* involucelli setaceo-linearibus umbellulam aequantibus. ♃ In collibus arenosis et dumetis montanis Banatus (*N.* 213). Julio, Augusto. *Reichb.* Icon. XXXI. t. 83. Selinum Rochelii *Heuff.* in *Koch.* Reise 78. Silaus carvifolius

C. A. Meyer foliis magis compositis haud differt. Caulis 1—2' altus, foliorum laciniae breves 2—3''' longae, petala lutea. In S. pratensi *Bess.* involucrum 1—2phyllum vel nullum, folia ambitu ovato-triangula et eorum laciniae duplo longiores et latiores quam in S. virescenti.

CONIOSELINUM *Fisch.*

Ad C. Fischeri 230 (absque diagnosi):

C. Fischeri *Wimm. et Grab.* Fl. Siles. I. 266. Caule erecto fistuloso ramoso, foliis ambitu rhombeo-triangularibus bipinnatisectis, segmentis ambitu oblongis vel oblongo-lanceolatis bipinnatifidis, vaginis elongatis, umbellis multiradiatis, involucro oligophyllo deciduo saepe nullo, involucellis polyphyllis, foliolis setaceis. 2/ In valle alpina Drechselhäuschen Tatrae orientalis (*N.* 213). Julio, Augusto. Caulis 2—3' altus glaber ut tota planta, petala sordide alba, fructus ovales 2''' longi obscure straminei (Specimen hungaricum non vidi).

FERULAGO *Koch.*

Post F. galbaniferam 333:

F. silvatica *Reichb.* Icon. IV. f. 555, XXXI. t. 106 copia prioris. Caule simplici aut superne ramoso, *foliis* 2—3pinnatisectis *circumscriptione lineari- vel oblongo-lanceolatis aut ovato-oblongis medium versus dilatatis*, laciniis linearibus abbreviatis cuspidatis ad costas primarias decussatis, involucri et involucelli foliolis ovato-lanceolatis lanceolatisve cuspidatis, *pedicellis fructu maturo paulo longioribus*, mericarpiis ovalibus, *jugis dorsalibus filiformibus depressis, commissura 12—16vittata*, stylis fructus arcuato-reflexis stylopodii marginem attingentibus mox deciduis. 2/ In pratis silvaticis montanis Banatus (*N.* 215). Junio, Julio. Ferula silvatica *Bess.* in *Röm. et Schult.* Syst. VI. 591. F. Ferulago b. commutata *Koch.* Ban. p. 63 t. 24. Tota glabra, caulis 1—3' altus, folia 6—12'' longa nunc angusta 1/2—1'' lata nunc multo latiora usque 6'' lata, laciniae 1—3''' longae, rami supremi terni aut verticillati, petala lutea, fructus 3—4''' longi 1 1/2—2''' lati discolores jugis luteolis et valleculis olivaceo-fuscis. Similis F. galbanifera *Koch* habitu robustiore et praecipue foliis circumscriptione triangulari-ovatis basin versus dilatatis tri-quadruplo latioribus usque pedem latis differt.

F. monticola *Boiss. et Heldr.* Diagn. ser. II. n. 2 p. 91. Caule superne corymboso-ramosissimo, *foliis* 2—3pinnatisectis *circumscriptione oblongis aut ovato-oblongis medium versus dilatatis*, laciniis linearibus abbreviatis cuspidatis ad costas primarias decussatis, involucri et involucelli foliolis oblongo-lanceolatis lanceolatisve, *pedicellis fructu maturo paulo brevioribus*, mericarpiis ellipticis, *jugis dorsalibus corticosis incrassatis, commissura obsolete suboctovittata*, stylis fructus arcuato-reflexis stylipodii

marginem attingentibus mox deciduis. ♃ In saxosis calcareis inter
Mehadia et Toplec rarissima (*N.* 215). Julio. Stirps speciosa glabra praecedenti multo major et robustior, caulis crassus 2—3' altus, folia illis F.
silvaticae *Bess.* similia sed majora et laciniae 3—4''' longae, petala
lutea, fructus magni 4—5''' longi 2—3''' lati testaceo-luteoli (Comparavi
specimina graeca et banatica ab *Janka* mecum benevole communicata).

FERULA *Koch* Umbell. 96.

Vittae in valleculis 1—3, in commissura 4-plures. Involucrum oligo-
phyllum vel nullum. Caetera ut in **Ferulagine.**

F. Sadleriana *Ledeb.* Ross. II. 300 nota. Caule erecto terete sub-
striato superne aphyllo ramoso, foliis 3—4pinnatisectis, segmentis pinnatifidis, *laciniis elongato-linearibus acutis utrinque scabriusculis margine
tenuissime serrulatis, vaginis ramos laterales umbelliferos fulcientibus magnis
inflatis aphyllis,* involucro oligophyllo vel nullo, involucellis polyphyllis
oligophyllis vel nullis, foliolis lanceolato-subulatis brevissimis caducis. ♃
In rupibus calcareis et trachyticis ditionis mediae (*N.* 215). Junio, Julio.
Peucedanum sibiricum *WK.* Pl. rar. I. t. 60 sed in Sibiria non
crescit. Ferula sibirica *Sadl.* Pestin. ed. I. 1. 228. Ferulago Sadleri
Griseb. It. 318. Glabra glaucescens, caulis 3—4' altus crassus, umbellae
numerosae oppositae vel verticillatae saepe proliferae paniculam amplam
constituentes, foliorum laciniae 5—12''' longae 1''' latae, petala flava,
fructus oblongi magni 4—6''' longi fusci.

F. Heuffelli *Griseb.* in *Maly* En. austr. 229. Caule erecto terete
striato superne aphyllo ramoso, foliis 3—4pinnatisectis, segmentis pinnatifidis, *laciniis abbreviato-lanceolatis obtusiusculis utrinque margineque
levibus, vaginis ramos laterales umbelliferos fulcientibus nullis,* involucro et
involucellis nullis. ♃ In rupibus calcareis vallis Kazan Banatus (*N.* 215).
Majo, Junio. *Heuff.* Flora 1853 II. 623, Ban. 80, *Reichb.* Icon. XXXI. t.
105. F. communis *Heuff.* exs. olim, nec *L.* Glabra glaucescens, caulis
3—5' altus crassus, umbellae numerosae oppositae vel verticillatae saepe
proliferae paniculam amplam constituentes, folia maxima 1—1½' longa
basi 1' lata, laciniae tantum 1—3''' longae 1''' latae, petala flava, fructus
oblongi magni 3—4''' longi fusci.

PEUCEDANUM *Koch.*

Post P. officinale 333:

P. longifolium *WK.* Pl. rar. III. t. 251. Caule terete striato,
*foliis ter-quinquies trisectis vel ternato-pinnatisectis, laciniis elongatis lineari-
setaceis cuspidatis,* involucro monophyllo vel nullo, involucelli foliolis lineari-
subulatis, *pedicellis fructum aequantibus vel subduplo superantibus,* radiis
umbellae striatis glabris. ♃ In rupibus calcareis Banatus (*N.* 216). Julio,

Augusto. *Reichb.* Icon. XXXI. t. 111. Totum glabrum, caulis 3—5' altus osseus, foliorum laciniae 1—1½" longae ¼—⅓'" latae, petala lutea. Simillimum P. officinale *L.* nonnisi foliorum laciniis adhuc tenuioribus et pedicellis paulo brevioribus diversum.

P. Rochelianum *Heuff.* ÖBZ. VIII. 27. Caule terete striato, *foliis bis-ter trisectis vel ternato-pinnatisectis, laciniis elongatis lineari-lanceolatis acuminatis,* involucro nullo, involucelli foliolis lineari-subulatis, *pedicellis fructu paulo brevioribus,* radiis umbellae angulatis glabris. ♃ In dumetis et pratis subhumidis Banatus orientalis (*N.* 216). Julio, Augusto. *Reichb.* Icon. XXXI. t. 110. P. ruthenicum *Roch.* Banat. p. 62 t. 23 nec *MB.* Totum glabrum, caulis 2—3' altus, foliorum laciniae 1½—2½" longae ½—1½'" latae, petala lutea. Simillimum P. ruthenico *MB.* (*Reichb.* l. c. t. 116), a quo statura validiore, floribus majoribus et involucro nullo (nec oligophyllo) specifice haud differt, a P. officinali *L.* foliis minus divisis, eorum laciniis latioribus et pedicellis brevioribus recedit.

P. arenarium *WK.* Pl. rar. I. t. 20. Caule terete striato, *foliis tripinnatisectis, laciniis abbreviato-linearibus vel lineari-cuneatis obtusis brevissime apiculatis,* involucro oligophyllo vel nullo, involucelli foliolis lineari-subulatis, *pedicellis fructu paulo brevioribus,* radiis umbellae striatis glabris. ♃ In arenosis planitierum (*N.* 216). Augusto, Septembri. *Reichb.* Icon. XXXI. t. 117. Herba glabra resinosa flavo-lactescens, caulis 3—6' altus, foliorum laciniae 5—8'" longae ½—1½'" latae, petala lutea.

HERACLEUM *L.*

Post II. Panaces 339:

H. palmatum *Baumg.* Transs. I. 215. *Foliis simplicibus ambitu subcordato-rotundis palmato-5—9lobis subtus molliter pubescentibus pallidioribus, lobis 2—3fidis, laciniis acutis acuminatisve* inaequaliter incisoserratis, foliis caulinis superioribus quandoque trilobis, umbellis radiantibus, ovariis tenuissime scabridis, fructibus ovalibus glabris, vittis commissuralibus 2 ad dimidium mericarpii decurrentibus. ♃ In silvis subalpinis praecipue ad torrentes Carpatorum hungarico-transsilvanicorum (*N.* 218). Julio, Augusto. *Reichb.* Icon. XXXI. t. 130. H. asperum *Roch.* Ban. p. 64 t. 26 nec *MB.* Planta speciosa orgyalis amplifolia, petala alba rarius rosea, fructus magni ¼'" longi 3'" lati, sed verrucoso-hispidos, quales *Baumgarten* eos describit, recentiores botanici numquam viderunt. Affine H. pyrenaicum *Lam.* (*Reichb.* l. c. t. 133) foliis discoloribus subtus incano- vel albo-tomentosis, eorum lobis obtusis, fructibus duplo minoribus et vittis commissuralibus ultra medium mericarpii decurrentibus (*Gren. et Godr.* Fl. Fr. I. 697, *Griseb.* It. 318), H. alpinum *L.* (*Reichb.* l. c. t. 134) lobis foliorum obtusis et vittis commissuralibus brevissimis vix conspicuis vel nullis, H. asperum *MB.* foliis tri- aut pinnatisectis et fructibus sparsim aculeolatis (*Ledeb.* Ross. II. 324) discrepant, H. Pauaces vel asperum *Koch* Syn. 338 et 446 est fortasse species mixta.

TORILIS *Adans.*

Post T. Anthriscus 344:

T. microcarpa *Andrz.* in *Bess.* Volhyn. 43. Caule erecto scabro ramoso, ramis erecto-patentibus, foliis simpliciter vel bipinnatisectis, *segmentis ambitu lineari-lanceolatis inciso-serratis pinnatifidisve, extimo non elongato*, umbellis longe pedunculatis radiantibus, *involucri* et involucelli *foliolis* setaceis, illis involucri *radios longitudine aequantibus, aculeis fructuum brevissimis* incurvis. ☉ In rupestribus vallis Kazan Banatus (*N.* 220). Junio, Julio. Caulis 1—2' altus, petala alba. T. Anthriscus *Gmel.* foliis minus divisis, segmento extimo elongato, involucri foliolis radios dimidios aequantibus vel iis brevioribus et fructuum aculeis longioribus differt.

ANTHRISCUS *Hoffm.*

Post A. silvestrem 346:

A. alpestris *Wimm. et Grab.* Fl. Siles. I. 289. Caule inferne hirsuto superne glabro, *foliis* glabriusculis aut utrinque vel subtus tantum in nervis setuloso-pilosis *ambitu triangularibus trisectis*, segmentis primariis pinnatisectis, secundariis ovatis oblongisve pinnatifidis vel grosse inciso-serratis, involucellis pentaphyllis plus minus ciliatis, *fructibus* oblongis levibus vel sparse tuberculatis *pedicello brevioribus vel eum aequantibus*, sulcis rostri quintam fructus partem aequantibus, *stylo quam stylopodium sesquilongiore.* ♃ In silvis subalpinis Carpatorum occidentalium (*N.* 221). Junio — Augusto. Scandix silvatica *Kit.* in herbario *Willdenow* n. 5894. Chaerophyllum nitidum *Wahlb.* Carpat. 85, *Aschers.* Brandenb. Ver. VI. p. 151 t. 1—2. Anthriscus silvestris β. alpestris *Koch* Syn. 346, *Reichb.* Icon. XXXI. t. 184. Caulis 1½—2' altus, folia figuram illorum Chaerophylli hirsuti *L.* aemulantia, petala alba radiantia caduca. Similis A. silvestris *Hoffm.* differt foliis ambitu ovatis bi-tripinnatisectis, segmentis magis incisis, fructibus pedicello plerumque longioribus et stylo longitudine stylopodii.

A. torquata *Heuff.* Ban. 83 in calcareis Banatus secundum descriptionem, nam specimen authenticum non vidi, a forma typica A. silvestris *Hoffm.* non differt nisi caule etiam inferne glabro, nota haud ullius momenti, talem modificationem etiam in Austria observavi. A. torquata *Duby* est planta controversa (*Aschers.* Brandenb. Ver. VI. 173).

Post Smyrnium 352:

PHYSOSPERMUM *Cuss.*

Mém. soc. méd. Par. 1782 p. 279.

Calycis margo 5dentatus. Petala obovata subemarginata cum lacinula inflexa. Fructus a latere contractus reniformi-globosus didymus. Mericarpia jugis 5 filiformibus tenuissimis aequalibus, lateralibus ante marginem positis. Valleculae univittatae. Albumen involuto-semilunare.

Ph. aquilegifolium *Koch* Umbell. 134. Caule erecto glabro superne ramoso aphyllo, foliis inferioribus longe petiolatis bis-ter trisectis, segmentis ambitu rhombeis trifidis inciso-dentatis, foliis summis ad vaginas bracteaeformes reductis, involucris et involucellis polyphyllis, stylis recurvatis. ♃ In silvis et vineis ad monasterium Gergeteg in Sirmio (*N.* 223) etiam in Serbia obvia (*Panč.* exs.). Julio, Augusto. Danaa aquilegifolia *All.* Pedem. t. 63. Ligusticum aquilegifolium *Willd.* Spec. I. 1425. Caulis 2—4pedalis, petala alba, fructus badii lucidi (Specimen sirmiense non vidi).

STELLATAE.

ASPERULA *L.*

Post A. tinctoriam 359:

A. ciliata *Roch.* Ban. p. 46 t. 9. Foliis lineari-lanceolatis glabris *margine scaberrimis*, inferis senis, superioribus quaternis inaequalibus, rhizomate repente, caulibus erectis solitariis, cymis corymbiformibus, *bracteis ovalibus acuminatis ciliatis*, *corollis glabris*, tubo limbum subaequante, *fructibus* glabris *rugulosis*. ♃ In rupestribus montis Domugled (*N.* 152). Julio, Augusto. *Reichb.* Icon. XXVII. t. 129. Caulis 1—2' altus, corolla alba sed minime semper quadrifida, ut monet *Rochel*, sed saepe quoque trifida. Simillima A. tinctoria *L.* foliis linearibus paulo angustioribus margine minus scabris, bracteis non ciliatis et fructibus levibus recedit, notae in Asperulis quam maxime variabiles, hinc A. ciliata nil nisi varietas A. tinctoriae *L.* (Conf. etiam *Winkl.* ÖBZ. XVI. 17). In herbario c. r. musei Vindobonensis asservantur specimina authentica, in quorum schedula *Rochel* ipse stirpem hanc *speciem miseram* vocat.

Post A. cynauchicam 359:

A. capitata *Kit.* in *Schult.* Oestr. Fl. I. 312. Foliis linearibus glabris *margine levibus* subaequalibus, caulinis senis, ramulorum sterilium quaternis, radice fusiformi multicauli, caulibus adscendentibus strictis parum ramosis, *cymis dense fasciculatis*, bracteis lanceolatis acutis, *corollae* *tubo* glabro *limbum* margine subpilosum *duplo superante*, fructibus levibus. ♃ In rupibus calcareis Bihariae et montis Domugled (*N.* 152). Junio. *Reichb.* Icon. XXVII. t. 131. A. hexaphylla *Schult.* l. c. nec *All.* A. Allionii *Baumy.* Transs. I. 80. Caespitosa 3—6pollicaris glaberrima nitida, corollac 2—3''' longae dilute purpurea vel albae. Floribus congestis ab affinibus diversa.

GALIUM *L.*

Post G. aristatum 365:

G. papillosum *Heuff.* Flora 1857 II. 563 non est nisi varietas G. aristati *L.* foliis supra minutissime papilloso-scabris, in reliquis notis cum hoc exacte congruens. In rupestribus Banatus australis (*N.* 151).

G. capillipes *Reichb.* Fl. excurs. 847, *Heuff.* Flora 1857 II. 562 est varietas insignis G. aristati *L.* caule ramosissimo valde diffuso, pedicellis longioribus tenuioribusque, floribus numerosissimis sparsis minutis et foliis angustissime linearibus nonnumquam ¼''' latis cuspidatis minus rigidis; differentias essentiales autem indagare non potui. In *Heuff.* Ban. 88 huic stirpi folia internodii longitudine, bracteae pedicellum fere longae et corollae laciniae acutiusculae adscribuntur. Sed omnia haec variant. Objacent mihi specimina plura ab *Heuffel* ipso lecta foliis nunc internodium aequantibus nunc eo paulo longioribus vel duplo brevioribus, bracteis pedicellum longis et eo duplo triplove brevioribus et quidem in una eademque cyma, corollae laciniae sunt semper cuspidatae sed saepe inflexae et tunc acutiusculae imo obtusae esse videntur. Icon in *Reichb.* Icon. XXVII. t. 139 habitum diffusum hujus plantae nullo modo exprimit, ut jam *Heuffel* recte monuit. In silvis montanis et subalpinis lapidosis Banatus (*N.* 151). Junio — Augusto. Similem formam diffusam et angustifoliam Galii Mollugo *L.* prope Baden in Austria legi. G. nitidum *Reliq. Willd.* seu G. Kitaibelianum *Schult.* Syst. mant. III. 163 ad G. capillipes spectare videtur.

Ad G. lucidum 366:

G. ochroleucum *Kit.* in *Schult.* Oestr. Fl. I. 305 (*Roch.* Ban. t. 8, *Reichb.* Icon. XXVII. t. 142, nec *Wolf)* est varietas G. lucidi *All.* (G. erecti *Huds.)* floribus numerosissimis aggregatis minutis ochroleucis et foliis angustissime linearibus fere filiformibus vix ¼''' latis, in habitu vero et reliquis notis nulla differentia. In rupestribus ditionis austro-orientalis (*N.* 151). Junio, Julio. Similes formas in calcareis Austriae quoque legi.

G. Mollugo *L.*, G. aristatum *L.* et G. lucidum *All.* variant innumeris formis et quamquam habitu interdum valde dissimilia transeunt tamen invicem, limites certi non dantur.

VALERIANEAE.

VALERIANA *L.*

Post V. montanam 370:

V. simplicifolia *Kabath* ex *Uechtr.* Brandenb. Ver. VI. 110. *Foliis* integerrimis subdentatisve *obtusis,* radicalibus subrotundis brevius petiolatis, fasciculorum sterilium ovatis vel oblongis longe petiolatis interdum cordatis, caulinis ellipticis, summis lanceolatis acutis uno alterove inaequaliter grosse dentato, cyma terminali corymbiformi, *rhizomate stolonifero.* ♃ In Silva longa prope Kesmark (*N.* 96) et verisimiliter multis adhuc locis udis. Majo, Junio. V. dioica simplicifolia *Reichb.* Icon. I. f. 120, XXII. f. 1429, *Wimm. et Grab.* Fl. Siles. I. 27. Caulis 1—2' altus, corollae albae vel roseae, rhizoma inodorum. Habitu V. dioicae *L.* simillima, sed foliis omnibus indivisis facile distinguenda. V. montana *L.*, quacum V. simplicifolia plurimis notis convenit, foliis fere omnibus acutis vel acuminatis, odore penetrante aromatico et radice multicipite crassa lignosa differt. Species mihi adhuc dubia, sed bene monet *Ascherson,* si V. tripteris *L.* et V. montana *L.* specifice separantur, eodem jure V. dioica et V. simplicifolia specifice disjungendae sunt.

VALERIANELLA *Poll.*

Post V. Auricula et ante sectionem IV. litt. b. p. 373:

V. pumila *DC.* Fl. franç. IV. 242. *Fructibus subgloboso-inflatis* glabris *antice in umbilicum ovalem excavatis, calycis limbo breviter tridentato, dentibus lateralibus depressis postico majore triangulo,* bracteis ovatis lanceolatisve *fere penitus membranaceis villoso-ciliatis,* foliis superioribus lanceolatis inciso-dentatis vel basi pinnatifidis. ☉ In apricis montanis Budae et Banatus (*N.* 95). Majo, Junio. *Reichb.* Icon. XXII. f. 1404. V. membranacea *Lois.* Not. 150. Fedia pumila *Reichb.* Icon. II. f. 223. Caulis altitudine specierum affinium minime humilior.

DIPSACEAE.

CEPHALARIA *Schrad.*

Post C. transsilvanicam et ante sectionem II. p. 375:

C. centauroides *Coult.* Dipsac. 25. Caule glabro vel inferne hirsuto, foliis varie pinnatilobatis pinnatifidis vel pinnatipartitis, inferioribus nonnumquam integris lanceolatis glabris ciliatis vel subhirsutis, laciniis oblongis linearibusve, *foliolis involucri exterioribus ovato-rotundis obtusis,* interioribus ovatis aut lanceolatis acutis vel acuminatis, paleis obverse lanceolatis acuminatis, involucelli dentibus octo plus minus inaequalibus vel obsoletis, corollis aequalibus vel radiantibus, *radice perenni*. Julio — Septembri. Caulis 1½ – 3' altus, involucri foliola puberula vel glabra albida vel versus apicem pallide fusca, corollae ochroleucae. Affinis C. transsilvanica *Schrad.* differt radice annua et foliolis involucri etiam exterioribus ovato-lanceolatis cuspidatis subpungentibus. Variat:

α. **levigata.** Caule glabro, foliis coriaceis praeter cilia quandoque obvia glabris, involucelli dentibus subaequalibus abbreviatis obsoletisve. Scabiosa levigata *WK.* Pl. rar. III. t. 230. S. uralensis *Reichb.* Icon. IV. f. 487. S. centauroides *Host* Fl. aust. I. 188. Cephalaria levigata *Schrad.* Hort. gotting. 1814, *Griseb.* It. 352. Succisa centauroides *Reichb.* Icon. XXII. p. 23 f. 1390, quamquam S. levigata *WK.* citatur, ob hirsutiem foliorum et involucelli dentes inaequales alternatim elongatos potius ad sequentem varietatem pertinet. In rupestribus montanis Banatus (*N.* 97).

β. **hirsuta.** Caule inferne, foliis plus minus hirsutis, involucelli dentibus 4 elongatis, 4 alternatim brevissimis. Scabiosa corniculata *WK.* Pl. rar. I. t. 13, *Reichb.* Icon. IV. f. 488. S. uralensis *Host* Fl. aust. I. 188. Cephalaria corniculata *Roem. et Schult.* Syst. III. 49, *Griseb.* It. 351. Succisa uralensis *Reichb.* Icon. XXII. f. 1391. Praecedente rarior, a *Kitaibel* in Banatu indicata, nostris temporibus tantummodo in Transsilvania (*Heuff.* Ban. 90) et in Serbia observata (*Panč.* exs.).

KNAUTIA *Coult.*

Praeter K. longifoliam, silvaticam et arvensem 376 – 7 Heuffel in Flora 1856 f. 49 – 56 adhuc sequentes species, meras varietates vel formas, proponit:

1. **K. carpatica** *Heuff.* l. c. 50 (Scabiosa arvensis β. carpatica *Fisch.* in *Reichb.* Fl. excurs. 193, Icon. XXII. f. 1354) fatente ipso auctore nil nisi lusus K. arvensis *Coult.* corollis albis vel fide *Reichb.* l. c. corollis ochroleucis. Folia nunc indivisa nunc pinnatifida. In collibus, ad rupes passim (*N.* 98).

2. **K. dumetorum** *Heuff.* l. c. 51, Ban. 91 in dumetis et ad pratorum margines Banatus (*N.* 98). Forma Knautiae arvensis *Coult.* foliis oblongo-lanceolatis aut omnibus indivisis aut inferioribus pinnatilobatis pinnatifidisve et superioribus indivisis. Corollae caeruleae, setae calycis interioris fructu dimidio breviores ut in K. arvensi. In forma typica K. arvensis folia aut omnia pinnatifida aut inferiora indivisa et superiora pinnatifida. K. dumetorum, quando ejus folia omnia indivisa sunt, ambigit porro inter K. arvensem β. integrifoliam *Heuff.* Ban. 91 et K. longifoliam *Koch,* illa foliis ellipticis latioribus brevioribus, haec foliis elongato-lanceolatis angustioribus respectu longioribus discrepat. Sed

facile innotescit, notas a foliorum figura desumtas in hoc genere fallacissimas esse.

3. **K. pannonica** *Heuff.* l. c. 52 in montanis ad Balaton (*N.* 98). A Knautiae arvensis formä typicä secundum descriptionem auctoris corollis subaequalibus parum radiantibus ochroleucis et setis calycis interioris fructum fere aequantibus (nec fructu dimidio brevioribus) differt, sed longitudo setarum calycis vix constans esse videtur, in Scabiosa columbaria *L.* saltem perquam variabilis. Indumentum stellato-setosum incanum autem, quod K. pannonicae adscribitur, in aliis quoque formis K. arvensis occurrit (Specimina non vidi, in herbario *Heuffel* enim desiderantur).

4. **K. drymeia** *Heuff.* l. c. 53, Ban. 91 cum citata Scabiosa ciliata *Reichb.* Icon. XXII. f. 1351 in montibus humilioribus Banatus (*N.* 98). A. K. silvatica *Duby* corollis subaequalibus parum radiantibus et setis calycis interioris fructum fere aequantibus (nec fructu dimidio brevioribus) recedit, se habet igitur ad K. silvaticam ut K. pannonica ad K. arvensem. Corollae rubicundo-caeruleae. Pilos glanduliferos involucri et in apice ramorum K. drymeiae in K. silvatica genuina etiam observare licet quamquam rarius.

5. **K. dipsacifolia** *Heuff.* l. c. 54 in silvis montanis ad Budam. Secundum descriptionem auctoris et iconem ab eo citatam in *Reichb.* Icon. XXII. f. 1352 (specimina enim desunt in herbario *Heuffel*) ob corollas parum radiantes et setas calycis interioris fructum aequantes a K. drymeia *Heuff.* nonnisi statura majore et robustiore ac indumento magis hirsuto eglanduloso distingui potest. Scabiosa dipsacifolia *Host* Fl. austr. I. 191 forma subalpina K. silvaticae et Austriae incola corollis magnis radiantibus et setis calycis interioris fructu dimidio brevioribus a planta *Heuffeliana* recedit.

6. **K. ciliata** *Heuff.* l. c. 55 quid sit, diagnosi icone loco natali et speciminibus deficientibus penitus me fugit. Stirpem hanc quam maxime litigiosam extricare et ejus synonymiam confusam illustrare, hucusque frustra tentavi (Conf. *Neilr.* Nachtr. 93 et Ung. und slavon. Aufzahl. 98).

SCABIOSA *L.*

Post S. columbariam 378:

S. banatica *WK.* Pl. rar. I. t. 12, *Reichb.* Icon. XXII. f. 1383 in rupestribus Banatus a S. columbaria *L.* nullo modo distingui potest et in *Coult.* Dipsac. 38 tamquam synonymon ad suam S. columbariam *♂.* vulgarem refertur. Fide *Koch* Syn. 378 fructus S. columbariae est octosulcatus et sulci, qui juga totidem valida separant, excurrunt versus apicem fructus, in S. banatica vero sulci teste *Heuff.* Ban. 92 jugis in apice fructus confluentibus sunt clausi. Sed haec nota minime est constans, in S. columbaria, lucida, ochroleuca et leiocephala saltem sulci nunc sunt excurrentes nunc clausi, imo in uno eodemque fructu et in *Reichb.* Icon. XXII. f. 1378 e. et c. fructus S. columbariae sulcis clausis delineatus est. In *DC.* Prodr. IV. 659 differentia in foliorum figura quaeritur, quod certe falsum. S. banatica caeterum habitu S. ochroleucae proxima, sed corollae caeruleae.

COMPOSITAE.

I. CORYMBIFERAE.

LINOSYRIS *DC.*

Post L. vulgarem 384:

L. villosa *DC.* Prodr. V. 352. *Foliis* lanceolatis integerrimis *cauli-bus involucrisque incano-tomentosis aut sublanatis,* capitulis corymbosis, involucri squamis adpressis apice rectis. ⚇ In pascuis siccis praecipue salsis ditionis orientalis (*N.* 103). Augusto, Septembri. Chrysocoma villosa *L.* Spec. 1178, *WK.* Pl. rar. I. t. 58. Galatella villosa *Reichb.* fil. Icon. XXVI. t. 19. Caules 6—10'' alti, corollae luteae, habitu L. vulgaris *Cass.*

GALATELLA *Cass.*

Post G. canam 387:

G. punctata *DC.* Prodr. V. 255. *Foliis* lineari-lanceolatis acutis integerrimis trinerviis punctatis *scabris ciliatis caeterum glabris,* caule pubescenti-scabro superne corymboso- vel paniculato-ramoso polycephalo. ⚇ Ad vineas et in pratis subsalsis ditionis orientalis (*N.* 101). Julio — Septembri. Aster punctatus *WK.* Pl. rar. II. t. 109 et suadente *DC.* etiam *L.* Spec. 1228. G. insculpta *Reichb.* Icon. XXVI. t. 18. Caulis 2—3' altus superne dense foliatus, discus capituli luteus, ligulae lilacinae vel nullae, ad hanc formam eradiatam pertinet fide *Ledeb.* Ross. II. 480 Linosyris glabrata *Lindl.* in *DC.* l. c. 353 prope Tokay. Simillima G. cana *N. ab E.* non differt nisi indumento cano-lanato et foliis paulo latioribus brevioribusque, vix plus quam varietas G. punctatae.

GALINSOGA *Ruiz et Pav.*

Ad G. parvifloram 396 (absque diagnosi):

G. parviflora *Cavan.* Icon. III. t. 281. Caule erecto cymose ramoso, foliis ovatis acutis serratis 3nerviis oppositis, capitulis apice ramorum et ramulorum plus minus aggregatis. ⊙ Stirps peruviana nostra aetate in Europam illata et nunc versus orientem migrans hinc inde inquilina facta.

In ruderatis et locis cultis Hungariae occidentalis passim (*N*. 106). Augusto, Septembri. *Reichb.* Icon. XXVI. t. 92. Glabriuscula 1—2pedalis, capitula parva 2—3''' diametro disco luteo et radio albo minimo. A s t e r i cuidam microcephalo similis, sed foliis oppositis facile discernenda.

RUDBECKIA *L.* Gen. n. 980.

Involucri biseriati foliola patentia. Flores radii neutri ligulati, disci hermaphroditi tubulosi. Pappus brevissimus coroniformis irregulariter dentatus vel nullus. Achenia tetragona. Receptaculum paleaceum.

R. laciniata *L.* Spec. 1279. Caule elato ramoso, ramis monocephalis, foliis inferioribus bipinnatipartitis laciniis acutis grosse et irregulariter incisis, summis ovatis integris vel parce dentatis, ligulis patentibus vel reflexis, pappo coroniformi. ♃ Ex America allata et ubique in hortis culta occurrit subspontanea ad rivulos et silvarum margines ditionis occidentalis (*N*. 105). Augusto, Septembri. Caulis 3—6' altus, discus capituli conicus fuscus, ligulae 1½ — 2'' longae vitellinae, rhizoma longe lateque repens.

ARTEMISIA *L.*

Post A. spicatam 403:

A. **Baumgartenii** *Bess.* Abrot. 73 in alpinis Carpatorum centralium et hungarico-transsilvanicorum (*N*. 111) est varietas procerior A. s p i c a t a e *Wulf.* corollis hirsutulis, quae in hac glabrae. Reliqui characteres ab auctoribus propositi sunt variabiles. A. s p i c a t a *Wahlb.* Carpat. 257, *Koch.* Ban. t. 34, *Heuff.* Ban. 96. A. s p i c a t a *β*. eriantha *DC.* Prodr. VI. 118. Absinthium spicatum *Baumg.* Transs. III. 90.

Post A. scopariam 405:

A. **annua** *L.* Spec. 1187. *Caule solitario erecto foliisque glaberrimo* ramosissimo, ramis patentibus racemosis paniculam amplam foliosam diffusam constituentibus, foliis circumscriptione ovatis vel oblongis bi—tripinnatifidis vel bi—tripinnatipartitis, laciniis oblongis vel linearibus pectinato-incisis serratis integrisve, foliis floralibus summis simpliciter pinnatifidis, capitulis globoso-ovatis glabris erectis vel nutantibus, involucri foliolis oblongis obtusis margine scariosis, exterioribus brevioribus herbaceis, *radice annua*. In pomariis, muris, ruderatis Slavoniae et Banatus (*N*. 112). Septembri. Stirps speciosa graveolens, caulis 3—5' altus, interdum humilior et tunc simplicior, capitula parva 1—1½''' longa numerosissima, corollae flavae vel rubescentes.

Ad A. maritimam 406:

A. **monogyna** *WK*. Pl. rar. I. t. 75, *Reichb.* Icon. XXVI. t. 149 est varietas A. maritimae *L.* capitulis 3—5floris (in planta culta usque

7floris), floribus aut omnibus hermaphroditis aut unico in capitulo femineo minimo, ita ut capitula homogama et heterogama in eodem specimine occurrant (*Bess.* Scriph. 40, *Ledeb.* Ross. II. 573). Habitu pertinet ad varietatem β. *Koch* ramis capitulisque erectis, variat caeterum herba virescente et canescente. Reliquae varietates A. maritimae habent capitula 3—6flora rarius 1—2- vel 7—8flora floribus omnibus hermaphroditis. In Hungaria A. monogyna inter omnes varietates A. maritimae est frequentissima praecipue in salsis ditionis orientalis (*N.* 112).

ACHILLEA *L.*

Post A. Ptarmica 408:

A. cartilaginea *Ledeb.* Hort. Dorpat., Ross. II. 530. *Foliis punctatis pubescentibus* lanceolato-linearibus attenuato-acutis *aut aequaliter inciso-serratis serraturis patentibus* mucronatis serrulatis *aut pectinato-pinnatifidis laciniis patentibus mucronato - serratis*, corymbo composito, *ligulis longitudine involucri.* ♃ In pratis et dumetis Comit. Krassoviensis (*N.* 107). Julio, Augusto. A. Ptarmica b. cartilaginea *Reichb.* Icon. XXVI. p. 65 t. 123. Caulis 2—3' altus, folia quando simpliciter incisoserrata 3—4''' lata, quando pectinato-pinnatifida angustiora 2''' lata, capitula magna, ligulae albae. Vix plus quam varietas Achilleae Ptarmica *L.*, quae tantum foliis glabris impunctatis angustioribus 1½-2''' latis minus profunde serratis et serraturis adpressis recedit. In habitu nulla differentia.

A. lingulata *WK.* Pl. rar. I. t. 2. *Foliis indivisis* hirsutis vel glabriusculis *serratis apice rotundatis, inferioribus oblongo-obovatis, superioribus lingulatis*, corymbo composito, ligulis longitudine involucri. ♃ In alpinis Hungariae orientalis (*N.* 107). Julio, Augusto. *Reichb.* Icon. XXVI. t. 124. Caulis 8''—1½' altus simplex dense foliatus, capitula magna, ligulae albae.

Post A. nobilem 412:

A. crithmifolia *WK.* Pl. rar. I. t. 66. *Foliis* villoso-pubescentibus, *caulinis circumscriptione oblongis bipinnatifidis vel bipinnatipartitis*, laciniis lanceolato-linearibus vel lineari-setaceis, *rachi integerrima*, corymbo composito coarctato, *ligulis involucro dimidio brevioribus.* ♃ Ad vineas, in locis lapidosis montanis, in glareosis fluviorum (*N.* 109). Majo — Julio. A. nobilis *Roch.* Ban. t. 32 nec L. A. banatica *Kit.* in *DC.* Prodr. VI. 29 forma laciniis foliorum lineari-setaceis. Herba virescens, caulis 8—12'' altus, folia 3—6''' lata, capitula parva, ligulae albae vel sordide albae. Ab A. nobili *L.* rachi integerrima, ab A. Millefolium *L.* foliis circumscriptione latioribus et segmentis remotioribus, notis neque constantibus nec essentialibus aberrat, species igitur obscura in utramque praecedentium transiens.

A. compacta *Willd.* Spec. III. 2206. *Foliis* sericeo-villosis, *caulinis* circumscriptione linearibus vel lineari-lanceolatis *simpliciter pinnatipartitis*, *segmentis pinnatifido-dentatis*, *rachi dentata*, corymbo composito densissime coarctato, *ligulis paucis brevissimis involucro ter-quater brevioribus vel nullis.* ♃ In petrosis Danubii vallis in Banatu (*N.* 109). Junio, Julio. *Roch.* Ban. t. 32 mediocris, *Reichb.* Icon. XXVI. t. 131. Herba incano-virescens, caulis pedalis et ultra, pedunculi fulvo-villosi, folia 3—4''' lata, capitula parva, ligulae flavae. Secundum *Janka* in Linn. 1859 p. 579 stirps banatica cum planta genuina *Willdenowiana* i. e. rossica (*Willd.* En. Berol. II. 915) confusa fuit, quare tamquam nova species A. s e r i c e a e nomine salutatur, sed qualis sit differentia inter utramque non dicitur. Equidem inter specimina rossica et banatica differentiam specificam detegere non potui.

A. leptophylla *MB.* Taur. Cauc. II. 335. *Foliis* tomentoso-villosis, *caulinis circumscriptione anguste linearibus simpliciter pinnatipartitis, segmentis 2—5fidis vel integris, rachi integerrima*, corymbo composito laxiusculo, *ligulis involucro dimidio brevioribus.* ♃ In calcareis Banatus (*C. Koch* Linn. 1851 p. 326). Julio, Augusto. Herba incana, caules 6—12'' alti, folia tantum 1—2''' lata, capitula parva, ligulae saturate luteae (Comparavi specimina rossica, banatica non vidi).

A. pectinata *Willd.* Spec. III. 2197. *Foliis* plus minus tomentosis, *caulinis circumscriptione anguste linearibus simpliciter pectinato-pinnatifidis, laciniis integris linearibus, rachi integerrima*, corymbo composito coarctato, *ligulis involucro dimidio brevioribus.* ♃ In collibus et arenosis planitierum (*N.* 109). Junio, Julio. *Reichb.* Icon. XXVI. t. 122 et 150. A. nova *Wint.* Ind. f. 19. A. o c h r o l e u c a *WK.* Pl. rar. I. t. 34, an *Ehrh.*? Herba incana vel virescens, caulis 8—12'' altus, folia tantum 1—1½''' lata, capitula parva, ligulae ochroleucae.

ANTHEMIS *L.*

Post A. Triumfetti 413:

A. macrantha *Heuff.* Flora 1833 I. 362. Foliis parce pilosis pectinato-bipinnatifidis, rachi dentata, laciniis lanceolatis integerrimis vel paucidentatis mucronatis, receptaculo subhemisphaerico, paleis lanceolatis in mucronem rigidum acuminatis, acheniis tetragono-compressis anguste alatis obsolete striatis coronula membranacea terminatis, *ligulis diametrum transversalem disci subduplo superantibus.* ♃ In subalpinis Bihariae et Banatus (*N.* 106). Julio, Augusto. *Reichb.* Icon. XXVI. t. 120. Caulis 1—1½' altus, capitula speciosa diametro usque bipollicaria, ligulae albae. Vix species genuina, nam saepe ligulae sunt multo breviores diametrum disci paulo tantum superantes. A. T r i u m f e t t i *All.* (jam. suadente *Lin-*

naeo varietas A. tinctoriae *L.* ligulis albis) nonnisi foliis minoribus bipinnatipartitis et ligulis diametrum disci aequantibus recedit.

Loco A. montanae 415 ponatur:

A. montana *L.* Spec. 1261 nec *Koch.* *Foliis* sericeo-pilosis pinnatipartitis *2—3jugis*, laciniis indivisis linearibus 2—3fidisque, caulibus erectis vel adscendentibus simplicibus aut basi in 2—4 ramos strictos divisis superne aphyllis monocephalis, *capitulis 8—10''' diametro*, receptaculo hemisphaerico, *paleis* obverse lanceolatis *albis 3dentatis dente medio rigido elongato*, acheniis brevissime vel non coronatis. ♃ In rupestribus montis Világos Comit. Aradiensis et in valle Danubii legionis romano-banaticae (*N.* 107). Majo — Augusto. *Heuff.* Ban. 99. *Reichb.* Icon. XXVI. t. 112. A. saxatilis *DC.* Syn. fl. gall. 291, *Kit.* Addit. 74. Caules 3—8'' alti, capitula in planta hungarica parva magnitudine illorum A. arvensis *L.* aut minora, involucri foliola plerumque dorso fusca et margine pallide viridia, rarius margine quoque angustissime fusca, discus luteus ligulae albae.

A. carpatica *WK.* in *Willd.* Spec. III. 2179. *Foliis* sericeo-pilosis glabrisve pinnatipartitis *3—5jugis*, laciniis difformibus indivisis 2—3fidisque linearibus obverse-lanceolatis vel obovatis, caulibus erectis vel adscendentibus simplicibus superne aphyllis monocephalis, *capitulis 12—18''' diametro*, receptaculo hemisphaerico, *paleis* lineari-oblongis *apice sphacelatis et lacero-dentatis*, acheniis brevissime vel non coronatis. ♃ In rupestribus alpinis Marmatiae et Banatus (*N.* 106). Julio, Augusto. A. styriaca *Vest* Syll. ratisb. I. 12, *Reichb.* Icon. XXVI. t. 112. A. grandiflora *Host* Fl. austr. II. 506. A. Kitaibelii *DC.* Prodr. VI. 7. A. montana *Koch* Syn. 415 nec *L.* Caules 3—10'' alti, capitula maxima, involucri foliola dorso luride viridia margine fusco-atra, discus luteus ligulae albae. Vix aliud quam varietas alpina macrocephala A. montanae *L.*

Post A. alpinam 415:

A. tenuifolia *Schur* Siebenb. Ver. 1851 p. 171. *Foliis* parce pilosis *bipinnatipartitis 5—7jugis*, laciniis linearibus attenuato-acutis mucronatis, receptaculo hemisphaerico, paleis lineari-oblongis obtusis apice lacerodentatis sphacelatisque tubum florum disci aequantibus, acheniis convexotrigonis margine tumido brevissimo coronatis, caulibus simplicibus monocephalis rarissime ramosis. ♃ In alpibus Rodnensibus (*N.* 107). Julio, Augusto. A. alpina *Baumg.* Transs. III. 145 nec *L.* Caulis 6—9'' altus, capitula 8—10''' diametro, discus primum sordide albus deinde pallide flavus, ligulae albae. Simillima A. alpina *L.* differt foliis simpliciter pinnatipartitis, laciniis latioribus et capitulis majoribus, se habet ad A. tenuifoliam ut Achillea atrata *Tausch* ad Achilleam Clusianam *Tausch*, hinc A. tenuifolia me judicante varietas tenuisecta A. alpinae.

CHRYSANTHEMUM *L.*

Post Ch. Leucanthemum 417:

Ch. rotundifolium *WK.* Pl. rar. III. t. 236. *Foliis inferioribus longe petiolatis rotundo-ovatis ovalibusque, superioribus brevius petiolatis vel sessilibus ovatis vel oblongo-lanceolatis, omnibus inaequaliter inciso-serratis,* ligulis diametrum disci subduplo superantibus, acheniis ecoronatis. ♃ In rupestribus alpinis et in silvis subalpinis (*N.* 110). Julio, Augusto. Tanacetum Waldsteinii *Schultz* Tanac. 35, *Reichb.* Icon. XXVI. t. 98. T. Leucanthemum γ. rotundifolium *Kan. et Kn.* ZBG. XVI. 104, quod et mea opinio. Herba glabra, caulis 1—1½′ altus, capitula speciosa circiter 2″ diametro, ligulae albae.

Ch. serotinum *L.* Spec. 1254. *Foliis sessilibus oblongo-lanceolatis lanceolatisve inciso- et grosse serratis basi utrinque acute auriculatis,* ligulis diametrum disci subduplo superantibus, acheniis margine brevissimo coronatis. ♃ In inundatis arundinetis ad ripas planitierum (*N.* 110). Augusto, Septembri. *Jacq.* Observ. IV. t. 90. Pyrethrum uliginosum *WK.* in *Willd.* Spec. III. 2152. Tanacetum serotinum *Schultz* Tanac. 35, *Reichb.* Icon. XXVI. t. 101. Herba glabra vel parce pubescens, caulis 3—5′ altus dense foliosus plerumque corymboso-ramosus polycephalus ramis elongatis vimineis, capitula speciosa circiter 2″ diametro, ligulae albae.

Ch. Zawadzkii *Herb.* Addit. p. 43 t. 1. *Foliis inferioribus petiolatis bipinnatifidis, superioribus pinnatifidis,* laciniis linearibus mucronatis, ligulis diametrum disci subduplo superantibus, acheniis ecoronatis. ♃ In calcareis Pienninorum (*N.* 110). Julio, Augusto. Ch. sibiricum *Turcz.* in *DC.* Prodr. VI. 46. Tanacetum Gmelini *Schultz* Tanac. 35. Herba plus minus pubescens, caulis 1—2′ altus simplex vel corymboso-ramosus, folia carnosa glaucescentia, capitula speciosa circiter 2″ diametro, ligulae albae subtus roseae.

Loco Ch. inodori 419 et 1026 ponatur:

Ch. inodorum *L.* Spec. 1253. Totum glabrum, caule plerumque corymboso-ramoso polycephalo, foliis 2—3pinnatisectis, laciniis lineari-filiformibus acutis, receptaculo ovato vel denique cylindrico, *acheniis* turbinatis subtetragonis rectis truncatis, *dorso* convexis *nigris transverse elevato-rugosis* apice *impresso-biglandulosis, ventre tricostatis costis* crassis obtusis *fuscis et binis valleculis angustis nigris interstinctis, pappo brevi marginali quadrangulo.* ☉ et ⊙ In agris, pascuis, ad vias ubique. Junio — Septembri. Tripleurospermum inodorum *Schultz* Tanac. 32. Chamaemelum inodorum *Vis.* Dalmat. II. 85, *Reichb.* Icon. XXVI. t. 94. Caulis 3″—2′ altus, capitula ½—1½″ diametro, ligulae albae interdum rudimentares vel nullae, achenia parva 1''' longa, nonnumquam totum achenium nigrum.

Ch. tenuifolium *Kit.* in *Schult.* Oestr. Fl. II. 498. Totum glabrum, caule corymboso - ramoso polycephalo, foliis 2 — 3pinnatisectis, laciniis lineari-filiformibus acutis, receptaculo hemisphaerico vel denique sub-ovato, *acheniis* oblongis vel oblongo-obovatis compresso-trigonis subin-curvis obtusis, *dorso* convexis *pallide fuscis*, illis disci perfecte maturis obsolete rugulosis caeteris *levibus*, *apice convexo-uniglandulosis*, *ventre tricostatis costis* crassis obtusis *albido-testaceis et binis valleculis angustis fuscis interstinctis*, *pappo nullo.* ⊙ et ⊙ Inter segetes, ad vias, agrorum margines Comit. Somogiensis, Slavoniae et Banatus (*N.* 109). Junio — Septembri. *Kit.* Addit. 80, *Aschers.* ZBG. XVI. 101. Ch. trichophyllum *Boiss.* Diagn. I. n. 4 p. 10. Chamaemelum uniglandulosum *Vis.* Dalmat. II. p. 85 t. 51, at rugae fructus dorsales (litt. a) nimis grosse delineatae, *Reichb.* Icon. XXVI. t. 94. Caulis 1—2½' altus, capitula 1—1½'' diametro, ligulae albae, achenia parva vix 1''' longa nonnumquam totum achenium albido-testaceum. Planta florens a praecedente haud discernenda, in statu fructus acheniis pallidis epapposis facile agnoscenda.

Post Ch. segetum 419:

Ch. achilleaefolium *Steud.* Nomencl. I. 356. *Foliis 2—3pinnati-partitis*, laciniis abbreviatis oblongis linearibusve mucronatis, *ligulis diametrum disci aequantibus vel ea brevioribus*, acheniis pappo coroniformi subdenticulato terminatis. ♃ In calcareis Banatus (*C. Koch* in Linn. 1851 p. 340). Junio, Julio. *Gmel.* Fl. sibir. II. t. 85 f. 2. Pyrethrum achillei-folium *MB.* Taur. Cauc. II. 327. Tanacetum achilleaefolium *Schultz* Tanac. 47. Herba sericeo-cana, caulis 1—2' altus, capitula minima 2—4''' diametro subglobosa, ligulae flavae, stirps inter reliquas species hujus generis distinctissima (Comparavi specimina rossica, hungarica non vidi).

DORONICUM *L.*

Post D. Pardalianches 420 :

D. caucasicum *MB.* Taur. Cauc. II. 324. *Foliis* repando- vel sinuato-dentatis, *radicalibus* longe petiolatis rotundo-ovatis obtusis *pro-funde cordatis*, caulinis paucis intermedio oblongo acuto amplexicauli, receptaculo villoso, *stolonibus* subterraneis elongatis gracilibus hinc inde tuberoso-incrassatis foliiferis iterumque stoloniferis *collo et in axillis squamarum villis sericeis densis instructis*. ♃ In silvis ad Quinqueecclesias (*N.* 115). Majo. Bot. Mag. t. 3143, *Schultz* Bip. ÖBW. IV. 410. D. Nendt-vichii *Sadl.* in *Nendtv.* Quinqueeccel. p. 21 et 35 t. 2 (icon mediocris), ÖBW. III. 180, V. 14. Caulis pedalis et ultra 1—3phyllus in planta hun-garica monocephalus, ligulae luteae. D. Pardalianches *L.* differt stolonibus nudis villis sericeis destitutis, reliqua **Doronica** hungarica non sunt stolonifera.

Post D. austriacum 421:

D. hungaricum *Reichb.* fil. Icon XXVI. t. 65. *Foliis* subintegerrimis, *radicalibus* et caulinis inferioribus oblongis *in petiolum angustatis* obtusis, superioribus oblongo-lanceolatis acutis amplexicaulibus, receptaculo glabriusculo, rhizomate obliquo tuberoso rotundato-incrassato, *stolonibus nullis.* ♃ In collibus silvisque montanis (*N.* 116). Majo, Junio. D. plantagineum *Kit.* in *Schult.* Oestr. Fl. II. 502 et plurium auctorum, nec *L.* Caulis pedalis plerumque monocephalus, ligulae luteae. Foliis non cordatis ab omnibus Doronicis hungaricis diversum.

SENECIO *L.*

Post S. Doria 431:

S. umbrosus *WK.* Pl. rar. III. t. 210. *Foliis* glaucescentibus dentatis vel integerrimis *subtus pilis brevissimis crassis scabris,* inferioribus ovatis spathulato-ovatis ellipticisve in petiolum late alatum decurrentibus, superioribus oblongis vel oblongo-lanceolatis basi cordata vel rotundata sessilibus, *supremis valde diminutis sensim in bractcas anguste lanceolatas vel subulatas abeuntibus, caule crispo-piloso* corymboso polycephalo, calyculo brevissimo, radio 8floro, acheniis glabris. ♃ In silvis subalpinis Carpatorum occidentalium (*N.* 119). Julio, Augusto. *Reichb.* Icon. XXVI. t. 82. Caulis 2—5' altus, folia coriacea ampla, ligulae luteae. Similis S. Doria *L.* gracilitate et glabritie omnium partium declinat quidem, nihilominus S. umbrosus ejus varietas esse videtur, dantur enim formae intermediae, quae sub nomine S. macrophyllae *MB.* Taur. Cauc. II. 308 complectuntur.

II. CYNAROCEPHALAE.

ECHINOPS *L.*

Post E. Ritro 452:

E. banaticus *Roch.* Catal. hort. Vindob. 1823. *Foliis* supra puberulis *subtus niveo-tomentosis* spinoso-dentatis *aut omnibus pinnatifidis aut superioribus oblongis acuminatis sinuato-dentatis,* involucris basi setosis, setis involucro duplo triplove brevioribus, foliolis dorso glabris, *pappo cupulato apice in lacinulas brevissimas diviso.* ♃ In rupestribus montanis collinisque Sirmii et Banatus (*N.* 120). Julio — Septembri. *Reichb.* Icon. XXV. t. 2 forma foliis omnibus pinnatifidis. E. ruthenicus *Roch.* Ban. t. 37 et *Reichb.* Icon. V. f. 642 (nec *MB.*) forma foliis superioribus sinuato-dentatis. E. humilis *Reichb.* Fl. excurs. 292 nec *MB.* E. Rochelianus *Griseb.*

Rumel. II. **229** nota. Caulis pedalis et ultra superne niveo-tomentosus, corollae amethystinae. Similis E. Ritro *L*. foliis bipinuatifidis tenuius divisis et pappo medium usque in lacinulas lineares fisso recedit. In E. sphaerocephalo *L*. et E. commutato *Juratzka* ZBG. VIII. 17 (E. exaltato *Koch* nec *Schrad*.) sunt folia subtus tantum incano-lanuginosa et corollae albidae.

CIRSIUM *Tourn*.

Post C. eriophorum 453 et 989:

C. Boujarti *Schultz Bip*. ÖBW. VI. 299. Caule erecto superne ramoso polycephalo, *foliis amplexicaulibus non decurrentibus* supra strigoso-hirtis subtus incano-tomentosis pinnatifidis, laciniis bipartitis vel integris in spinam validam exeuntibus, capitulis solitariis vel aggregatis globosis involucratis folia involucrantia subaequantibus, *involucri foliolis* (anthodii squamis) recurvis vel patentibus giabris vel arachnoideo-lanatis lineari-lanceolatis acuminatis *dense ciliatis, ciliis elongatis spinescentibus*, corollae limbo quam tubo breviore. ⊙ In pascuis ruderatis ad vias ditionis australis ac orientalis passim (*N*. 126). Augusto, Septembri. Carduus Boujarti *Pill*. et *Mitterp*. It. p. 143 t. 13. Cirsium ciliatum *Maly* En. austr. 128 nec *MB*., quod teste *Griseb*. It. 348 capitulis exinvolucratis differre dicitur. Cirsium furiens *Griseb*. l. c. Stirps speciosa, caulis 3—5' altus, capitula maxima, corollae purpureae, folia capitulum involucrantia caulinis summis conformia, spinae stramineae. Affine C. eriophorum *Scop*. recedit praecipue involucri foliolis (anthodii squamis) non spinescenti-ciliatis.

Post C. palustre 453 et 990:

C. brachycephalum *Juratzka* ZBV. VII. 91 et 123, ÖBW. VII. 110. *Foliis* glabris vel sparse pilosis spinuloso-ciliatis, *inferioribus indivisis* cuneatis vel oblongo-lanceolatis repandis vel sinuatis penitus decurrentibus, *sequentibus* lanceolatis vel lineari-lanceolatis profunde sinuatis vel pinnatifidis *semidecurrentibus* laciniis spina terminatis, *summis* conformibus sed multo minoribus *vix vel non decurrentibus, caule superne exalato nudo* corymboso-ramoso polycephalo, *involucri foliolis in spinam elongatam stramineam acuminatis*. ♃ In pratis turfosis planitierum (*N*. 126). Julio, Augusto. ⊙ C. Chailleti *Koch* Syn. ed. 1. 393 nec *Gand*. C. arvensi-palustre *Nägl*. in *Koch* Syn. ed. II. 1000, sed hybridum non est, ut *Nägeli* ipse nuperrime concessit (Sitz. Ber. der Münchn. Akad. 1866 p. 325—6). Caulis 2—3' altus, capitula parva, corollae dilute violaceae rarissime albae. Affine C. palustre *Scop*. foliis omnibus pinnatifidis et omnibus decurrentibus, hinc caule usque ad apicem spinuloso-alato et involucri foliolis in spinulam brevem plerumque purpurascentem acuminatis discrepat.

Ad C. pauciflorum 454:

C. pauciflorum *Spr.* (Cnicus pauciflorus *WK.* Pl. rar. II. t. 161) in *Koch* Syn. 454 optime descriptum non est proles hybrida (C. Erisithali - heterophyllum), ut vult *Nägeli* in *Koch* Syn. 1005, sed distincta species, foliis inferioribus ovatis maximis 1—1½' longis et 6—8" latis tam a C. Erisithali quam a C. heterophyllo diversa, crescit etiam in Carpatis subalpinis orientalibus, ubi C. heterophyllum hucusque non observatum fuit. Varietas autem illa C. pauciflori caule foliisque subnudis et capitulis erectis, quam *Kitaibel* in palude Ecsédi-Láp reperit (Pl. rar. l. c. p. 175), videtur esse alia planta fortasse hybridae originis. Sic quoque C. pauciflorum *Reichb.* Icon. XXV. t. 102 capitulo medio erecto et lateralibus horizontaliter patentibus neutiquam sistit speciem *Kitaibelianam*, cujus capitula cum apice caulis nutant, sed probabiliter hybridam progeniem e C. paucifloro et C. rivulari ortam, forte illud etiam false delineatum, cum pedunculi curvati exsiccando saepe recti evadant.

ONOPORDUM *L.*

Post O. Acanthium 462:

O. tauricum *Willd.* Spec. III. 1687. *Foliis* oblongis decurrentibus sinuatis spinosis *virentibus glanduloso-viscidis,* involucri foliolis e basi ovata lanceolato-subulatis pungentibus araneoso-viscosis, inferioribus patentissimis. ☉ In ruderatis Sirmii, an spontaneum? in Serbia enim non enumeratur (*N.* 125). Junio—Augusto. *Reichb.* Icon. XXV. t. 83, O. virens β. tauricum *DC.* Prodr. VI. 618. Caulis 2—5' altus, capitula maxima, corollae purpureae. O. Acanthium *L.* foliis incano-lanuginosis differt. (Specimen sirmiense non vidi.)

JURINEA *Cass.*

Post J. mollem 467:

J. macrocalathla *C. Koch* in Linn. 1851 p. 413 in pratis alpinis Banatus ab J. molli *Reichb.*, ut auctor ipse fatetur, non differt nisi statura majore tripedali et involucri foliolis in spinam excurrentibus. Sed cum in J. molli involucri foliola etiam in spinulam innocuam excurrant, tota species mera forma robustior J. mollis esse videtur.

CENTAUREA *L.*

Post C. Scabiosa 473:

C. atropurpurea *WK.* Pl. rar. II. t. 116. Caule ramoso oligocephalo, *appendicibus foliolorum involucri* subglobosi *atratis triangulari-*

lanceolatis acutis *fimbriatis laminas* enervias virescentes *foliolorum proximorum non occultantibus, fimbriis albis nitidis diametrum transversalem folioli aequantibus*, terminali in spinam producta, pappo achenium subaequante, foliis floccosis scabris glabrisve pinnatifidis vel pinnatipartitis, laciniis lanceolatis vel linearibus integerrimis vel dentatis. ♃ In rupestribus montanis ditionis orientalis (*N*. 125). Julio, Augusto. *Reichb.* Icon. V. f. 638 – 9. C. c a l o c e p h a l a *DC*. Prodr. VI. 587, *Reichb.* Icon. XXV. t. 58. Caulis 1½—3' altus, capitula maxima, corollae atropurpureae, in planta culta flava vel variegata, haec est C. c a l o c e p h a l a *Willd.* En. Berol. II. 928. C. S c a b i o s a *L.* habitu et plerisque notis cum C. a t r o p u r p u r e a conveniens differt tantum appendicibus triangulis proportione latioribus attamen minoribus, fimbriis fuscis et corollis laete purpureis.

C. Kotschyana *Heuff.* Flora 1835 I. 245, Ban. 107. Caule simplici monocephalo, *appendicibus foliolorum involucri* subglobosi *atratis late triangularibus* acutis *fimbriatis laminas* enervias virescentes *foliolorum proximorum penitus occultantibus, fimbriis albis nitidis diametro transversali folioli longioribus*, terminali in spinam producta, pappo achenium subaequante, foliis floccosis scabris glabrisve lyratis vel pinnatifidis, radicalibus quandoque indivisis oblongo-lanceolatis grosse serratis, laciniis lanceolatis vel linearibus integerrimis vel dentatis. ♃ In lapidosis irrigatis alpis Sarko Banatus rarissima, frequentior in Transsilvania (*N*. 125). Augusto. C. H e u f f e l i i *Reichb.* fil. Icon. XXV. t. 70 sed figura involucri erronea. Caulis 1—2' altus, capitula maxima, corollae atropurpureae. Se habet ad C. a t r o p u r p u r e a m *WK.* ut C. f u l i g i n o s a *Dollin.* En. Austr. infer. 74 (C. K o t s c h y a n a *Koch* Syn. 473, *Reichb.* Icon. XXV. t. 44 nec *Heuff.*) ad C e n t a u r e a m S c a b i o s a *L.*, vix species genuina, cum latitudo appendicum et longitudo fimbriarum varient et C. a t r o p u r p u r e a haud raro appendicibus laminas occultantibus occurrat. C. K o t s c h y a n a varietas alpina C. a t r o p u r p u r e a e esse videtur.

Ad C. maculosam 474·

C. triniaefolia *Heuff.* ÖBZ. VIII. 27, Ban. 108 secundum specimen authenticum nec habitu nec foliis nec capitulis nec acheniis a C. m a c u l o s a *Lam.* differt, quod *Heuffel* loco citato ipse concedit. Cur igitur nomen mutavit? Nisi botanophilis in usu — haud raro abusu — esset, cuilibet formae minus obviae aut generibus recenter congestis integrae seriei specierum antiquarum nova injungere nomina, synonymia aetatis nostrae hypertrophiâ taedii plenâ omnino non laboraret.

Post C. maculosam 474b:

C. arenaria *MB.* in *Willd.* Spec. III. 2278. *Involucri* ovato-conici *foliolis testaceis, appendicibus concoloribus vel macula parva triangulari fuscescente notatis* laminas önervias foliolorum proximorum non occultantibus *fimbriatis ciliatis vel subintegris*, *fimbriis ciliisque* subcartilagineis *albis* flexuosis, terminali innocua, *acheniis pallidis* viridi-testaceis, pappo achenium subaequante, foliis plus minus lanuginosis, inferioribus bipinnatipartitis, superioribus simpliciter pinnatipartitis, rameis saepe indivisis, laciniis linearibus vel lineari-lanceolatis, caule erecto paniculato-ramoso polycephalo, ramis virgatis. ♃ In collibus arenosis ad Vereshegyháza Comit. Pestiuensis (*Heuff*. exs. 1826) et iisdem locis confinium militarium Banatus (*N*. 124). Junio–Augusto. Icon desideratur, nam C. arenaria *Reichb*. Icon. V. f. 634 sistit aliam speciem scilicet C. Reichenbachii *DC*. Prodr. VI. 583. Caulis 2—3' altus, corollae dilute purpureae. Affinis C. maculosa *Lam*. involucri foliolis viridibus, appendicibus semper atratomaculatis, fimbriis earum fuscis et acheniis maturis nigris diversa.

Post C. Calcitrapa 175:

C. iberica *Trevir*. in *Spr*. Syst. III. 406. *Involucri glaberrimi foliolis exterioribus subpalmato-spinosis*, spina intermedia valida capitulum superante, lateralibus minutis paucis, involucri foliolis *intimis inermibus apice appendice subrotunda hyalina praeditis*, *pappo quam achenium duplo breviore*, foliis scabris, radicalibus lyrato-pinnatifidis, caulinis pinnatifidis, summis trifidis vel indivisis, laciniis lanceolatis vel lineari-lanceolatis dentatis, caule divaricato-ramoso lanuginoso-piloso. ☉ In campis ad Orsova Banatus (*N*. 124). Julio—Septembri. *Reichb*. Icon. XXV. t. 67. Caulis 1-2' altus, corollae purpureae. A. C. calcitrapoide *L*. specifice vix diversa, etiam C. Calcitrapa *L*. tantum acheniis epapposis et foliolis involucri intimis apice retusis discrepat (Conf. *Ledeb*. Ross. II. 711).

III. CICHOREAE.

LEONTODON *L*.

Ad L. crispum et saxatilem 483:

L. saxatilis *Reichb*. Fl. excurs. 252 (*Koch* l. c.) vel L. asper *Heuff*. Ban. 110 in lapidosis Sirmii et Banatus (*N*. 131) sistit genuinum **L. crispum** *Vill*. Dauph. III. t. 25 et *Reichb*. fil. Icon. XXIX. t. 20, qui radice perpendiculariter descendente et acheniis pappo longioribus ab omnibus varietatibus L. hastilis *Koch* discrepat, sed L. crispus *Reichb*. l. c. (*Koch* l. c.) Helvetiae incola est tantum varietas L. hastilis foliis undulato-crispis et rhizomate praemorso, non perpendiculari ut in *Koch* Syn. l. c. falso dicitur (*Gren. et Godr*. Fl. Fr. II. 300, *Bisch*. Beitr. 60 et 68, *Münch* ÖBZ. VIII. 277). Apargia aspera *WK*. Pl. rar. II. t. 110 vel L. asper *Reichb*. Fl. excurs. 252, Icon. XXIX. t. 19 caule ramoso 2—4-cephalo et ramis folio fultis sine dubio est lusus L. crispi *Vill*. cultura aut in solo pingui ortus, nam caulem ramosum in stirpe sponte crescente

neque *Heuffel* neque *Fuss* umquam observarunt, quamquam specimina
innumera se vidisse affirmant (*Heuff*. l. c., *Fuss* Trans. 382).

TARAXACUM *Juss.*

Post T. serotinum 493:

T. crispum *Heuff.* in *Wacht.* Zeitschr. V. 178. *Acheniis* oblongis
utrinque attenuatis striatis minutissime tuberculatis *rostrum concolor brevissimum multo superantibus sed pappo brevioribus*, foliis oblongo-obovatis
runcinato-lyratis laciniis crispato-dentatis, supra pulverulentis, subtus
caulibusque monocephalis lanatis. ♃ In collibus arenosis ad Grebenac et
Alibunar legionis serbico-banaticae (*N.* 136). Julio -Septembri. D i o s z e-
g i a c r i s p a *Heuff.* l. c. Habitu T. s e r o t i n i *Sadl.*, caules 3—4″ alti, corollae luteae. In unico specimine, quod comparare potui, authentico ab
Heuffel ipso ad Grebenac lecto sunt achenia intense fusca et quamquam
matura esse videntur, tamen minima cum rostro vix lineam longa, pappus
vero 3—4‴ longus; ex verbis auctoris l. c. contra achenia bis tantum
pappo superarentur, ergo duas lineas circiter longa esse deberent. Quo-
modocumque res se habeat, nota sola rostri brevissimi concoloris sufficit,
ut hanc speciem a reliquis T a r a x a c i speciebus hungaricis discernamus.

CREPIS *L.*

Post C. biennem 504:

C. rigida *WK.* Pl. rar. I. t. 19. Caule foliato apice corymboso,
foliis infimis oblongo-obovatis sinuato- vel basi lacero-dentatis in petiolum
decurrentibus, superioribus sessilibus e basi hastata ovatis vel lanceolatis dentatis integerrimisve, *involucri foliolis* omnibus oblongo-linearibus
obtusis *adpressis* dorso cano-pubescentibus *superficie interiore glabris*,
acheniis apice angustioribus 10—13striatis, *radice elongata descendente
perenni*. In apricis montanis et silvis arenosis ditionis mediae (*N.* 137).
Julio—Septembri. *Reichb.* Icon. XXIX. t. 96. C. n o v a *Wint.* Ind. f. 3.
H i e r a c i u m p a n n o n i c u m *Jacq.* Collect. V. 148. Caulis 2—3′ altus rigidus ramis arcuatis, folia crassa scabra, capitula magnitudine C. b i e n n i s
L., corollae flavae. Radice perenni descendente et receptaculo subfimbril-
lifero ab omnibus speciebus sectionis secundae §. 1 litt. c in *Koch* Syn.
503—6 diversa.

Ad C. virentem 505:

* C. a g r e s t i s *WK.* Pl. rar. III. t. 229 est secundum *Koch* l. c. varietas
C. v i r e n t i s *L.* capitulis duplo majoribus, secundum *Reichb.* Fl. excurs.
258 varietas pedunculis involucrisque glanduloso-hispidis. Capitula vero in
opere citato non sunt majora quam in forma vulgari hujus speciei, quamquam „icon exhibet plantam, qualis in solo fertiliore et in horto plerum-

que est" (*WK.* l. c. p. 245). Varietas pedunculis involucrisque glanduloso-
hispidis omnino occurrit, sed plantam a *Kitaibel* propositam non repraesentat, qui hujus notae nullibi mentionem facit. C. agrestis igitur est
ipsissima C. virens *L.* et quidem sistit icon formam vulgarem foliis
runcinatis.

Post C. blattarioidem 507:

C. viscidula *Froel.* in *DC.* Prodr. VII. 166. *Caule 1—3cephalo pedunculisque glanduloso-hirtis, foliis hirsutis sinuato-dentatis, radicalibus
oblongo-obovatis acutis in petiolum attenuatis, caulinis ovatis cuspidatis
basi cordata vel sagittata amplexicaulibus, involucri foliolis glanduloso-
ciliatis acuminatis, interioribus lineari-lanceolatis, exterioribus linearibus
dimidio brevioribus,* acheniis 20striatis, *rhizomate horizontali.* 2| Ad rivulos
alpinos Banatus (*N.* 138). Julio, Augusto. Hieracium pyrenaicum
Roch. Ban. t. 29 nec *L.* Caulis 8—12" altus, corollae aureae. Affinis C.
blattarioides *Vill.* indumento eglanduloso et involucri foliolis oblongo-
lanceolatis latioribus obtusis, exterioribus interiora longitudine nequantibus,
C. grandiflora *Tausch* foliis caulinis lanceolatis subintegerrimis multo
angustioribus et radice elongato-fusiformi recedunt.

HIERACIUM *L.*

Post H. praealtum 514:

H. petraeum *Friv.* Flora 1836 II. 436 suadente *Fries* Epicr. 28, *Heuff.*
Ban. 114. Caule stellulato-pubescente superne cano-tomentoso immixtis
pilis paucis longioribus inferne 1—2foliato, corymbo 3—10cephalo laxo,
pedunculis involucrisque stellulato-tomentosis et pilis simplicibus elongatis
villosis, foliis glaucescentibus lanceolatis vel cuneato-lanceolatis utrinque
setis rigidis longissimis hispidis, stolonibus nullis. 2| In rupibus calcareis
Banatus (*N.* 139). Junio. H. oreades *Heuff.* Flora 1853 II. 617, *Reichb.*
Icon. XXIX. t. 119 nec *Fries.* H. rhodopeum *Griseb.* Hierac. 11. Caulis
8—12" altus, corollae flavae. Ambigit inter H. praealtum *Vill.* et H.
echioides *Lumn.*; illud in forma sua typica foliis manifeste glaucis, setis
brevioribus minusque rigidis, corymbo polycephalo et capitulis minoribus;
hoc caule multifolio, involucris albo-tomentosis et corollis aureis discrepant;
nullo modo species genuina, sed vel varietas hispida H. praealti effla-
gellis vel hybrida proles vel forma transitoria. Similem stirpem prope
Marchegg in Austria legi.

Post H. murorum 523:

H. pleiophyllum *Schur* Siebenb. Ver. 1851 p. 171. Caule 1—3cephalo
vel corymboso-polycephalo aphyllo vel 1—3phyllo hirto apice ramis involucrisque pube stellata et pilis atris glanduliferis plus minus obsitis,
foliis viridibus utrinque hirsutis sinuato- vel repando-dentatis aut integer-

rimis, radicalibus ovalibus vel oblongo-obovatis obtusis in petiolum lanu-
ginoso-villosum attenuatis, caulinis obverse- vel lineari-lanceolatis decrescentibus acutis sessilibus aut nullis, involucri foliolis lineari-lanceolatis
acutis, interioribus glabrescentibus, rhizomate horizontali praemorso. ♃
In silvis montanis et subalpinis Bihariae et Banatus (*N.* 142) inque alpibus Rodnensibus (*Janka* ÖBZ. XVII. 66). Junio—Augusto. H. trans sil-
vanicum *Heuff.* ÖBZ. VIII. 27. Crepis Fussii *Kov.* exs. 1843 sed ob
achenia truncata et toto habitu est Hieracium sensu recentiorum. Caulis
¹/₂—2′ altus, margo foliorum et praecipue petioli pilis longis saepe rufes-
centibus villosissimi, corollae luteae. Diagnosis haec speciminibus trans-
silvanicis est desumta, nam hungarica non vidi. Comparavi etiam descrip-
tiones in *Heuff.* l. c., *Janka* in Linn. 1859 p. 587, *Fries* Epicr. 97 et *Schur*
En. Transs. 394, sed frustra conatus sum, characterem eruere, qui hanc
stirpem a vasto formarum grege Hieracii murorum distincte separaret,
specimina caule 3phyllo ad H. vulgatum *Fries* (me judicante etiam varietatem H. murorum), illa caule monophyllo vel aphyllo ad formas
H. murorum foliis radicalibus in petiolum attenuatis spectant et in
utrumque transeunt.

H. lasiophyllum *Hillebr.* ÖBZ. VIII. 299 nec *Koch*. Caule oligo-pleio-
cephalo aphyllo vel monophyllo hirto apice ramis involucrisque pube stellata et glandulifera canescentibus, foliis radicalibus oblongis sinuato-
dentatis acutis viridibus utrinque villosis in petiolum lanugiuoso-villosum
attenuatis, caulino lanceolato diminuto vel nullo, involucri foliolis lineari-
lanceolatis acutis, rhizomate horizontali praemorso. ♃ In monte calcareo
Steinberg prope Almás Comit. Comaromiensis. Junio, Julio. Inter affinia
H. lasiophyllum *Koch* Syn. 522 (*Reichb.* Icon. XXIX. t. 189) foliis glaucescentibus obtusissimis, H. pleiophyllum *Schur* habitu graciliore, indumento minus denso et foliis obtusis aegre distinguuntur. Est quoque
una ex innumeris formis Hieracii murorum foliis radicalibus in petiolum attenuatis et caule oligophyllo, quae in *Koch* Syn. 522—3 sub nomine
H. Schmidtii et H. bifidi proponuntur, formarum mire variantium
seriem vero minime absolvunt.

Post H. rigidum 530:

H. virosum *Pall.* Reise I. 501. Caule rigido multifolio inferne cum
foliis hirto superne glabrescente paniculato-ramoso, *ramis* subumbellatis
polycephalis *puberulis glabrisve, foliis* caulinis cordato-ovatis ovato-oblongis
vel lanceolatis acutis amplexicaulibus denticulatis vel integerrimis *discoloribus subtus glaucescentibus reticulatis,* radicalibus nullis, *involucri foliolis*
glabris *adpressis.* ♃ In vineis Sirmii (*N.* 143). Julio—Septembri. *Reichb.*
Icon. XXIX. t. 175. H. foliosum *WK.* Pl. rar. II. t. 145. Caulis 1—2′
altus, corollae luteae. Inter affinia H. sabaudum *L.*, H. boreale *Fries*
et H. rigidum *Hartm.* pedunculis canescentibus et foliis concoloribus,
H. umbellatum *L.* adhuc foliolis involucri recurvis differunt.

Post II. umbellatum 531:

Hieracia hybrida extricatu difficillima et hucusque nondum critice perlustrata, in Hungaria insuper a paucis botanicis observata et parum cognita exponere nequeo. **II. praealto-Pilosella** *Wimm.* Schles. Gesellsch. 1843 p. 205 (*N.* 139) et **II. Pilosella-aurantiacum** *Heer* Fl. der Schw. 781 (*N.* 140) certe sunt hybrida et quidem indubiae originis, sed II. aurienloides *Lang* Syll. ratisb. I. 183 (II. Auricula-praealtum? *N.* 139), II. petraeum *Friv.* Flora 1836 II. 436 (II. praealto-echioides? *N* 139 et p. 78 hujus operis), II. bihariense *Kern.* ÖBZ. XIII. 246 (II. aurantiaco-alpinum? *N.* 140), II. porphyritieum *Kern.* l. c. 247 (H. saxatili-murorum? *N.* 141—2), II. murorum b. simplex *Roch.* Ban. t. 29 (H. alpino-murorum? *N.* 142) et II. carpaticum *Bess.* Galic. II. 154 (II. alpino-prenanthoides? *N.* 142), quamquam verisimiliter hybrida, sunt quoad origenem dubia et plerumque nonnisi alterum parentum tute recognoscere licet.

CAMPANULACEAE.

CAMPANULA *L.*

Post C. rotundifoliam 538:

C. crassipes *Heuff.* ÖBZ. VIII. 27 in calcareis ad Danubium in Banatu est secundum specimen authenticum forma C. rotundifoliae *L.* caule elato multifloro, foliis angusto linearibus subfalcatis et pedunculis paulo incrassatis. Sed haec ultima nota sola memoratu digna est tam vaga, ut speciem constituere non possit.

Post C. patulam 541:

C. Welandii *Heuff.* ÖBW. VII. 118 in lapidosis Banatus recedit a forma typica C. patulae *L.* corollis minoribus, calycis tubo quandoque (minimo semper) glanduloso-punctato et ejus laciniis nunc corollam aequantibus nunc (ut in forma typica) illà duplo brevioribus, spectat igitur tam ad varietatem γ. adenocarpam quam ad varietatem δ. flaccidam *Koch* Syn. 541 (*Wallr.* Sched. 85—6). Variat caeterum caule hirsuto et glabrescente, foliisque angustioribus et latioribus. Species genuina omnino non est.

C. Stevenii *MB.* Taur. Cauc. III. 138. Foliis crenatis integerrimisve, radicalibus ovatis oblongis vel obovatis in petiolum decurrentibus, caulinis lanceolatis sessilibus, *caule* uni-paucifloro *stolonifero, stolonibus filiformibus fragilissimis repentibus* nonnumquam foliorum sterilium fasciculos nutrientibus, floribus erectis, calycis laciniis lineari-subulatis usque lanceolatis integerrimis. ♃ In silvis subalpinis Banatus (*N.* 146). Junio—Augusto. Caulis ½—1½′ altus, corollae caeruleae, variat calycis laciniis longioribus et angustioribus (C. patula b. pauciflora *Roch.* Ban. t. 6, C. abietina *Griseb.* It. 333. *Reichb.* Icon. XXIX. t. 253) et iisdem brevioribus et latioribus (C. Stevenii *MB.* planta genuina, *Reichb.* l. c.), dantur vero formae intermediae (*Ledeb.* Ross. II. 886). Simillima C. patula *L.* differt corollis minoribus et stolonibus deficientibus. Mirandum est, auctores stolonum nullibi mentionem fecisse, fortasse quia in herbariis saepissime desunt.

Post C. persicifoliam 541:

C. carpatica *Jacq.* Hort. vind. I. t. 57. *Foliis ovatis cordatisve* acutis inaequaliter serratis omnibus petiolatis, *floribus in pedicellis elongatis nudis solitariis*, laciniis calycinis lanceolatis cuspidatis. ♃ In rupestribus Carpatorum borealium (*N.* 146). Julio, Augusto. *Reichb.* Icon. XXIX. t. 251. Herba glabra vel hirsutula, caules diffusi interdum valde abbreviati, tunc rami subradicales, tota planta 4—8 pollicaris, corollae speciosae late campanulatae intense violaceae illis C. persicifoliae similes. Habitu proprio insignis.

Post C. thyrsoideam 541:

C. transsilvanica *Schur* Sert. 47. Hispidula, caule simplici stricto dense folioso, foliis obsolete crenatis vel subintegris, radicalibus oblongo-obovatis obtusis in petiolum latum decurrentibus, caulinis oblongis vel oblongo-lanceolatis obtusis acutisve sessilibus, *floribus sessilibus in capitulum subrotundum densum terminale congestis*, calycis laciniis ovato-lanceolatis. ♃ In pascuis alpinis Marmatiae et Banatus (*N.* 147). Julio, Augusto. C. thyrsoidea *Baumg.* Transs. I. 152. Caulis 4—8" altus, corollae lilacinae. Simillima C. thyrsoidea *L.* floribus ochroleucis facile quidem discernenda, caeterum autem non differt nisi indumento rigidiore, foliis lineari-oblongis angustioribus et inflorescentia spicata magis elongata, C. transsilvanica hinc ex meo judicio tantum forma carpatica C. thyrsoideae Alpium et Jurassi incolae.

Post C. cervicariam 542:

C. macrostachya *WK.* in *Willd.* En. Berol. I. 1809 p. 243. *Hispida*, foliis crenatis vel integerrimis, radicalibus ellipticis in petiolum attenuatis, caulinis inferioribus oblongis lanceolatisve sessilibus, superioribus ovato-lanceolatis amplexicaulibus, *floribus sessilibus glomeratis in spicam longissimam interruptam congestis*. ♃ In pratis montanis siccis praecipue ditionis australis (*N.* 147). Junio, Julio. C. multiflora *WK.* Pl. rar. III. 1812 t. 263 fide *Kit.* Add. 125, *Reichb.* Icon. XXIX. t. 234. C. cervicaria β. multiflora *Reichb.* Icon. VI. f. 779. Caulis strictus simplex 2—3' altus, spica pedalis et ultra, corollae numerosae parvae 6—8''' longae pallide caeruleae. Habitu quidem C. cervicariae *L.* dissimilis, nihilominus ejus varietas macrostachya et micrantha esse videtur.

Post C. sibiricam 543:

C. divergens *WK.* in *Willd.* En. Berol. I. 212 vel C. spathulata *WK.*
Pl. rar. III. t. 258 est mera varietas luxurians C. sibiricae *L.* corollis
majoribus pollicem longis. In calcareis Banatus (*N.* 147).

C. Grossekii *Heuff.* Flora 1833 I. 353. Hispida, *foliis* inaequaliter
duplicato-crenatis serratisve acutis, *inferioribus cordatis* longe petiolatis,
superioribus ovatis vel ovato-oblongis breviter petiolatis vel subsessilibus,
floribus pedunculatis laxe racemosis aut paniculatis nutantibus, calycis
laciniis lanceolatis setoso-ciliatis patentibus apice revolutis appendices
conformes duplo triplove superantibus, corolla apice barbata vel calva.
♃ In rupestribus montanis Banatus (*N.* 147). Junio—Augusto. *Reichb.*
Icon. XXIX. t. 231. Caulis 2—3' altus, corollae violaceae magnae 1—1½"
longae, in caule ramoso minores. Habitu Campanulae Trachelium *L.*
sed appendicibus calycis valde recedens.

C. lingulata *WK.* Pl. rar. I. t. 64. Hispida, foliis crenatis repandisve inferioribus oblongo-obovatis in petiolum decurrentibus, superioribus
oblongis lanceolatis linearibusve sessilibus, *floribus glomeratis in capitulum
terminale congestis*, calycis laciniis lanceolatis setoso-ciliatis appendices
conformes aequantibus. ⊙ In silvis montanis Sirmii et Banatus (*N.* 147).
Majo, Junio. *Reichb.* Icon. XXIX. t. 234, nec Icon. VI. f. 780—1 quae est
C. glomerata *L.* Caules plerumque plures ex eadem radice 8—12" alti,
corollae parvae 6—8'" longae caeruleae.

Post Adenophoram 544:

SYMPHYANDRA *Alph. DC.* Camp. 365.

Antherae in tubum longum stylo pervium connatae. Caetera ut
Campanulae.

S. Wanneri *Heuff.* Flora 1854 I. 291. Caule simplici folioso inferne
jam florifero foliisque pilosis, foliis lanceolatis vel inferioribus oblongo-
lanceolatis grosse vel sinuato-dentatis in petiolum longum decurrentibus,
summis sessilibus, floribus axillaribus terminalibusque longe pedunculatis
cernuis, pedunculis subsimplicibus 1—2foliatis, laciniis calycis foliaceis
acuminatis integerrimis vel parce serratis ciliatis venosis hispidis, sub
anthesi lanceolatis, fructus maturitate ampliatis triangulis, corollae lobis
brevissimis. ♃ In rupibus alpium Banatus (*N.* 148). Julio. Campanula
heterophylla *Baumg.* Transs. III. 342 nec *L.* C. Wanneri *Roch.* Ban.
t. 5 sed calycis laciniae nimis serratae, *Reichb.* Icon. XXIX. t. 254. Caespitosa, caules erecti procumbentes vel penduli usque pedales interdum
flexuosi, calycis laciniae fructus maturitate usque 1" longae 4'" latae nitidae saepe cum tinctu violaceo, corollae magnae 1" longae caeruleae.

ERICINEAE.

Post Ericam 548:

BRUCKENTHALIA *Reichb.* Fl. excurs. 413.

„Calyx 4fidus. Corolla subgloboso-campanulata 4fida. Stamina 8, filamenta basi brevissime subconnata, antherae per anthesin liberae muticae. Stylus exsertus, stigma capitato-truncatum. Capsula 4locularis loculicide 4valvis. Genus vix ac ne vix ab Erica distinctum." Sic *Bentham* in *DC.* Prodr. VII. 694, sed ex hac diagnosi ullam differentiam inter Bruckenthaliam et Ericam animadvertere mihi saltem non contigit.

B. spiculifolia *Reichb.* l. c. 414. Ramulis adscendentibus pubescentibus, foliis linearibus acutis sparsis aut ter—quinatim verticillatis margine glanduloso-ciliatis glabrisve, in ramulis floriferis laxis, in sterilibus confertis, floribus pedunculatis subverticillatis in apice ramulorum in racemos breves oblongos congestis. ♃ In lapidosis et sphagnetis montanis usque in regionem Mughi Bihariae et montis Ruska Banatus (*N.* 201). Julio, Augusto. *Reichb.* Icon. XXVII. t. 111. Erica spiculifolia *Salisb.* in Transact. Linn. soc. 1802 p. 324. E. Bruckenthalii *Spr.* Neue Entdeck. I. 271, *Reichb.* Icon. II. f. 300. Ramuli lignosi 3—6″, racemi circiter 6‴, folia 2—3‴ longa ⅙‴ lata, calyces lilacini, corollae ejusdem coloris intensioris.

Observatio. Multi auctores et ipse *Bentham* l. c. deinde *Reichenbach* fil. in Icon. l. c. et *Heuffel* in Eu. Ban. 121 hanc stirpem vocant B. spiculifloram, quod falsum. Nam nomen hoc triviale derivatum est ab Erica spiculifolia *Salisb.* l. c., hinc *Reichenbach* pat., qui primus hoc genus proposuit, recte scribit B. spiculifolia.

AZALEA *L.*

Ad A. procumbentem 548 (absque diagnosi):

A. procumbens *L.* Spec. 215. Fruticosa ramis diffusis distortis depressis caespitem densum pulvinatum componentibus, foliis ovalibus oblongisve obtusis integerrimis margine revolutis glaberrimis sempervirentibus approximatis, floribus binis—quaternis apice ramulorum subumbellatis. ♃ In pascuis alpinis Carpatorum Rodnensium et Banatus (*N.* 203). Junio, Julio. *Reichb.* Icon. XXVII. t. 108. Caespites magni usque pedem diametro, folia parva 2—3‴ longa dura nitida, corollae parvae saturate roseae.

RHODODENDRON *L.*

Post Rh. ferrugineum 549:

Rh. myrtifolium *Schott* et *Kotschy* Bot. Zeit. 1851 p. 17 (*Reichb.* Icon. XXVII. t. 106) in alpinis Marmatiae et Banatus (*N.* 203). Folia 6—9‴

.longa 3—5''' lata, in Rh. ferrugineo *L.* folia ramorum principalium 10—16''' longa 4—7''' lata, illa ramulorum lateralium multo minora, aliam differentiam neque in descriptionibus auctorum neque in speciminibus exsiccatis detegere possum, differentiae inprimis in *Griseb.* It. 319 adductae sunt perquam variabiles; vix varietas, nam dantur ubique formae intermediae.

ASCLEPIADEAE.

Post Cynanchum 556:

ASCLEPIAS *R. Br.* in Mem. Wern. soc. I. 37.

Corolla 5partita reflexa. Corona staminea 5phylla foliolis cucullatis e fundo processum corniformem aversum exserentibus. Massae pollinis compressae pendulae. Folliculi 2 vel abortu solitarii. Semina multiseriata comâ sericeâ instructa. *Spenn.* Gen. XXI. t. 10—12.

A. Cornuti *Decaisne* in *DC.* Prodr. VIII. 564. Foliis ovalibus oblongisve integerrimis breviter acuminatis transverse nervosis subtus incanovelutinis, floribus in umbellis extraaxillaribus expansis vel contractis, pedunculis rectis vel nutantibus, folliculis ellipticis tomentosis spinis innocuis onustis. ♃ Ex America boreali allata nunc ob semina sericeo-comosa culta occurrit hinc inde in vineis et ruderatis praecipue ditionis australis subspontanea (*N.* 156). Junio, Julio. A. syriaca *L.* Spec. 313 (sed in Syria non crescit), *Spenn.* l. c. f. 1. Rhizoma valde repens, caulis crassus 4—6' altus, corollae sordide carneae, tota herba lactescens.

GENTIANEAE.

SWERTIA *L.*

Post S. perennem 558:

S. punctata *Baumg.* Trauss. I. 190. Caule simplici, foliis inferioribus ellipticis longe petiolatis vaginantibus obtusis, superioribus oblongis sessilibus acutis alternis oppositisque, pedunculis axillaribus 1—3floris tetragonis in cymam racemiformem terminalem digestis, calycis laciniis corollam subaequantibus vel eâ duplo brevioribus, *foveis corollae nectariferis oblongis.* ♃ In rupestribus alpinis Carpatorum hungarico-transsilvanicorum rara (*N.* 159). Augusto. *Reichb.* Icon. III. f. 463, XXVII. t. 3. Caulis ½—1' altus, *corolla flavescens et atroviolaceo-punctata.* Simillima S. perennis *L.* foveis nectariferis rotundis specifice haud differt, nam corollae quamquam typice triste violaceae variant tamen flavescentes impunctatae.

GENTIANA *L.*

Post G. pumilam 561:

G. pyrenaica *L.* Mant. I. 55. Caulibus caespitosis sterilibus uni-florisque corollam longitudine subaequantibus, *foliis lineari-lanceolatis* confertis, corollis hypocraterimorphis fauce nuda tubo cylindrico, stylo indiviso, *stigmatibus binis distinctis oblongis demum revolutis*, capsula maturitate longissime stipitata. ♃. In pascuis alpinis Carpatorum boreali-orientalium rarissima (*N.* 157). Julio, Augusto. *WK.* Pl. rar. III. t. 207, *Reichb.* Icon. XXVII. t. 9. Caules procumbentes (absque corolla) 1—2" longi, corollae tubus viridi-caerulescens, limbus intense cyaneo-violaceus. Similes G. verna *L.* et G. pumila *Jacq.* stigmatibus semiorbiculatis non revolutis differunt.

ERYTHRAEA *Rich.*

Ad E. pulchellam 567:

E. pulchella *Fries* variat corollae laciniis acutis obtusisve apice plerumque integris interdum autem emarginatis vel subtilissime crenulatis et quidem in uno eodemque specimine, hinc E. emarginata *WK.* Pl. rar. III. t. 275 corollae laciniis emarginatis neque species neque varietas haberi potest.

CONVOLVULACEAE.

CONVOLVULUS *L.*

Post C. sepium 569:

C. silvaticus *WK.* Pl. rar. III. t. 261. Foliis sagittatis, auriculis rotundatis vel angulato-truncatis, pedunculis teretiusculis unifloris petiolo longioribus, *bracteis amplis ovatis obtusis inflato-ventricosis a calyce patulis.* ♃ In silvis et locis rupestribus dumosis Sirmii et Banatus (*N.* 177). Majo, Junio. C. silvestris *WK.* in *Willd.* En. Berol. I. 202, nomen quidem antiquius sed incongruum et ab ipsis auctoribus mutatum. Calystegia silvatica *Griseb.* Rumel. II. 74, *Reichb.* Icon. XXVIII. t. 140. Corolla speciosa alba. Simillimus C. sepium *L.* bracteis cordatis acutis multo minoribus et augustioribus non inflatis et calyci adpressis aegre differt.

CUSCUTA *L.*

Post C. Epilinum 570:

C. obtusiflora *HBK.* Nov. gen. et spec. III. 122. Caule filiformi ramoso, floribus in cymas subglobosas glomeratis, corollis campanulatis

4—5lobis, lobis obtusis tubo aequilongis mox reflexis, *stylis binis, stigmatibus globoso-capitalis, capsulis globoso-depressis apertura intrastylari magna rhombica nec circumscissis.* ⊙ In herbidis et salicetis ad Tibiscum prope Tisza Halász Comit. Hevesiensis (*Aschers.* et *Janka* ÖBZ. XVI. 323, 360). Julio, Augusto. *Reichb.* Icon. XXVIII. t. 143. C. aurantiaca *Requien* in *Bertol.* Ital. VII. 623. C. breviflora *Vis.* Dalmat. II. 231. C. Rogovitschiana *Trautv.* in Mélang. biolog. II. 1855 p. 285. C. obtusiflora ε. breviflora *Engelm.* Cuscut. Berolini 1860 p. 50. Caules aurantiaci, corollae albae vel carneae, squamae epipetalae minimae aut abortu nullae. Reliquae Cuscutae hungaricae stigmatibus filiformibus et capsulis circumscissis discrepant, C. lupuliformis *Krock.* habet stylum unicum et inflorescentiam racemosam.

BORRAGINEAE.

HELIOTROPIUM *L.*

Post II. europaeum 571:

H. supinum *L.* Spec. 187. Caulibus decumbentibus vel adscendentibus diffusis herbaceis, foliis ovalibus crenulatis vel integerrimis plicatis villoso-scabris, cincinnis subsolitariis, *calycibus fructiferis ovatis clausis abortu unicam vel binas nuces leves includentibus.* ⊙ In arenosis Cumaniae et Banatus (*N.* 171). Augusto, Septembri. *Reichb.* Icon. XXVIII. t. 93. Caules 3—10″ longi, corollae albae. Simile H. europaeum *L.* differt statura robustiore, caule erecto, foliis majoribus, praecipue vero calycibus fructiferis stellatis et nucibus quaternis foveolatis.

Post Echinospermum 571:

ROCHELIA *Reichb.* Flora 1824 I. 243.

Nuces duae oblique conicae immarginatae verrucosae aut leves latere dorsali stylo adnatae. Propter ovarium tantum biloculare inter Borragineas genus anomalum. *Spenn.* Gen. XVII. t. 4.

R. stellulata *Reichb.* Icon. II. p. 13. Hispida, caule ramoso, ramis demum virgatis, foliis oblongo-linearibus, pedunculis fructiferis reflexis, calycis fructiferi laciniis incurvatis, nucibus verrucosis, verrucis albo-stellulato-pilosis. ⊙ In apricis ad pedem alpis Choč Liptoviae (*N.* 177). Junio, Julio. *Reichb.* Icon. II. f. 236—7, XXVIII. t. 132. R. saccharata *Reichb.* Flora l. c. Lithospermum dispermum *L.* Spec. 191. Habitu Echinospermi deflexi *Lehm.* et fortasse saepe cum hoc commutata, nam differt tantum nucibus binis (non quaternis) nec glochidatis. Caulis ½—1′ altus, corollae minimae caeruleae.

Post Cynoglossum 572:

MATTIA *Schult.* Observ. 31.

Nuces quatuor compressae leves aut tuberculatae ala membranacea lata cinctae angulo dorsali styli basi pyramidali adnatae. *Putterl. et Endl.* Gen. XXIII. t. 3.

M. umbellata *Schult.* l. c. 32. Caule erecto foliisque pubescentibus integerrimis acutis, inferioribus oblongo-lanceolatis in petiolum attenuatis, superioribus lineari-lanceolatis sessilibus, floribus in cymam umbelliformem nutantem dispositis, pedunculis calycibusque albo-lanatis, nucibus levibus. ⊙ In clivis arenosis confinium militarium Banatus (*N.* 176). Majo, Junio. *Reichb.* Icon. XXVIII. t. 127. Cynoglossum umbellatum *WK.* Pl. rar. II. t. 148. Caulis 1 — 2′ altus, corollae flavo-rubellae fornicibus purpureis.

ANCHUSA *L.*

Post A. officinalem 573:

A. ochroleuca *MB.* Taur. Cauc. 125. Tota hispida, foliis oblongis lineari-oblongis vel lanceolatis integerrimis acutis, *bracteis* ovato-lanceolatis vel oblongis *obtusis, calycis laciniis obtusis, corollae tubo calycem superante exserto, fornicibus* pilis crassis dense obtectis *velutinis, nucibus oblique depressis reticulato-rugosis* granulatis. ⊙ In pascuis et pratis arenosis Sirmii et Banatus occidentalis (*N.* 173). Majo — Septembri. Bot. Mag. t. 1608, *Reichb.* Icon. XXVIII. t. 107. Caulis 1—2′ altus, corolla typice ochroleuca, variat autem alba rosea cyanea et variegata, limbus 5—6‴ diametro. A. italica *Retz* differt ab A. ochroleucae varietate cyanea calycis laciniis acutissimis, fornicibus pilis longis penicellatis et fructibus erectis, quomodo autem A. officinalis *L.* ab illa varietate cyanea A. ochroleucae discerni possit, ignoro, nam calycis laciniae A. officinalis non semper sunt acutae sed occurrunt etiam obtusae.

A. Barrelieri *Vitm.* Summ. pl. I. 388. Tota hispida, foliis oblongis, lineari-oblongis vel lanceolatis integerrimis repandisve acutis, *bracteis* lanceolatis *acuminatis, calycis laciniis obtusis, corollae tubo brevissimo calyce incluso,* fornicibus margine papillosis, *nucibus oblongis erectis longitudinaliter rugosis* granulatis ⊙ In fruticetis planitiei et montium humiliorum praecipue ditionis australis (*N.* 174). Junio, Julio. Bot. Mag. t. 2349. Buglossum Barrelieri *All.* Pedem. I. 48, *Reichb.* Icon. XXVIII. t. 106. Myosotis obtusa *WK.* Pl. rar. I. t. 100. Caulis 1—2′ altus, corollae parvae limbo 2—3‴ diametro cyaneae, ob tubum inclusum illis Myosotidis similes. Corolla parva et tubo brevissimo incluso haec species ab omnibus Hungariae Anchusis distincta.

SYMPHYTUM *L.*

Dispositio specierum.

1. Corolla parva 3''' longa, fornices longe exserti: S. ottomanum.
   Corolla multo major, fornices inclusi. 2.
2. Folia cordata: S. cordatum.
   Folia non cordata. 3.
3. Radix fusiformi-ramosa descendens. 4.
   Rhizoma horizontale vel obliquum carnosum nodosum. 5.
4. Folia hirsuta, caulina decurrentia: S. officinale.
   Folia scabra, caulina in petiolum amplexicaulem contracta:
                                                        S. uliginosum.
5. Folia ovata vel elliptica, caulis simplex vel apice bifidus, calycis laciniae tubo corollae subduplo breviores: S. tuberosum.
   Folia oblongo-linearia vel oblongo-lanceolata, caulis ramosus, calycis
   laciniae tubum corollae subaequantes: S. angustifolium.

Post S. officinale 575:

S. uliginosum *Kern.* ÖBZ. XIII. 227. *Radice fusiformi-ramoso*,
caule ramoso, *foliis scabris*, radicalibus et caulinis inferioribus ovato-lanceolatis in petiolum contractis, *caulinis superioribus* lanceolatis *in petiolum
basi subdilatata amplexicaulem contractis non decurrentibus*, corollae limbo
5dentato dentibus recurvatis, *fornicibus inclusis*. ♃ In pratis uliginosis
prope Pestinum (*N.* 175). Majo, Junio. Caulis 1—2' altus, corollae violaceae.
Affine S. officinale *L.* foliis caulinis decurrentibus hirsutis recedit.

Post S. tuberosum 576:

S. angustifolium *Kern.* ÖBZ. XIII. 227. *Rhizomate horizontali vel
obliquo carnoso nodoso* postice praemorso, *caule ramoso, foliis oblongo-
linearibus vel oblongo-lanceolatis* basin versus attenuatis et angustissime
decurrentibus, infima sub anthesi emarcida, *pedunculis post anthesin elongatis calyce duplo longioribus, calycis laciniis corollae tubum subaequantibus,*
corollis infundibuliformi-tubulosis 5dentatis dentibus recurvatis, *fornicibus
inclusis.* ♃ In silvis montanis ad Pilis-Csaba Comit. Pestinensis (*N.* 175).
Majo. Caulis 1—1½' altus, corollae pallide ochroleucae. Simillimum S.
tuberosum *L.* tantum differt caule simplici vel apice bifido, foliis latioribus, pedunculis et laciniis calycinis brevioribus, hinc S. angustifolium
mera ejus varietas esse videtur.

S. cordatum *WK.* Neue Schrift. der Berl. naturforsch. Fr. II. 121.
Rhizomate horizontali vel obliquo carnoso nodoso postice praemorso, caule
simplici, *foliis* acuminatis, *radicalibus lateralibus caulinisque inferioribus
lato-cordatis* longe petiolatis, caulinis superioribus ovatis vel ovato-

lanceolatis breviter petiolatis sessilibusve, *fornicibus inclusis.* ♃ In silvis montanis et subalpinis (*N.* 175). Majo, Junio. *WK.* Pl. rar. l. t. 7, *Reichb.* Icon. III. f. 395, XXVIII. t. 102. Caulis $\frac{1}{2}$—1' altus, corollae 6''' longae ochroleucae, folia infima ampla.

S. ottomanum *Friv.* Flora 1836 II. 439. Radice ramosa, caule ramoso, foliis ovatis vel ovato-oblongis acutis petiolatis, summis sessilibus. *fornicibus in acumen lineare productis longe exsertis.* ⊙ In rupestribus inter Tissovica et Svinica in Banatu australi (*N.* 175). Majo, Junio. *Friv.* M. Tud. Társ. Évk. III. t. 3. Caulis 1' altus hirsutus, corollae parvae 3''' longae ochroleucae.

PULMONARIA *L.*

Post P. mollem 579:

P. rubra *Schott* Bot. Zeit. 1851 p. 393 a P. molli *Wolff* (*Reichb.* Icon. VI. f. 696, XXVIII. t. 117) specifice non differt; convenit cum ea habitu, foliorum figura et inprimis indumento e pilis mollibus articulatis partim glanduliferis immixtis setis brevioribus paucis composito; recedit tantum statura robustiore et corollis rubris. In silvis montanis et subalpinis Bihariae et Banatus (*N.* 172).

Post Lithospermum 580:

ALKANNA *Tausch* Flora 1824 II. 234.

Nuces quatuor liberae varie tuberculato-asperatae areolä planä vel stipitatä toro insidentes. Corolla infundibuliformis fauce nuda, plicis fornicalibus minutis. Calyx 5partitus. *Spenn.* Gen. XVII. t. 20.

A. tinctoria *Tausch* l. c. Tota hirsuta, caulibus procumbentibus adscendentibusve, foliis radicalibus spathulato-lanceolatis, caulinis lanceolatis, bracteis oblongis vel subcordatis, nucibus reticulato-rugosis. ♃ In sabulosis graminosis et in arena mobili planitierum (*N.* 174). Majo, Junio. *Reichb.* Icon. XXVIII. t. 115. Lithospermum tinctorium *L.* Spec. ed. I. 132 nec ed. II. Radix fusco-rubra chartam tingens, caules $\frac{1}{2}$—2' longi, corollae parvae limbo 2 — 3''' diametro caeruleo-violaceo rarissime albo vel flavo. Affinis Anchusa arvensis *MB.* radice annua et corollae cyaneae tubo in medio curvato differt.

SOLANEAE.

Post Solanum 584:

LYCOPERSICUM *Tourn.* Instit. t. 63.

Corolla rotata. Antherae membrana in tubum conicum connatae, intus longitudinaliter dehiscentes. Bacca succosa calyce non inclusa. *Putterl. et Endl.* Gen. XXIV. t. 7.

L. esculentum *Mill.* Gard. Dict. n. 2. Foliis inaequaliter pinnatisectis, segmentis oblongis inciso-dentatis vel pinnatilobatis, cymis extraaxillaribus post anthesin reflexis, baccis depresso-globosis sulcatis glabris. ⊙ Ex America allatum nunc in hortis ubique cultum occurrit in ruderatis hinc inde (*N.* 180). Julio, Augusto. *Reichb.* Icon. XXX. t. 13. Solanum Lycopersicum *L.* Spec. 265. Corolla flavescens, bacca aquoso-cinnabarina interdum lutea, odor totius herbae nauseosus. Flores saepe monstrosi baccas denique difformes torulosas multiloculares procreantes.

Post Atropam 585 :

NICANDRA *Adans.* Famill. II. 219.

Calyx 5partitus 5angularis laciniis sagittatis. Corolla campanulata limbo obsolete 5lobato. Fructus bacciformis exsuccus calyce increscente inflato reticulato-venoso inclusus.

N. physaloides *Gaertn.* de fruct. II. 237. Caule erecto ramoso, foliis glabris ovato-oblongis angulato-dentatis, pedunculis solitariis unifloris extraalaribus post anthesin recurvatis, fructibus cernuis subglobosis. ⊙ E Peruvia allata occurrit passim in ruderatis et hortorum ejectis, in Banatu fere spontanea facta (*N.* 179). Julio, Augusto. *Reichb.* Icon. XXX. t. 5. Atropa physaloides *L.* Spec. 260, *Jacq.* Observ. IV. t. 98. Pedalis et ultra, corolla magna cyanea fundo alba.

CAPSICUM *L.* Gen. n. 252.

Calyx 5—6fidus. Corolla rotata 5 —6fida. Fructus bacciformis exsuccus calyce non inclusus. *Putterl* et *Endl.* Gen. XXIV. t. 5.

C. annuum *L.* Spec. 270. Foliis glabris ellipticis ovatisve acuminatis integerrimis, pedunculis solitariis vel geminis alaribus et extraalaribus calycem versus incrassatis, fructibus polymorphis typice conicooblongis. ⊙ Verisimiliter ex America tropica exortum nunc frequenter in Hungaria cultum (*N.* 179). Junio — Augusto. *Fingerh.* Monogr. t. 2, *Reichb.* Icon. XXX. t. 13. Corollae sordide albae, fructus (*Paprika*) acriter aromatici cinnabarini interdum etiam aurantiaci flavi albi vel variegati.

VERBASCEAE.

VERBASCUM *L.*

Post V. phlomoidem 587 :

V. bombyciferum *Heuff.* Ban. 129 nec *Boiss.* Foliis crenatis acutis cum caule calycibusque tomentosis tomento cinereo-albo, radicalibus oblongoobovatis in petiolum attenuatis, caulinis oblongis ovatisve plus minus (sed non a folio ad folium) decurrentibus, racemo simplici, floribus fasciculatis, pedicellis florigeris calyce brevioribus, *corollis rotatis, filamentis duobus longioribus glabris anthera sua hinc longe decurrente triplo longioribus,* filamentis tribus brevioribus albo-lanatis. ⊙ ? Ad rupes Banatus austro-orientalis (*N.* 180). Caulis $1\frac{1}{2}-2'$ altus, corolla flava magna pollicem diametro. Jam *Heuffel* dubitavit, num sua species cum illa a *Boissier* proposita sit eadem, differt enim haec secundum descriptionem in *Boiss.* Diagn. 1. n. 4 p. 52 et *DC.* Prodr. X. 228 indumento lana gossypina nivea densissima ac longissima constante florum fasciculos fere occultante, racemo ramoso, inprimis vero filamentis duobus longioribus a basi ad apicem unilateraliter barbatis et antheris eorum breviter decurrentibus (Specimen authenticum *Boissierianum* non vidi). Stirps *Heuffeliana* est igitur aut nova species : V. Heuffelii *Neilr.* aut melius varietas tomento cinereo-albo V. phlomoidis *L.*, quod tantum tomento lutescente et filamentis anthera sua sesqui- vel duplo (nec triplo) longioribus distingui potest. Junio, Julio.

Inter V. Lychnitis et subsectionem b. 588:

V. banaticum *Schrad.* Monogr. Verb II. 28. *Foliis inferioribus* oblongis duplicato- vel sinuato-crenatis in petiolum attenuatis *versus basin auriculatis vel pinnatilobatis,* superioribus ovato - oblongis vel ovatis crenato-serratis basi rotundata vel subcordata sessilibus, omnibus subtus pilis stellatis plus minus tomentosis demum glabrescentibus, caule paniculato-ramoso ramis virgatis, *filamentis albo-lanatis.* ⊙ In glareosis et collibus Banatus (*N.* 181). Junio, Julio. *Roch.* Ban. p. 55 t. 18, *Reichb.* Icon. XXX. p. 16 t. 37. V. Lychnitis g. banaticum *Roch.* Reise 86. Caulis 2—3' altus, corolla parva 6—10''' diametro flava. V. Lychnitis *L.* foliis indivisis et indumento tenuiore pulverulento specifice vix differt. V. orientale *MB.* variat simili modo.

Observatio. Teste *Rochel,* qui primus hanc speciem detexit et una cum descriptione *Schradero* misit, aeque secundum specimina a *Wierzbicki* ad Ogradina lecta et ab ipso *Rochel* determinata lana filamentorum V. banatici alba est, etiam *Reichenbach* l. c. asserit, se lanam semper albam vidisse, sed in *Heuff.* Ban. 130 lana purpurea dicitur, quamquam alias descriptio et locus natalis cum planta *Rocheliana* conveniunt; hic ergo aut lapsus calami occurrebat aut confusio cum varietate V. orientalis foliis basi pinnato-lobatis (V. Chaixi *Vill.*). *Schrader* in monographia sua tacet de colore lanae. Specimina *Heuffeliana* non vidi.

V. macrophyllum *C. Koch* in Linn. 1849 p. 728. *Foliis duplicato-crenatis breviter petiolatis supra glaberrimis subtus pubescentibus, inferis cordato-oblongis,* reliquis ovatis, caule paniculato-ramoso, *filamentis albo-lanatis.* ⊙ In calcareis Banatus (*N.* 181). Junio, Julio. Folia infera maxima saepe sesquipedalia, corollae parvae flavae. Ambigit inter V.

* Lychnitis *L.* et V. nigrum *L.*, ab illo foliis cordatis ab hoc filamentis albo-lanatis aberrat, an hybrida proles? Mihi penitus ignotum.

Post V. nigrum 588:

V. leiocaulon *Heuff.* ÖBZ. VIII. 28 vel V. leiostachyon *Heuff.* in *Mily* En. aust. 195 in silvis elatioribus Banatus (*N.* 182) formis V. nigri *L.* racemo pyramidato-ramoso simillimum non differt nisi caule superne pedicellis calycibusque glaberrimis et foliis inaequaliter duplicato-crenatis, hinc ex mea sententia V. nigri varietas glabrescens. V. leianthum *Benth.* in *DC.* Prodr. X. 239, quocum *Heuffel* suum V. leiocaulon comparat, foliis decurrentibus albido-tomentosis illis Verbasci Thapsus *L.* similibus valde recedit. V. leiostachyon *Griseb.* Rumel. II. 43 mihi ignotum.

V. Wierzbickii *Heuff.* in *Roch.* Reise 86. Ban. 131 stirps speciosa 2 - 3pedalis grandifolia convenit cum formis V. nigri *L.* racemo simplici toto habitu et foliorum figura, differt caulis basi petiolisque foliorum inferiorum densissime albo-lanatis, foliis grosse duplicato-crenatis imo basi subsinuatis vel subhastatis subtus lanato-tomentosis, corollis majoribus circiter 8′′′ diametro et florescentia praecociore scilicet mox post nives solutas (?) Aprili Majo et (secundum schedulam *Heuffelii* in ejus herbario) in Junium usque, dum V. nigrum Julio et Augusto floret. In Comit. Krassoviensi boreali et quidem secundum schedulam *Heuffelii* in fagetis elatioribus ad Rumunjest, secundum *Heuff.* Bau. 131 in lapidosis rupestribusque montis Bagyes. V. lanatum *Schrad.* Monogr. Verb. II. p. 28 t. 2 (icon pessima et manca), *Koch* Syn. 589 et *Reichb.* Icon. XXX. t. 29 est synonymon V. Wierzbickii, inprimis specimina V. lanati carniolica a *Dolliner* prope Idria lecta et Majo florentia cum V. Wierzbickii exacte congruunt. V. vernale *Wierzb.* in *Roch.* Reise p. 1 et 86 ab ipso auctore ad Oravica et Csiklova mense Junio lectum est forma transitoria V. Wierzbickii in V. nigrum. Caeterum V. lanatum (et quod idem est V. Wierzbickii) botanicis recentioribus consentientibus varietatem lanatotomentosam V. nigri habeo. V. Wierzbickii *Reichb.* fil. Icon. XXX. p. 20 t. 45 est proles hybrida mihi ignota.

Ex his assertis patet, V. nigrum L. inclusis V. leiocaulo *Heuff.* et V. lanato *Schrad.* magnopere variare et quidem: 1. Caule cum pedicellis calycibusque stellato-pubescente vel superne cum pedicellis calycibusque glaberrimo, 2. racemo simplici vel parce aut pyramidato-ramoso densi- vel laxifloro, 3. corollis parvis vel duplo majoribus, 4. foliis simpliciter vel duplicato- vel subsinuato-crenatis aut basi pinnatilobatis, 5. foliis subtus petiolisque stellato-pubescentibus tomentosis vel praecipue petiolis lanato-tomentosis, 6. florescentia praecociore vernali et seriore aestivali. Omnes hae modificationes foliis inferioribus cordatis a V. orientali *MB.*

discrepant, quando autem folia basi pinnatilobata sunt, aegre tantum a similibus formis V. orientalis distinguuntur.

Post V. Blattaria 589:

V. blattariforme *Griseb.* It. 321 differt a V. Blattaria *L.* ex verbis auctoris foliis argutius crenatis, calycis segmentis angustioribus capsula globosa fere duplo superatis et corolla minore. V. repandum *Wierzb.* exs. nec *Willd.* In specimine vero a *Wierzbicki* in loco classico ad Orsova lecto inter V. Blattaria et V. blattariforme ne minimam quidem differentiam video. *Heuffel* suspicatur originem hybridam (Ban. 131), nescio cur? nam parentum alterum indagare difficile esset.

Ad V. nigro-phoeniceum 592:

V. rubiginosum *WK.* Pl. rar. II. t. 197 in *Koch* Syn. 592 ad V. nigro-phoeniceum citatum est potius hybridum ex V. orientali *MB.* et V. phoeniceo *L.* (Conf. *Reichardt* ZBG. XI. 337).

V. specioso-phoeniceum *Neilr.* ZBV. I. 125 in herbidis inter montes Leithae et Peisonem convenit habitu, indumento tomentoso, foliorum figura et inflorescentia cum V. specioso *Schrad.*, differt foliis crenatis, corollis rubello-flavis fauce violaceo- et croceo-maculato et lana filamentorum duorum longiorum purpurea, trium breviorum alba. His notis etiam a V. phoeniceo *L.* distinguitur.

V. Lychnitis-phoeniceum (V. Schmidli) *Kern.* ÖBZ. XIII. 296 in monte •
Köbányahegy prope Magnovaradinum a V. Lychnitis foliis caulinis parvis, pedicellis longis et filamentorum lana purpurea; a V. phoeniceo indumento pulverulento, floribus racemi inferioribus fasciculatis et capsulis pubescentibus; ab utroque corollis livide violaceis differt.

Reliqua Verbasca hybrida (*N.* 182) speciminibus authenticis deficientibus ideoque mihi non satis nota praeterire coactus sum.

SCROFULARIA *L.*

Post S. nodosam 593:

S. grandifolia *C. Koch* in Linn. 1849 p. 707 in calcareis Banatus convenit secundum descriptionem accuratam auctoris in omnibus partibus cum S. nodosa *L.*, differt tantum foliis paulo majoribus et caule obtus-angulo. Mihi penitus ignota.

ANTIRRHINEAE.

DIGITALIS *L.*

Post D. laevigatam 598:

D. lanata *Ehrh.* Beitr. VII. 153. Foliis oblongo-lanceolatis lanceolatisve integerrimis aut repandis subglabris, *caule inferne glabro, superne* bracteis calycibusque albo-lanatis, calycis laciniis lanceolatis acutis, corolla breviter campanulata glanduloso-villosa, lacinia intermedia labii inferioris linguaeformi obtusa corollam subaequante. ♃ In silvis et fruticetis montanis ditionis mediae et australis (*N.* 185). Junio—Augusto. *WK.* Icon. I. t. 74, *Reichb.* Icon. XXX. t. 72. D. Winterli *Roth* Catalect. I. 71. Caulis 1—2′ altus, corolla ochracea intus venis fuscis reticulata, lacinia linguaeformis labii inferioris alba. Similis D. laevigata *WK.* caule etiam superne glabro et bracteis calycibusque glabris margine tantum glanduloso-ciliatis differt.

LINARIA *Tourn.*

Post L. vulgarem 602:

L. genistifolia-vulgaris (L. Kocianovichii) *Aschers.* ÖBZ. XV. 325 in monte Sariensi prope Gyöngyös Comit. Hevesiensis differt a L. genistifolia *Mill.* foliis angustioribus, palato aurantiaco et seminibus circumalatis; a L. vulgari *Mill.* caule pyramidato-ramoso, foliis crassiusculis, rachi pedicellisque glabris et corollis minoribus. L. italica (*N.* 184) quoad plantam ad Gyöngyös. Proles hybrida et a genuina L. italica *Trev.* diversa, cum haec terras quoque inhabitet, ubi L. genistifolia prorsus desideratur. L. italica Comitatus Pestiuensis monente *Kern.* ÖBZ. XVI. 206—8 est genuina species *Trevirani.*

VERONICA *L.*

Post V. Anagallis 603:

V. anagalloides *Guss.* Pl. rar. I. p. 5 t. 3. Foliis sessilibus lanceolatis vel lineari-lanceolatis acutis integerrimis vel serratis, racemis axillaribus, *rachi pedicellis calycibus et margine capsularum pilis glanduliferis obsitis*, pedicellis fructiferis patentissimis, capsula ovali leviter emarginata calycem superante. ♃ In inundatis limosis praecipue planitierum ad Moravam, Leithaw, Peisonem (*N.*), prope Szegedin (*Reuss* ZBG. XVI. 824), in Banatu (*Heuff.* Ban. 133) et absque dubio multis adhuc locis. Majo—Septembri. *Reichb.* Icon. XXX. t. 81 mediocris. Caulis ½—1′ altus subfarctus ramosus imo ramosissimus saepe a basi racemis numerosis et floribus numerosissimis dense onustus, corolla minima lilacina. Affinis V. Anagallis *L.* in statu typico differt quidem statura majore, caule fistuloso, foliis latioribus, inflorescentia glaberrima et capsulis suborbiculatis, nihilominus V. anagalloides ejus varietas limosa esse videtur.

Post V. aphyllam 604:

V. Baumgartenii *Röm.* et *Schult.* Syst. I. 100. Caule repente, ramis adscendentibus pedunculisque pubescentibus, *foliis* sessilibus oblongis vel lanceolatis serratis glabris *distantibus nec rosulato-aggregatis, summis lineari-lanceolatis integerrimis*, racemis axillaribus 1—4floris, *pedicellis* calyce ter aut pluries longioribus, calycibus capsulisque glabris. ♃ In rupibus alpium altiorum Marmatiae et Banatus (*N.* 187). Julio, Augusto. *Reichb.* Icon. XXX. t. 86. V. petraea *Roch.* Ban. t. 21 nec *Stev.* V. pauciflora *Kit.* in *Link* Jahrb. der Gew. Kunde I. 3, 42. Caules debiles, rami 1—3" longi 1—4 racemos gerentes, corollae magnae 4''' diametro pallide caeruleae. Affinis V. aphylla *L.* foliis obovatis jam supra basin caulis brevissimi rosulato-aggregatis, racemis subsolitariis longissime exsertis (ut terminales videantur), pedicellis calyce tantum duplo longioribus et calycibus capsulisque glanduloso-pilosis discrepat.

Post V. spuriam 606:

V. Bachofenii *Heuff.* Flora 1835 I. 253. *Foliis* oppositis *e basi cordata vel truncata oblongo-lanceolatis* lanceolatisve acutis inciso-duplicato-serratis *petiolatis, petiolis foliorum inferiorum circiter 6''' longis, racemis* terminalibus subpaniculatis elongatis *laxiusculis*, bracteis lineari-lanceolatis pedicello parum longioribus, capsula obcordata turgida. ♃ In rupestribus montanis et subalpinis Bihariae et Banatus (*N.* 188). Julio, Augusto. *Reichb.* Icon. XXX. t. 90. Pedalis et ultra, corollae caeruleo-violaceae. Simillima V. spuria *L.* (V. foliosa *WK.* Pl. rar. II. t. 102) differt foliis in petiolum angustatis et petiolis 2 — 3''' longis. Secundum *Heuff.* l. c. et *Griseb.* It. 323 petioli in V. Bachofenii sunt 6—12''' longi lamina triplo tantum (nec sexies) superati; nota fallax, nam occurrunt saepe petioli longitudine 3—5 linearum. V. Bachofenii ideoque varietas V. spuriae esse videtur.

Post V. spicatam 607:

V. crassifolia *Wierzb.* in Flora 1835 I. 251, quam *Heuffel* l. c. speciem insignem ab omnibus formis V. spicatae *L.* eximie distinctam vocat, est secundum specimina ab auctore ipso ad Oravica et Csiklova lecta forma V. spicatae caule toto vel inferne saltem glabro, foliis ovalibus vel ovato-oblongis glabris coriaceis, inferioribus obtusis interdum subcordatis et capsula glabra, in habitu et inflorescentia nulla differentia. Sed omnes hae notae a *Wierzbicki* et *Heuffel* essentiales habitae in diagnosibus V. spicatae in *Koch* Syn. 607 et *DC.* Prodr. X. 466 contentae sunt, ideoque nullum characterem specifice dirimentem detegere possum. In rupestribus Banatus australis (*N.* 189). Capsula glabra excepta eandem formam in agro Vindobonensi legi.

V. incana *L.* Spec. 14 (*WK.* Pl. rar. III. t. 244, *Reichb.* Icon. XXX. t. 219) exacte convenit cum V. spicata *L.*, sed tota herba incano- vel albo-tomentosa, quae in V. spicata subglabra vel pubescens vel velutina et viridis. Dantur vero formae intermediae obscure viridi-tomentosae, aut varietates virescentes minus tomentosae V. incanae, aut varietates tomentosae subcanescentes V. spicatae (*Ledeb.* Ross. III. 235), quae transitum V. incanae in V. spicatam manifeste demonstrant. V. neglecta *Schult.* Oestr. Fl. I. 17 et V. pallens *Host* Fl. aust. I. 6 sunt synonyma. In arenosis Hungariae inprimis orientalis (*N.* 189) et quidem formae intermediae ibi frequentius occurrere videntur quam stirps typica Rossiae praecipue incola.

OROBANCHEAE.

OROBANCHE *L.*

Post O. Epithymum 614:

O. epithymoides *Heuff.* ÖBZ. VIII. 28 in radice Thymorum in monte Domugled ab O. Epithymum *DC.* sepalis uninerviis tubo corollae dimidio brevioribus et corollae labii inferioris laciniis subaequalibus, media parum tantum (uec duplo) longiore differre dicitur, at in speciminibus ab ipso *Heuffel* lectis sepala sunt plurinervia tubum corollae nunc aequantia nunc paulo superantia et simili modo etiam lacinia media labii inferioris longitudine variat. In habitu et herbae colore nulla differentia. Tota species qua talis non exstat.

Post O. flavam 617:

O. psilandra *C. Koch* in Linn. 1849 p. 668. Sepalis 1—2nerviis integris corolla paulo brevioribus, corolla tubulosa dorso vix curvata, *labio superiore bilobo* denticulato erecto denique lateribus reflexo, *staminibus* ad trientem partem corollae inferiorem adnatis *glaberrimis*, stylo obsolete glandulifero, stigmate . . . .? ♃ In Banatu absque loco natali (*C. Koch* l. c.) Tota flava. Similes O. Picridis *Schultz* et O. flava *Mart.* staminibus dense pilosis, illa adhuc labio corollae superiore integro distinctae sunt. Specimina non vidi.

Post O. minorem 618:

O. leucantha *Griseb.* Rumel. II. 57. Sepalis 1—2nerviis subulatis bifidisque glanduloso-pilosis corollae tubo brevioribus, corolla arcuata, labiis undulato-crenatis, superiore bilobo porrecto, iuferiore trifido laciniis subrotundis subaequalibus, *staminibus supra basin tubi insertis glaberrimis*, *stigmate violaceo.* ♃ ? In radice Galii Mollugo ad Čudanovec Comit. Krassoviensis (*N.* 193). Junio. O. alba *Wierzb.* Flora 1845 l. 324 nec *Steph.* O. alba *Reichb.* Icon. VII. f. 912 ab ipso *Grisebach* huc citata et O. leucantha *Reichb.* fil. Icon. XXX. t. 167 habent stamina pilosa, sistunt ergo aliam plantam. Caulis 6—10" altus gracilis lanuginosus pallescens, spica abbreviata, corollae parvae 6''' longae albae. (Comparavi specimina banatica authentica.)

O. Echinopis *Pančić* exs. in herb. Soc. zool. bot. Vindob. in radice Echinopis Ritro *L.* ad vallum Romanorum (Bĕloberdo) legionis serbico-banaticae, stirps speciosa ultra pedalis spicā densā in descriptionem Orobanches Ritro *Gren. et Godr.* Fl. Fr. II. 635 (*Reichb.* Icon. XXX. t. 170) bene quidem quadrat, utrum vero exacte sit eadem planta e speciminibus siccis decoloratis dijudicare nequeo. O. Ritro in statu vivo pulchre straminea describitur.

RHINANTHACEAE.

TOZZIA *L.*

Ad T. alpinum 620 (absque diagnosi):

T. alpina *L.* Spec. 844. Radice grumosa carnosa, foliis ovatis sessilibus serratis integrisve, floribus solitariis in axillis foliorum superiorum oppositis breviter pedunculatis in apice ramorum racemos laxos abbreviatos foliatos exhibentibus, pedunculis fructiferis recurvis. ♃ In humidis alpinis et subalpinis passim (*N.* 192). Junio, Julio. *Jacq.* Fl. aust. II. t. 165, *Sturm H.* 30, *Reichb.* Icon. XXX. t. 120. Caulis ½—1' altus succulentus fragilis, corolla saturate lutea labio inferiore sanguineo-punctato.

MELAMPYRUM *L.*

Post M. nemorosum 621:

M. subalpinum *Kern.* ÖBZ. XIII. 363 in umbrosis petrosis Bihariae (et absque dubio multis adhuc aliis locis) est varietas angustifolia M. nemorosi *L.*, quae a forma typica seu latifolia foliis linearibus vel lineari-lanceolatis ½ — 3''' latis, bracteis angustioribus saepe lineari-lanceolatis minus dentatis integrisve summis tantum violaceo-coloratis et calycibus pilis sparsis obsitis recedit, habitu et foliis angustis magis ad M. silvaticum *L.* quam ad M. nemorosum *L.* spectans, sed florum structura et fructuum indole cum hoc ultimo congruens et formis numerosis intermediis in illud transiens. Hybridum non est, cum in Austria in locis occurrat, ubi M. silvaticum omnino non crescit. In M. silvatico bracteae omnes sunt virides numquam violaceae, calyces glabrae, corollae duplo minores. (Conf. quoque *Jur.* ZBV. VII. 507.)

Ad M. silvaticum 621:

M. saxosum *Baumg.* Trans. II. 199 (*Reichb.* Icon. XXX. t. 113) in alpibus Marmatiae et Banatus est varietas levis M. silvatici *L.* corolla lactea, galea externe purpureo-maculata et labio inferiore striis duabus aurantiacis et tribus purpureis picto (*Herb.* Fl. Bucov. 275).

PEDICULARIS *L.*

Post P. comosam 624:

P. comosa in monte Domugled (*Heuff.* Ban. 137) non est genuina planta hujus nominis sed secundum specimina authentica **P. campestris** *Griseb.* It. 324, quae a P. comosa *L.* (*Reichb.* Icon. XXX. t. 136) corollae labio inferiore ciliato, stylo longe exserto et capsula rectiuscula (nec obliqua) differre dicitur. Equidem stylum in P. campestri non longius exsertum video quam in P. comosa et cum haec teste *Janka* Linn. 1859 p. 593 labio inferiore glabro et puberulo variet, habitus etiam in utraque idem sit, characterem specificum invenire nequeo. P. comosa in monte Simeon ad Csiklova (*Heuff.* l. c.) probabiliter etiam ad P. campestrem pertinet, dum genuina P. comosa labio inferiore ciliato regiones alpinas et subalpinas inhabitare videtur (*N.* 191).

Post P. Sceptrum Carolinum 626:

P. limnogena *Kern.* ÖBZ. XIII. 362 in paludosis Bihariae foliorum forma affinis quidem P. recutitae *L.*, sed auctor florentem non vidit et corollae figura adhuc ignota est, nescio igitur in qua sectione hujus generis collocanda sit.

LABIATAE.

MENTHA *L.*

Post M. arvensem 336:

M. silvestri-arvensis (M. Skofitziana) *Kern.* ÖBZ. XIII. 385. Hybrida proles, a M. silvestri *L.* caule ad apicem usque foliato fasciculo foliorum terminato et verticillastris remotis in spicam non confluentibus, a M. arvensi *L.* caule foliisque cano-pubescentibus, nec glabris nec hirsutis differt. In paludosis Comit. Aradiensis (*N.* 161).

SALVIA *L.*

Post S. silvestrem 638:

S. amplexicaulis *Reichb.* Fl. excurs. 860 (an etiam *Lam.* Illustr. t. 68?) *Caule* herbaceo *multifolio* ramoso *bracteis calycibus corollisque pilis longis patentibus plus minus villosis*, foliis e basi cordata vel rotundata oblongo-lanceolatis simpliciter vel duplicato-crenatis rugosis subtus sparse villosis, infimis petiolatis, superioribus semiamplexicaulibus decrescentibus, *bracteis* cordatis ovatis vel subrotundis acutis vel acuminatis *purpurascentibus ante anthesin non imbricatis calycibus brevioribus*, verticillastris subsexfloris approximatis, labio calycis superiore breviter tridentato, inferiore bifido, dentibus ovatis acuminato-mucronatis, staminibus corolla

brevioribus. ♃ In pratis ad Thermas Herculis (*N.* 1•2). Junio, Julio.
Heuff. Ban. 139, *Janka* in Linn. 1859 p. 595. Caulis 3—4' altus plerumque
pyramidato-ramosissimus, corollae parvae 4—6''' longae violaceae. Stirps
S. silvestri *L.* quam maxime affinis et quamquam haec statura minore
et minus ramosa, indumento velutino-pubescente, bracteis ante anthesin
imbricatis calyce longioribus et corollis majoribus recedat, tamen species
sat ambigua in *Griseb.* It. 328 (ut mihi videtur non immerito) pro
varietate S. silvestris declarata (Conf. etiam *Benth.* in *DC.* Prodr.
XII. 292).

S. nutans *L.* Spec. 39. *Caule* herbaceo *subaphyllo bracteis calycibus
corollisque pubescentibus,* foliis infimis e cordata basi ovato-oblongis longe
petiolatis duplicato-crenatis rugosis subtus plus minus canescentibus et
glanduloso-punctatis, reliquis caulinis paucis multo minoribus bracteae-
formibus vel nullis, *bracteis* minimis subrotundis cuspidatis *non coloratis*
calycibus plus duplo brevioribus, verticillastris subsexfloris approximatis,
labio calycis superiore brevissime tridentato, inferiore bifido, staminibus
corolla brevioribus. ♃ In pascuis et pratis planitici orientalis (*N.* 162).
Majo, Junio. *WK.* Pl. rar. I. t. 62, *Reichb.* Icon. XXVIII. t. 49. Caulis
2—4' altus, verticillastra in racemos abbreviatos disposita, racemi pani-
culati sub anthesi nutantes, corollae parvae 4—6''' longae violaceo-caeru-
leae. S. pratensis *L.* indumento viscido et corollis duplo majoribus, S.
silvestris *L.* et S. amplexicaulis *Reichb.* caule multifolio et bracteis
purpurascentibus distinctae sunt.

THYMUS *L.*

Ad Th. Serpyllum 640:

Th. comosus *Heuff.* in *Griseb.* It. 329 (*Reichb.* Icon. XXVIII. p. 38 t.
68) in rupibus ad Thermas Herculis est synonymon Th. nummularii
MB. Taur. Cauc. II. 58 (*Reichb.* l. c. t. 63) et mera varietas vel potius
forma levis Thymi Serpyllum *L.* caulibus undique puberulis, foliis
rotundo-ovatis et (ut in Th. aciculari *WK.*) dentibus calycinis tribus
superioribus lanceolatis acuminatis a dentibus duobus inferioribus lineari-
lanceolatis duplo superatis; notae e formis innumeris Thymi Serpyllum
ex libidine in speciem congestae.

Th. acicularis *WK.* Pl. rar. II. t. 147 in rupibus montis Domugled
(*Heuff.* Ban. 140) est forma extrema Thymi Serpyllum var. angustifolii caulibus elongatis ramosis repentibus, ramis erectis ½—2'' altis,
foliis rigidis nitidis anguste linearibus ¼''' tantum latis et verticillastris
capitatis. In *Griseb.* Rumel. II. 119 — 20 Thymo Serpyllum dentes
calycini tres superiores ovato-lanceolati acuti duobus inferioribus ter
breviores, Thymo aciculari vero dentes calycini tres superiores lan-
ceolati acuminati duobus inferioribus duplo tantum breviores adscribuntur.

Merae fictiones, in omnibus formis Thymi Serpyllum dentes calycini superiores inferioribus triplo vel duplo vel paulo tantum breviores vel eos longitudine aequantes observari licet et simili modo variat quoque eorum figura.

SATUREIA *L.*

Post S. pygmaeam 642:

S. Kltalbelll *Wierzb.* in *Reichb.* Fl. exs. n. 2514 in rupestribus Banatus australis (*N.* 163) est sundente *Heuff.* Ban. 141 et secundum specimina authentica inter S. montanam *L.* et S. pygmaeam *Sieb.* media, differt ab illa caule tetragono glabro vel leviter bifariam pubescente et corollae labii inferioris laciniis inaequalibus media nempe latiore et emarginata, ab hac foliis utrinque glanduloso-multipunctatis et statura altiore; in *Reichb.* fil. Icon. XXVIII. p. 41 ad ejus S. montanam α. communem, in *Griseb.* It. 329 ad S. pygmaeam tamquam synonymon refertur; in *Vis.* Dalmat. II. 194, *DC. (Bentham)* Prodr. XII. 209 et *Reichb.* fil. Icon. l. c. vero S. montana *L.*, S. variegata *Host* et S. pygmaea *Sieb.* in unam speciem conjunguntur.

CALAMINTHA *Mönch.*

Post C. Acinos 643:

C. rotundifolia *Benth.* in *DC.* Prodr. XII. 232 nec *Host.* Verticillastris subsexfloris, pedunculis indivisis, foliis ovatis vel suborbiculatis serratis vel subintegris, *radice perenni* multicauli, caulibus adscendentibus pubescentibus, *calycis fructiferi* apice constricti *dentibus erectis patentibusve,* fauce pilosa, corollis calyce duplo longioribus. ⚥ In rupibus calcareis Bihariae et Banatus (*N.* 163). Julio, Augusto. *Reichb.* Icon. XXVIII. t. 74. Acinos rotundifolius *Pers.* Syn. II. 131, *Spenn.* Gen. XIX. t. 4 f. 1—14. Calamintha patavina *Host* Fl. aust. II. 133 quoad plantam banaticam, *Heuff.* Ban. 141. Caules in stirpe banatica 6" alti, folia rigida parva 3 — 4''' longa et subaequilata, corollae violaceae 4—6''' longae, habitu Calaminthae Acinos *Clairv.* Ambigit inter C. Acinos et C. alpinam *Lam.;* illa radice annua, corollis minoribus 2 — 3''' longis et calycibus fructiferis dentibus accumbentibus clausis; haec caulibus procumbentibus diffusis caespitosis, corollis majoribus 6 — 8''' longis et habitu alieno discrepat; an varietas C. alpinae? au proles hybrida? sed frequenter occurrere videtur.

Post C. officinalem 644:

C. silvatica *Bromf.* in EB. t. 2897 in silvis Banatus (*Heuff.* 141) est forma C. officinalis *Mönch* foliis majoribus, floribus paucioribus, calycibus majoribus et profundius bilabiatis, corollis purpurascentibus (Conf. *Benth.* in *DC.* Prodr. XII. p. 228 n. 9 obs. ult. et n. 10).

Post C. Nepeta 644:

C. Pulegium *Reichb.* fil. Icon. XXVIII. p. 45 t. 78. Verticillastris cymis axillaribus pedunculatis 3-plurifloris compositis in racemum decrescentem confluentibus, *foliis* ovatis serratis acutis cauleque *utrinque hirsutis*, *calycibus* hispidis *5fidis dentibus subulato-aristatis strictis* inferioribus paulo longioribus, fauce nuda vel pilosa, *nucibus* ovatis *acutis* brunneis. ♃ In saxosis montanis legionis romano-banaticae rara (*N.* 163). Julio, Augusto. Melissae albae similis *WK.* Pl. rar. III. p. 228 fide *Rochel*. Melissa Pulegium *Roch.* Ban. p. 62 t. 22. Calamintha origanifolia *Host* Fl. austr. II. 130. Micromeria Pulegium *Benth.* Lab. 382 et in *DC.* Prodr. XII. 224. Melissa subnuda *WK.* Pl. rar. III. t. 262 stirps croatica vix differt. Caulis pedalis et ultra, folia viridia vel canescentia, corolla parva 3—4''' longa alba labio inferiore purpureo-punctato, gravem Menthae Pulegium *L.* odorem spirans. Calycis faux teste *Rochel* l. c. perfecte est nuda, teste *Heuffel* glabriuscula (Ban. 140) et fide *Bentham* l. c. villosa, in speciminibus ab *Heuffel* loco classico ad Thermas Herculis lectis est plus minus hispida. C. grandiflora *Mönch* corollis speciosis 12''' longis et nucibus obtusis atris, C. officinalis *Mönch* et C. Nepeta *Clairv.* dentibus calycinis brevioribus triangulari-lanceolatis, corollis paulo majoribus et nucibus obtusis, C. thymifolia *Reichb.* (Melissa alba *WK.* Pl. rar. III. t. 205) foliis glabris nitidis et dentibus calycinis abbreviatis triangulis differunt.

LAMIUM *L.*

Post L. album 650:

L. inflatum *Heuff.* in *Roch.* Reise 60, Ban. 143. Foliis cordatoovatis acutis crenato-serratis petiolatis, verticillastris subdecemfloris, *corollae tubo recto intus nudo, fauce amplissima strumoso-inflata, galea emarginata*, antheris barbatis. ♃ In rupibus Banatus australis (*N.* 166). Aprili, Majo. L. gargauicum *Roch.* Reise 5, 60. Herba glabriuscula, caules 8—12'' alti, corollae purpureae 10—12''' longae. Habitu L. maculati *L.*, quod corollae tubo curvato intus piloso-annulato et galea integra eximie recedit. Propter corollae structuram L. inflatum ad L. garganicum *L.* (*Reichb.* Icon. XXVIII. t. 6) accedit, ut jam *Haberle* recte monuit.

f.

STACHYS *L.*

Post S. germanicam 652:

S. lanata *Jacq.* Icon. rar. I. t. 107. *Tota densissime sericeo-lanata alba*, caule erecto, verticillastris multifloris, *foliis* ellipticis oblongisve minute crenatis *basi angustatis*, inferioribus petiolatis, superioribus sessilibus decrescentibus, dentibus calycis triangulis acuminatis pungentibus in 'lana calycis absconditis. ⊙ et ♃ Habitat in Oriente, in Hungaria tanta efferata in silvis arenosis planitiei hinc inde (*N.* 167). Julio, Augusto. *Reichb.* Icon. XXVIII. t. 9. Pedalis, folia crassa, corollae parvae obscure purpureae. Affinis S. **germanica** *L.* foliis inferioribus plerisque basi cordatis et indumento laxiore incano diversa.

Post S. subcrenatam 654:

S. nitida *Janka* in Linn. 1859 p. 597. *Caulibus* erectis quadraugulis ramosissimis basi hirsutis caeterum *glabris*, ramis virgatis, *foliis* caulinis mox emarcidis oblongo-linearibus linearibusve 1 — 1½''' latis obscure denticulatis hirsutis, *rameis anguste linearibus* ¼ — *1''' latis integerrimis glabris* vel sparse ciliatis, floralibus lanceolatis vel ovato-lanceolatis acuminatis, verticillastris 4 — 8floris, *calycibus glaberrimis* dentibus triangularibus in mucronem subpungentem acuminatis corollae tubum subaequantibus. ♃ In lapidosis montium ad Danubium infra Orsova (Archiepisc. *Haynald* exs. 1856 absque nomine). *Janka* hanc speciem ad cataractas Danubii in Valachia invenit. Junio, Julio. Stirps 2 — 3' alta rigida nitida ramis ramulisque ac foliis angustissimis numerosis optime distincta, corolla flava 5—6''' longa. S. **recta** *L.* et ejus varietas S. **ramosissima** foliis rameis linearibus (*Roch.* Ban. p. 3 et 26, *Heuff.* Ban. 144) a S. **nitida** foliis caulinis oblongis lanceolatisve usque pollicem latis serratis et caulibus calycibusque hirsutis valde recedunt, sed S. **subcrenatae** *Vis.* formae angustifoliae et glabratae (*Vis.* Dalmat. I. t. 16, II. p. 208 et *Reichb.* Icon. XXVIII. p. 8 t. 13) foliis tantum latioribus, calycibus hirtis corollisque longioribus saepe aegerrime discernendae sunt.

MARRUBIUM *L.*

Ad M. peregrinum 656:

M. **peregrinum** α. **latifolium** *Koch* l. c. seu M. **remotum** *Kit.* in *Schult.* Oestr. Fl. II. 161 est sine dubio proles hybrida: **M. peregrino-vulgare** *Reichardt* ZBG. XI. 341, a M. peregrino genuino (M. peregrino β. **angustifolio** *Koch*) foliis inferioribus subrotundis, calycibus 5—10-dentatis, dentibus apice glabris saepe recurvis; a M. **vulgari** *L.* indumento densiore, foliis superioribus angustioribus, calycibus ex parte tantum 10dentatis, dentibus plerisque rectis diversum. In pascuis, ad vias, inter parentes (*N.* 168).

SCUTELLARIA *L.*

Post S. hastifoliam 659

S. **simplex** *Nendtv.* ZBG. XIII. 568 est secundum speciminua authentica ad Sellye Comit. Simeghensis lecta nil nisi S. **hastifolia** *L.* caule simplici (Herbar. *Janka*).

Sectio III. **Stachymacris** *Hamilt.* Monogr. 17. *Flores secundi oppositi in racemum collecti, folia floralia integerrima parva caulinis crenatis difformia.*

S. altissima *L.* Spec. 836. Caule erecto ramoso pubescente vel glabriusculo, *foliis* petiolatis grosse crenatis glabris vel ad venas pubescentibus, inferioribus cordato-ovatis obtusis, superioribus e basi cordata vel truncata ovato-oblongis acutis, *floralibus sessilibus* ovatis acutis vel acuminatis integerrimis *calyce fructifero brevioribus vel eum aequantibus*, racemo elongato laxo ramoso glanduloso-villoso, *calycibus* pedicello longioribus *corolla semipollicari quadruplo brevioribus.* ♃ In nemoribus et collibus dumosis (*N.* 164). Majo, Junio. S. peregrina *WK.* Pl. rar. II. t. 125 nec *L.*, folia subtus perperam alba depicta. S. commutata *Guss.* Prodr. fl. Sicul. II. 136, *Reichb.* Icon. XXVIII. t. 56. Caulis 1½—3' altus, corollae caeruleo-violaceae labio inferiore albo vel pallide stramineo nonnumquam semipollice paulo longiores.

S. Columnae *All.* Pedem. t. 84 f. 2. Caule erecto subramoso pubescente vel glabriusculo, *foliis* petiolatis grosse crenatis glabris vel ad venas pubescentibus, inferioribus cordato-ovatis obtusis, superioribus e basi cordata vel truncata ovato-oblongis acutis, *floralibus sessilibus* ovatis lanceolatisve acutis vel acuminatis integerrimis *calyce fructifero brevioribus vel eum aequantibus*, racemo elongato laxo subramoso glanduloso-villoso, *calycibus* pedicello longioribus *corolla pollicari sextuplo brevioribus.* ♃ In silvis montanis ditionis australis praecedente rarior (*N.* 165). Majo, Junio. *Reichb.* Icon. XXVIII. t. 56. S. hirsuta *Kit.* Hort. Pestin. Caulis 1½—3' altus, corollae ex atropurpureo violaceae nonnumquam pollice paulo breviores raro longiores. S. altissimae *L.* simillima, at minus ramosa et corolla duplo longior colore obscuro.

S. albida *L.* Mant. I. 248. Tota villosa immixtis pilis glanduliferis brevioribus, caule erecto ramoso, *foliis* petiolatis cordatis vel ovatis grosse crenatis obtusis vel acutis, *floralibus petiolatis* ovato-oblongis vel oblongis acutis integerrimis *calyce fructifero subduplo longioribus*, racemo elongato laxo ramoso, calycibus pedicello longioribus corolla semipollicari quadruplo brevioribus. ♃ In silvis montanis infra Orsova rarissima (*N.* 165). Junio, Julio. *Hamilt.* Monogr. t. 1, Fl. graeca VI. t. 581. S. pallida *MB.* Taur. Cauc. II. 65, nec *Kit.* Addit. 128 stirps non extricanda. Caulis 2—3' altus, folia floralia multo majora quam in speciebus duabus praecedentibus cum petiolo ½—1" longa, corollae ochroleucae.

AJUGA *L.*

A. Laxmanni *Benth.* Lab. 697. Tota lanuginoso-villosa, caulibus simplicibus erectis vel adscendentibus, longioribus tandem procumbentibus, floribus solitariis vel binis axillaribus, *foliis indivisis oblongis* obtusis sessilibus integerrimis serratisve, rhizomate repente. ♃ In pascuis et collibus arenosis praecipue planitierum (*N.* 170). Majo, Junio. Teucrium Laxmanni *L.* Syst. ed. XIII. 439, *Pill.* et *Mitterp.* It. t. 1, *WK.* Pl. rar. I. t. 69. Phleboanthe Laxmanni *Tausch* Flora 1828 I. 323, *Reichb.* Icon. XXVIII t. 35. Caulis ½—1½', corollae 8—10''' longae sordide flavescentes venis purpureis, habitu Teucrii.

TEUCRIUM *L.*

Post T. montanum 663:

T. pannonicum *Kern.* ÖBZ. XIII. 384. Differt ex verbis auctoris a proximo T. montano *L.* habitu robustiore, caule lauuginoso, foliis latioribus 2—3''' latis utrinque lanuginoso-tomentosis et calycis dentibus ciliatis. Sed omnes hae notae in T. montano etiam occurrunt. Tenco specimen austriacum foliis angustissimis attamen utrinque tomentosis et dentibus calyciuis ciliatis, folia 2''' lata saepe observavi et caules sunt si non lanuginosi tamen semper tomentosi. „Folia latitudine et canescentia paginae superioris valde variant.“ Sic *Bentham* in *DC.* Prodr. XII. 593. Hinc T. pannonicum tantum varietas robustior et magis lanuginoso-tomentosa T. montani considerari potest, quamvis lubens concedam, illud habitum singularem prae se ferre. In petrosis prope Belényes Comit. Bihariensis (*N.* 169). Augusto.

VERBENACEAE.

VERBENA *L.*

Post V. officinalem 664:

V. supina *L.* Spec. 29. *Caulibus procumbentibus adscendentibusve* ramosis, *foliis inaequaliter bipinnatifidis* laciniis obtusis, floribus spicatis, spicis simplicibus vel basi subramosis abbreviatis et confertis vel denique elongatis et laxis. ☉ et ☉. In inundatis planitiei praecipue ad ripas Tibisci (*N.* 170). Fl. graeca VI. t. 554, *Reichb.* Icon. XXVIII. t. 91. Statura et indumento magnopere varians, plerumque canescens interdum vero fere glabrescens, saepe ramosissima, caules 3—6'' longi, corollae exiguae lilacinae. Affinis V. officinalis *L.* differt habitu alieno, caule erecto, foliis majoribus minus divisis, radice perenni.

PRIMULACEAE.

TRIENTALIS L.

Ad T. europaeam 666 (absque diagnosi):

T. europaea L. Spec. 488. Caule erecto simplici inferne aphyllo apice folioso paucifloro, foliis obverse lanceolatis oblongisve acutis minute crenatis aut integerrimis sessilibus subverticillatis, pedunculis unifloris axillaribus elongatis filiformibus, rhizomate terete repente fragili. ♃ In turfosis et silvis spongiosis Carpatorum occidentalium (*N*. 200). Majo, Junio. *Sturm* II. 17, *Reichb*. Icon. XXVII. t. 42. Caulis 3—6″ altus, corolla alba 6—8‴ diametro.

CORTUSA L.

Ad C. Matthioli 679 (absque diagnosi):

C. Matthioli L. Spec. 206. Foliis basilaribus longe petiolatis cordato-orbicularibus palmato-lobatis, lobis obtusis grosse serratis, petiolis cauleque aphyllo villosis, floribus in umbellam terminalem nutantem collectis, bracteis nunc integris nunc serratis vel inciso-serratis. ♃ Ad rupes et in silvis subalpinis Carpatorum occidentalium (*N*. 198). Majo, Junio. *Jacq*. Icon. rar. I. t. 32, *Reichb*. Icon. XXVII. t. 40. Caulis 3—12″ altus, corollae dilute purpureae.

GLAUX L.

Ad G. maritimam 681 (absque diagnosi):

G. maritima L. Spec. 301. Caulibus ramosis erectis vel procumbentibus basi radicantibus in caespitem collectis, foliis lanceolatis ellipticisve integerrimis confertis, floribus solitariis axillaribus, rhizomate terete carnoso repente. ♃ In pascuis salsis et ad thermas sulfuratas ditionis occidentalis passim (*N*. 199). Majo, Junio. *N*. *ab E*. Gen. XII. t. 17 f. 1, *Reichb*. Icon. XXII. t. 76. Herba glabra glauca carnosa, caules erecti 1—3″, procumbentes usque 6″, stolones saepe ultra pedem longi, folia parva, calyces albi vel rosacei.

PLANTAGINEAE.

PLANTAGO L.

Post P. majorem 686:

P. maxima *Juss*. Hort. Paris. in *Jacq*. Collect. I. 1786 p. 82 et Icon. rar. I. t. 26, *Ait*. Hort. Kew. I. 1789 p. 151. *Foliis ovatis vel ellipti-*

cis integerrimis vel subdentatis puberulis 9—13nerviis *in petiolum longum cylindricum anguste sulcatum basi dilatata fulvo-lanatum attenuatis,* scapis erectis teretibus obscure striatis folia superantibus, spica cylindrica elongata densa, *bracteis diminutis linearibus vel lineari-lanceolatis acutis* anguste marginatis *calyce brevioribus, corollae laciniis albis, capsulis tetra— oligospermis.* ♃ In uliginosis planitiei rarissima (*N.* 93). Junio. *Decaisne* in *DC.* Prodr. XIII. 1. 697. Scapi 1½—3' alti, spicae usque 6" longae, folia maxima usque 1' longa ½' lata basi subcucullata. Capsula fide *Sadl.* Pestin. 65 octosperma, quod falsum. Similis P. **major** *L.* differt scapis brevioribus sub anthesi folia subaequantibus, foliis non cucullatis in petiolum canaliculatum inferne membranaceo-dilatatum decurrentibus, bracteis ovatis, corollae laciniis fuscescentibus et capsulis octospermis. C. **Cornuti** *Gouan* hucusque in Hungaria non observata convenit cum P. **maxima** scapis elatis et capsulis tetraspermis, recedit statura multo graciliore, foliis minoribus, bracteis ovatis obtusis et corollae laciniis fuscescentibus. P. **limosa** *Kit.* in *Schult.* Oestr. Fl. I. 295 fide hoc opere varietas P. **majoris** foliis ovato-lanceolatis 5nerviis tenuiter denticulatis in *Koch* Syn. 686 nescio qua ratione ad P. **Cornuti** refertur. (Specimina hungarica P. **maximae** non vidi).

Post P. mediam 686:

P. sibirica *Poir.* Encycl. Suppl. IV. 433. *Foliis erectis* oblongis lanceolatisve integerrimis vel repando-denticulatis 3—5nerviis glabris vel parce pilosis *in petiolum longum laminam folii totam vel dimidiam aequantem attenuatis,* scapis sulcatis, spica cylindrica, bracteis ovalibus obtusis glabris calycem subaequantibus, *calycis laciniis liberis, corollae laciniis albis, capsulis tetraspermis.* ♃ In salsis humidis Comit. Szabolcsensis (*N.* 94) et Bihariensis (*Janka* ÖBZ. XV. 198) rarissima. P. **sibirica** *Decaisne* in *DC.* Prodr. XIII. 1. 698, *Janka* Bot. Zeit. 1860 p. 185, nec *Ledeb.* Ross. III. 478, quae ob capsulam octospermam ad aliam speciem spectat. P. **Schwarzenbergiana** *Schur* Siebenb. Ver. 1855 p. 3, ÖBW. VI. 282, En. Transs. 561. Icon. in *Gmel.* Fl. sibir. IV. t. 37 in *DC.* Prodr. l. c. huc citata est pessima. Scapi 3—9" alti graciles, spicae 1—3" longae, folia parva, lamina 8'''—2" longa 2 8''' lata. Inter reliquas species hungaricas affines sectionis primae litt. b. in *Koch* Syn. 686—7 P. **media** *L.* foliis rosulatis majoribus latioribus utrinque hirtis plerumque in petiolum brevissimum contractis et caule altiore, P. **lanceolata** *L.* calycis laciniis anticis in unam coalitis, corollae laciniis linea lata fusca notatis et capsulis dispermis, P. **gentianoides** *Sm.* foliis rosulatis in petiolum latum brevem contractis, corollae laciniis fuscis et capsulis dispermis discrepant.

P. gentianoides *Sm.* Prodr. fl. graec. I. 101. *Foliis rosulatis* ovatis spathulato-ovatis ovalibusve integerrimis vel angulato-dentatis 3—5nerviis glabriusculis *in petiolum brevem latum contractis, scapis teretibus,* spica ovata vel oblongo-cylindrica, bracteis ovatis acutis glabris calycem sub-aequantibus, *calycis laciniis liberis, corollae laciniis fuscis, capsulis disper-mis.* ♃ In sphagnetis, ad rivulos et nives regionis subalpinae et alpinae Marmatiae et Banatus (*N.* 94). Julio, Augusto. *Decaisne* in *DC.* Prodr. XIII. 1. 721, *Reichb.* Icon. XXVII. t. 78. P. uliginosa *Baumg.* Transs. 1. 89. Scapi 1—6″ alti, spica 6—10‴ longa, folia nunc parva 6‴ longa 3‴ lata nunc multo majora usque 2″ longa 1½″ lata. P. media *L.* statura multo majore, corollae laciniis albis et capsulis tetraspermis, P. lanceolata *L.* scapis sulcato-angulatis et calycis laciniis anticis in unum coalitis distinctae sunt.

Post P. maritimam 688:

P. tenuiflora *WK.* Pl. rar. I. t. 39. *Foliis linearibus* integerrimis vel tenuiter denticulatis carnosis subtus obsolete 3nerviis, scapis teretibus, spica lineari-cylindrica, *corollae tubo glabro* laciniis fuscescentibus, capsulis octospermis, *radice exili annua.* In arenosis salsis planitierum (*N.* 94). Majo, Junio. *Reichb.* Icon. XXVII. t. 84. P. Weldenii *Bayer* ÖBZ. XIII. 46 nec *Reichb.* Planta pusilla, scapi cum spica 1—6″ longi, folia lineam lata vel angustiora. Speciminibus diminutis P. maritimae *L.* habitu similis, sed haec radice crassa perenni multicipite et corollae tubo villosulo longe recedit.

CHENOPODEAE.

SALSOLA *L.*

Post S. Soda 693:

S. sativae affinis *Reliq. Kit.* 5 (*Schult.* Oestr. Fl. I. 450) in salsis prope Sz. Iván Comit. Albensis secundum specimina ab *Janka* loco classico observata et secundum specimen authenticum ab ipso *Kitaibel* lectum inque herbario *Willdenow* n. 5384 asservatum est Schoberia maritima *C. A. Meyer* caulibus prostratis (*Ascherson* in litteris ad *Janka*). Salsola sativa hortor. nec *L.* etiam ad Schoberiam maritimam pertinet (*Moq.* in *DC.* Prodr. XIII. 2. 161).

CORISPERMUM *L.* 694.

Species hujus generis tam habitu quam fere omnibus aliis notis inter se simillimae aegerrime sunt distinguendae. Radix fusiformis annua. Caulis erectus vel prostratus 1—2′ longus ramosus vel divaricato-ramosissimus plus minus pubescens imo canescens aut demum glabrescens. Folia caulina linearia, floralia sensim breviora latiora superiora ovato-lanceolata vel ovato-acuminata margine scariosa. Flores minutissimi solitarii axillares foliis floralibus occultati spicas laxas vel densifloras tenues vel crassas

14 ⁹

' constituentes. Fructus ovales vel suborbiculares alato-marginati rarius apteri $^3/_4 - 2^1/_2'''$ longi Cimici non dissimiles. Florendi tempus ab Julio in autumnum. Sequuntur nunc diagnoses specierum 5 in Hungaria hucusque observatarum sicut in *DC.* Prodr. XIII. 2. 140—42 a *Moquin-Tandon* et in *Ledeb.* Fl. ross. III. 2. 758—64 a *Fenzl* magna cum sagacitate adumbratae sunt, quamquam characteres ibi propositi levissimi momenti sint et limites constantes frustra quaerantur.

1. C. orientale *Lam.* Encycl. II. 111. Foliis floralibus superioribus ovatis acuminatis, perigonio 1—5phyllo, *fructibus* 1 — $1^3/_4'''$ longis *apteris.* In arenosis ad Pestinum (*N.* 86). C. Pallasii *N. ab E.* Gen. VII. t. 18. (Specimen hungaricum non vidi.)

2. C. hyssopifolium *L.* Spec. 6. *Foliis floralibus superioribus ovato-lanceolatis vel ovatis* acuminatis, perigonio 1 — 5phyllo vel nullo, *fructibus* $1^1/_2 - 2^1/_2'''$ longis *alato-marginatis ald apice integrá.* In arenosis Comit. Pestinensis et Szabolcsensis (*N.* 86) inque Jazygia (*Janka* ÖBZ. XVI. 170). Fl. graeca I. t. 1. C. intermedium *Moq.* l. c. 141 quoad plantam hungaricam. Per formas intermedias in sequentem speciem transit.

3. C. nitidum *Kit.* in *Schult.* Oestr. Fl. I. 7. *Foliis floralibus superioribus lanceolatis vel ovato-lanceolatis* acuminatis, perigonio 1-2phyllo, *fructibus* $^3/_4 - 1^1/_2'''$ longis *alato-marginatis ald apice integrá.* In arenosis planitierum (*N.* 86). *Kit.* Addit. 55, *Sturm* H. 67, *Wint.* Ind. f. 48 sine nomine. C. purpurascens et C. microspermum *Host* Fl. aust. I. 318—9. Praecedentibus gracilius, minus pubescens vel omnino glabrum, folia angustiora.

4. C. Marschallii *Stev.* Mém. soc. nat. Moscou V. 1817 p. 336. *Foliis floralibus superioribus late ellipticis vel ovatis* acuminatis, perigonio nullo, *fructibus* $1^1/_2 - 2^1/_2'''$ longis *alato-marginatis ald apice emarginatá, spicis densifloris.* In arenosis ad Pestinum (*Heuff.* exs.) et in arena mobili confinium militarium Banatus (*N.* 87). *Sturm* H. 67. C. elatum *Host* Fl. aust. I. 319.

5. C. canescens *Kit.* in *Schult.* Oestr. Fl. I. 7. *Foliis floralibus superioribus lanceolatis* acuminatis, perigonio 1—3phyllo, *fructibus* $1 - 1^1/_3'''$ longis *alato-marginatis ald apice emarginatá, spicis laxifloris.* In arenosis planitierum (*N.* 87). *Kit.* Addit. 57. Hoc et praecedens omnium maxime pubescens imo canescens.

Species in *Reichb.* Fl. excurs. 584 collocare nequeo. Caeterum me judicante tres species sufficiunt, scilicet C. orientale fructibus apteris, C. hyssopifolium cum C. nitido fructibus alatis ald apice integrá et herba demum glabrescente seminifera saepe purpurascente et C. canescens (1814) cum C. Marschallii fructibus alatis ald apice emarginatá et herba plus minus canescente.

POLYCNEMUM *L.*

Loco P. arvensis et P. majoris 694—5 ponatur:

P. arvense *L.* Spec. 50. Caulibus procumbentibus adscendentibus vel erectis a basi ramosis saepe ramosissimis subglabris verrucosis vel pubescentibus, foliis subulatis filiformibusve mucronatis confertis, bracteis membranaceis ovato - lanceolatis nervo excurrente aristatis, floribus axillaribus sessilibus, seminibus rugoso–punctatis. ⊙ Julio — Septembri. Variat:

α. **longifolium.** Folia triquetro–subulata rigidula 3 — 6''' longa recta immixtis paucis recurvis, caules glabriusculi verrucosi vel pubescentes, nunc erecti 1 — 3'' alti ramis adscendentibus, nunc procumbentes usque pedem longi diffusi caespitosi ramis subflexuosis. P. arvense *Jacq.* Fl. aust. IV. t. 365, *Sturm* II. 44, *Koch* Syn. 694. P. majus *A. Braun* in *Koch* Taschenb. 436, Syn. 695, forma major robustior sed neque species neque varietas. In agris vineis pascuis arenosis planitierum (*N.* 87).

β. **brevifolium.** Folia triquetro–subulata rigidula brevissima 1 — 2''' longa recta, caules procumbentes 3—12'' longi diffusi caespitosi verrucoso-scabriusculi ramis flexuosis recurvis vel incurvis. P. verrucosum *Lang* Syll. ratisb. I. 179. Multis formis abit in varietatem *α*, quacum promiscue crescit. In vineis agris locis arenosis hinc inde (*N.* 87).

γ. **filifolium.** Folia filiformia imo capillaria 2—4 raro 6''' longa recta vel recurva, caulis erectus 3 — 6'' altus ramis recurvis vel varie flexis ex verbis auctoris pubescenti–viscidus sed in speciminibus ab ipso *Lang* ad Vereshegyháza lectis potius glabriusculus. P. Heuffelii *Lang* l. c. II. 219. Stirps gracillima et quamvis varietatibus praecedentibus habitu dissimilis, tamen nulla nota essentiali ab illis diversa, cultura quoque in varietatem *α* transiens (*Fenzl* in *Ledeb.* Ross. III. 860). In silvis arenosis collinis et planitierum passim (*N.* 87).

KOCHIA *Roth.*

Post K. hirsutam 696:

K. sedoides *Schrad.* Neues Journ. III. 3—4 p. 86. Tota incana tomentosa hirsuta vel villosissima, caule erecto ramoso, foliis semiteretibus carnosis obtusis, floribus 2—3glomeratis axillaribus, glomerulis in spicas virgatas digestis, *appendicibus perigonii fructiferi spiniformibus spinulis innocuis.* ⊙ Inter vineas, ad vias, in arenosis planitiei (*N.* 85). Julio — Septembri. Salsola cinerea *WK.* Pl. rar. II. t. 106. Caulis ½ — 1½' altus plerumque pyramidato–ramosus, glomeruli numerosissimi.

BETA *L.*

Post B. vulgarem 699:

B. trigyna *WK.* Pl. rar. I. t. 35. Radice fusiformi crassa denique ramoso multicipite, caule erecto sulcato-angulato simplici vel parce ramoso, foliis radicalibus subcordato-ovatis obtusis, caulinis triangulari-oblongis acutis, summis ovato-oblongis lanceolatisve, floralibus nullis, floribus 2—3glomeratis interrupte spicatis, spicis paniculatis, *stigmatibus subulatis plerumque tribus, perigonii laciniis* oblongis cucullatis *semimembranaceis lutescentibus in fructu erecto-patulis.* ♃ Ad sepes et ripas Danubii in Sirmio (*N.* 84). Majo, Junio. Caulis crassus 2—3' altus. Affinis B. vulgaris *L.* differt stigmatibus duobus ovatis et perigonii laciniis herbaceis in fructu inflexis.

CAMPHOROSMA *L.*

Post C. monspeliacam 700:

C. ovata *WK.* Pl. rar. I. t. 63. *Caulibus herbaceis* ramosis prostratis adscendentibus vel erectis *foliisque* plus minus pilosis *demum glabrescentibus*, foliis semitereti-filiformibus rectis incurvis vel recurvis, floribus axillaribus subsessilibus glomerato-spicatis, spicis confertis, *perigoniis apice parce pilosis inferne glabris.* ☉ et ☉ In locis salsis sterilibus imo sterilissimis planitierum (*N.* 84). Julio — Septembri. Caules pedales et ultra saepe rubelli, folia 3—6''' longa, angustissima, odor nullus. Stirps a C. annua *Pall.* Illustr. t. 58 nonnisi indumento omnium partium praesertim perigoniorum multo parciore distincta, ut jam *Kitaibel* in suo itinere Baranyensi inedito suspicatus est. C. monspeliaca *L.* caulibus suffruticosis, foliis brevioribus 2½—3''' longis crassioribus et odore Camphorae discrepat.

POLYGONEAE.

POLYGONUM *L.*

Post P. aviculare 712:

P. graminifolium *Wierzb.* Flora 1842 I. 280. Foliis linearibus uninerviis eveniis vel obscure venosis planis, ochreis subsexnerviis bifidis denique multifidis, caule ramoso, *ramis ad apicem usque foliatis, floribus igitur omnibus axillaribus* in spicas terminales laxas digestis, *nucibus levibus nitidis.* ☉ In glareosis Danubii legionis serbico-banaticae (*N.* 89). Augusto, Septembri. *Meisn.* in *DC.* Prodr. XIV. 95, *Heuff.* Ban. 154. Caules diffusi prostrati ½—1' longi graciles, folia circiter pollicem longa et ⅔‴ lata, perigonia albo-rubella. Affine P. aviculare *L.* foliis ellipticis lanceolatisve multo latioribus, quando autem linearia sunt, ter—quater brevioribus et nucibus tenuiter rugulosis subopacis differt.

Post P. Bellardi 713:

P. arenarium *WK.* Pl. rar. I. t. 67. Foliis linearibus vel linearilanceolatis venosis planis, ochreis sexnerviis bifidis denique multifidis, caule ramoso, ramis virgatis interrupte spicatis, *spicis basi ad apicem usque aphyllis*, nucibus levibus nitidis. ⊙ In locis arenosis saepe sterilissimis et in ipsa arena mobili (*N.* 89). Julio — Septembri. Caules diffusi prostrati vel rami adscendentes ½—1' longi paucifolii, folia 4—10‴ longa ½—1‴ lata, perigonia albo-rubella vel purpurea. Inter affinia P. aviculare *L.* et *P.* graminifolium *Wierzb.* spicis ad apicem usque foliatis, *P.* Bellardi *All.* spicis inferne foliatis superne aphyllis recedunt.

SANTALACEAE.

THESIUM *L.*

Post Th. rostratum 718:

Sectio III. **Thesiosyris** *Reichb.* Fl. excurs. 157. *Caulis ad apicem usque foliatus cyma pauciflora terminatus. Bractea sub quovis flore unica nonnumquam duae. Perigonium defloratum erecto-patulum drupam dimidiam aequans, drupa sicca.*

Th. elegans *Roch.* in *Reichb.* Icon. bot. exot. I. p. 14 t. 19. Rhizomate longe lateque repente, caulibus adscendentibus erectisve suffruticosis cyma pauciflora terminatis, floribus plerumque unibracteatis, foliis lineari-lanceolatis, drupis globosis subsessilibus perigonio emarcido coronatis. ♃ In collibus arenosis Běloberdo (vallum Romanorum) dictis ad Grebenac legionis serbico-banaticae (*N.* 91). Majo, Junio. *Roch.* Ban. t. 4. Hamiltonia elegans *Reichb.* Icon. XXI. f. 1162. Comandra elegans *Reichb.* l. c. p. 11, *Alph.* DC. XIV. 636. Caules 6—14″ alti, perigonia extus viridia intus rubella, drupae magnitudine Pisi arvensis 2—3‴ diametro. Cyma pauciflora, floribus unibracteatis, bracteis brevissimis 1—2‴ longis et drupis maximis subsessilibus distinctissimum.

ELAEAGNEAE.

HIPPOPHAË *L.*

Ad H. rhamnoides 719 (absque diagnosi):

H. rhamnoides *L.* Spec. 1452. Frutex, ramis glabris in spinam excurrentibus, hornotinis lepidoto-punctatis, foliis lineari-lanceolatis obtusis

integerrimis discoloribus supra glabris subtus lepidoto-argenteis, floribus
ante folia evoluta erumpentibus in spicas laterales congestis, fructibus
globosis vel ellipsoideis. ♄ In glareosis Danubii insulae Schütt (*Kesely*
ÖBZ. XVII. 52) et ad ripas Dravi, in aliis regionibus hortorum aufuga
(*N*. 93). Aprili, Majo. *Reichb*. Icon. XXI. f. 1165. Longe lateque repens
orgyalis vel in arbusculum se erigens, gemmae bracteae et perigonia
florum masculorum lepidoto - ferruginea nitida, fructus miniati vel
aurantiaci.

EUPHORBIACEAE.

EUPHORBIA *L.*

Ad E. carniolicam 725:

E. ambigua *WK.* Pl. rar. II. t. 135 ab E. carniolica *Jacq.* non est
diversa (*Reichb.* Fl. excurs. 757, *Boiss.* in *DC.* Prodr. XV. 2. 128), rhizoma
enim in hac ut in illa obliquum vel horizontale crassum et fuscum, et
rami umbellae in E. carniolica anthesi ineunte tantum nutant, quod
fortasse hucusque in E. ambigua nondum observatum est.

Post E. epithymoidem 725:

E. lingulata *Heuff.* Flora 1835 I. 249, Ban. 156. „Valde affinis E.
epithymoidi, specifice differre videtur foliis subpetiolatis (in E. epithymoide folia subsessilia), inflorescentia non coarctata sed laxa radiis
saepe semipedalibus (?), involucri lobis etiam longioribus, capsula majore eam
E. fragiferae fere aequante." Sic *Boissier* in *DC.* Prodr. XV. 2. 125.
Si notae hae illustri auctori sufficiunt, bene est, ego in E. lingulata nil
video nisi varietatem E. epithymoidis *Jacq.* umbellâ propter ramos
fructiferos 1½—3″ longos expansâ. In E. epithymoide est umbella contracta et ejus rami fructiferi sunt typice tantum ½—1½″ longi, nihilominus
formam ramis 3″ longis prope Baden in Austria ipse legi. E. meha-
diensis *Kit.* Addit. 251 ad E. lingulatam spectare videtur. In lapidosis umbrosis ad Thermas Herculis (*N.* 302). Aprili, Majo. (Vidi specimina authentica.)

Post E. salicifoliam 728:

E. salicifolia b. angustata *Roch.* Ban. p. 43 t. 7 seu E. Esula var.
pubescens *Griseb.* It. 297 foliis lineari-lanceolatis angustis 2—3‴ latis
basin versus attenuatis utrinque caulequc pubescentibus aut est proles
hybrida aut forma transitoria E. salicifoliae *Host* in E. Esula *L.*
(Conf. quoque *Boiss.* in *DC.* Prodr. XV. 2. p. 162 n. 642). In agris graminosis ad vias Banatus passim (*N.* 303). Majo, Junio.

Ad E. virgatam 728:

Varietatem E. virgatae *WK.* prope Székelyhid in Comit. Bihariensi lectam habitu gracili, foliis angustissime linearibus vix semilineam latis et radice tenuissima misit *Janka.*

URTICEAE.

URTICA *L.*

Loco U. dioicae 732 ponatur:

U. major *Kanitz* ZBG. XII. 212. Rhizomate repente, foliis oppositis ovatis ovato-oblongis vel oblongo-lanceolatis basi saepe cordatis summis etiam lanceolatis acuminatis grosse vel inciso-serratis, paniculis axillaribus petiolo longioribus pendulis. ⚇ Julio — Septembri. U. dioica *Wedd.* Monogr. Urt. 77, sed cum etiam monoica occurrat, nomen incongruum. (*N.* 79.) Variat:

α. **vulgaris** *Wedd.* l. c. Dioica, caulis paniculae petioli et folia praecipue pagina inferiore stimulis (setis urentibus) et setis brevioribus hispida, folia cordato-ovata ovato-oblonga vel oblongo-lanceolata, media 2—6" longa basin versus 1—3" lata. U. dioica *L.* Spec. 1396, *Reichb.* Icon. XXII. f. 1324. In ruderatis nemoribus ad sepes in regionem subalpinam usque.

β. **parvifolia** *Wierzb.* in *Heuff.* Ban. 157. Omnia ut in varietate praecedente, sed minus hispida et folia multo minora, media tantum 1" longa et basin versus ½" lata. In vineis ad sepes et dumeta Banatus (Comparavi specimen authenticum). U. dioica β. angustifolia *Ledeb.* Ross. III. 637 seu U. angustifolia *Fisch.*, ab *Heuffel* l. c. huc citata, sistit secundum specimen sibiricum in museo c. r. asservatum aliam plantam, quae foliis lineari-oblongis angustis 1½—2½" longis et 3—6‴ latis et herba glabrescente recedit.

γ. **galeopsifolia** *Kanitz* Bot. Zeit. 1862 p. 190. Dioica, caulis paniculae petioli et folia parce setosa vel (foliorum pagina superiore excepta) setis densis intertextis plus minus tomentosa imo cano-tomentosa, stimuli nulli vel paucissimi, folia ovato-oblonga vel oblongo-lanceolata. U. galeopsifolia *Wierzb.* in *Opiz* Nat. Tausch 107, herb. authent. n. 41 (diagnosis *Opizii* ad verbum expressa in Bot. Zeit. l. c. 191 contenta est). In arundinetis planitierum (*Pok.* ZBG. X. 289). Comparavi specimina tam a *Wierzbicki* quam a *Pokorny* lecta.

δ. **Kioviensis** *Wedd.* l. c. 78. Monoica, paniculae femineae superiores, caulis paniculae et petioli stimulis sparsis obsiti caeterum glabri, folia ovato-oblonga vel oblongo-lanceolata utrinque glabra. U. Kioviensis *Rogow.* Bullet. Mosc. 1843 p. 324. U. radicans *Bolla* Presb. Ver. I. 6—7

Neilreich: ung. Diagnosen. 15

· nec *Sw. Janka* in Linn. 1859 p. 601 totam plantam glaberrimam describit,
quam hucusque non vidi. In palude Schur Comit. Posoniensis copiosissime.

CUPULIFERAE.

QUERCUS *L.*

Post Q. pubescentem 737:

Q. pallida *Heuff.* ÖBZ. VIII. 28, Ban. 159 (Q. pubescens β. glabrata *Heuff.* in *Wacht.* Zeitschr. I. 1850 p. 98). Ramulis glabris, foliis adultis supra glabris nitidis subtus pubescentibus denique glabratis, fructibus sessilibus. In collibus ad Vukovár Syrmii. Aprili, Majo. Habitus omnino Q. pubescentis *Willd.*, sed ob indumentum aetate fere evanescens etiam ad Q. sessilifloram *Sm.* spectans, aut varietas Q. pubescentis aut forma transitoria in Q. sessilifloram aut hybrida ex utraque. Vidi specimina authentica.

Q. Dudayana *Haberle* Hort. Pestin. ex *Wacht.* Zeitschr. I. 1850 p. 98, *Heuff.* Ban. 77 est secundum specimina authentica varietas Q. pubescentis *Willd.* valde pubescens fructibus nunc brevissime pedunculatis nunc racemosis pedunculis usque pollicem longis et quidem in uno eodemque ramo. Q. apennina *Lam.* Encycl. I. 725 absque dubio huc spectat. Haec varietas vero non tantum ad monasterium Krušedol Sirmii sed in multis terris occurrit, in agro Vindobonensi e. c. eam saepe observavi.

Q. conferta *Kit.* in *Schult.* Oestr. Fl. I. 619. Foliis sessilibus oblongo-obovatis basi emarginatis *pinnatifidis*, junioribus utrinque tomentosis vel stellato-pubescentibus, adultis supra glabratis, *lobis obtusis* integris angulatis sublobatisve *muticis* sinu angusto distinctis, *fructibus* apice ramulorum in axillis foliorum *aggregato-sessilibus*, *squamis cupulae adpressis obtusis inferioribus ovatis superioribus lanceolatis.* ♃ In collibus et montibus humilioribus Slavoniae et Banatus (*N.* 77). Aprili, Majo. *Kit.* It. slavon. ined. in *Kan. et Kn.* ZBG. XVI. 90—1, *Reichb.* Icon. XXII. f. 1313 optime. Q. hungarica *Hubeny* ex Flora 1842 I. 268. Q. Esculus *Heuff.* Ban. 160. Q. Farnetto β. conferta *Alph. DC.* Prodr. XVI. 2. 11. Ramuli juniores velutini, folia in eorum apice flabelliformi-conferta magna 6″ usque longa et 3″ lata, glandes figura et magnitudine illarum Q. pedunculatae *Ehrh.* temporibus penuriae comeduntur. Q. sessiliflora *Sm.* et Q. pubescens *Willd.* foliis petiolatis petiolis 3—12‴ longis, Q. pedunculata *Ehrh.* fructibus pedunculatis, Q. Cerris *L.* foliorum lobis mucronatis, fructibus maturis infra folia collocatis et squamis cupulae incari-subulatis contortis distinctae sunt.

SALICINEAE.

SALIX *L.*

Sallces hybridas Hungariae praetermisi, quae quasi uon cognitae haberi possint et paucae distinctae determinationibus plerumque dubiis nitantur. Quare nonnisi fragmenta disjuncta offerri potuissent.

POPULUS *L.*

Ad P. canescentem 759:

P. canescens *Sm.* EB. t. 1619 in sensu recentiorum est hybrida progenies: P. albo-tremula *Krause* Schles. Gesellsch. 1848 p. 130. Synonyma: P. hybrida *Reichb.* Icon. XXI. p. 29 f. 1271 nec *MB.*, P. villosa *Lang* Syll. ratisb. I. 185 vel P. canescens *Reichb.* l. c. p. 30 f. 1273 forma foliis juvenilibus subtus sericeo-vittatis, P. Bachofenii *Wierzb.* in *Roch.* Reise 71, *Reichb.* l. c. p. 29 f. 1272 arbor antiquissima ad Bazias nostra aetate caesa (*N.* 82).

P. pannonica *Kit.* in *Bess.* Volhyn. p. 38 n. 1263 vel fide *Bess.* Flora 1832 II. Beibl. 14 potius P. croatica *WK.* est stirps rossica sat dubia, quae in Hungaria aut non occurrit aut cum P. pyramidali *Roz.* plane identica est (Conf. *Ledeb.* Ross. III. 628 et *Neilr.* Nachtr. 76).

CONIFERAE.

EPHEDRA *L.*

Loco E. distachyae 764 ponatur:

E. vulgaris *Rich.* Conif. p. 26 t. 4. Caule frutescente aphyllo ramosissimo, ramis articulatis rectis minute tuberculatis, amentis ad ramorum articulos subsessilibus vel pedunculo continuo aut articulato fultis solitariis binis tenuisve. ♄ In apricis calcareis ad Budam inque clivis arenosis ad Pestinum (*N.* 75) et Dorog Comit. Strigoniensis (*Grundl* exs.). Augusto, Septembri. *C. A. Meyer* Eph. 80, *Endl.* Conif. 256. E. monostachya *L.* Spec. 1472 amentis solitariis et E. distachya *L.* l. c. amentis binis, sed character e numero amentorum desumtus fallacissimus, *Reichb.* Icon. XXI. f. 1148—9. E. minor *Host* Fl. aust. II. 671. Fruticulus 1—1½' altus cano-viridis, fructus rubri.

II. ENDOGENAE PHANEROGAMAE.

JUNCAGINEAE.

SCHEUCHZERIA *L.*

Ad Sch. palustrem 773 (absque diagnosi):

Sch. palustris *L.* Spec. 482. Caule erecto folioso, foliis linearibus canaliculatis vaginae oblongae subinflatae insidentibus, floribus in racemum laxum pauciflorum collectis, capsulis ovatis inflatis, rhizomate cylindrico fistuloso repente. ♃ In turfosis Carpatorum praecipue occidentalium raro (*N.* 45). Majo, Junio. *Sturm* H. 78, *Reichb.* Icon XX. f. 927--8. Caulis 3—8″ altus, perigonia viridi-flavescentia.

POTAMEAE.

POTAMOGETON *L.*

Post P. pusillum 780:

P. Grisebachii *Heuff.* Ban. 164. *Foliis* omnibus submersis membranaceis pellucidis sessilibus exacte linearibus acutiusculis mucronulatis 1—3nerviis *dorso margineque sparsim pilosis, pedunculis spicâ* 4—8florâ saepe interruptâ *multoties longioribus,* fructibus oblique ellipticis, *caule* e tereti compresso ramosissimo *parce piloso.* ♃ In rivulis montanis ad Rumunjest Comit. Krassoviensis (*N.* 71). A primo vere in hiemem. Folia viridia ¼—¾‴ lata. Excepto indumento e pilis longioribus brevioribusque sparsis composito exacte convenit cum P. pusillo *L.,* qui glaberrimus, vix species genuina.

AROIDEAE.

ARUM *L.*

Post A. maculatum 787:

A. orientale *MB.* Taur. Cauc. II. 407. Foliis hastato-sagittatis immaculatis, spadice recto clavato spathâ breviore, clava stipitem suum subaequante, *genitalibus rudimentariis inter stamina et pistilla paucis* conico-setaceis *a staminibus remotis.* ♃ In nemoribus Comit. Bihariensis (*N.* 72). Majo. *Vis.* Dalmat. I. 185, *Reichb.* Icon. XVII. f. 9. Spatha albido-virescens, clava cum stipite atropurpurea. Species vix genuina, cum

A. maculatum *L.* nonnisi statura robustiore, spatha majore et genitalibus rudimentariis totum fere intervallum inter stamina et pistilla occupantibus recedat. (Comparavi specimina Bihariensia ab *Janka* benevole mecum communicata.)

ORCHIDEAE.

ORCHIS *L.*

Post O. masculam 791:

O. glaucophylla *Kern.* ÖBZ. XIV. 101. *Labello profunde trilobo, lobis latis crenulatis* intermedio profunde emarginato, calcare cylindrico horizontali vel adscendente ovarium aequante, *perigonii laciniis* lanceolatis acuminatis *duabus lateralibus denique reflexis, bracteis 3nerviis ovario multo longioribus perigonium excedentibus,* spica explicata elongata laxiuscula, *foliis glaucescentibus immaculatis, mediis oblongo-obovatis versus apicem dilatatis.* ♃ In silvaticis petrosis prope Réz-Bánya et Visegrad (*N.* 64). Majo. Perigonia lilacina. Affinis O. mascula *L.* differt tantum bracteis ovarium aequantibus et foliis oblongis lanceolatisve versus apicem angustatis viridibus plus minus purpureo-maculatis vel punctatis. (Specimina non vidi.)

Sequentes 4 Orchides ab *Heuffel* qua species propositas jam *Reichenbach* fil. comparatis speciminibus authenticis in Orchidiographia sua recensuit. Non sunt species genuinae et quidem:

Post O. laxifloram 792:

O. elegans *Heuff.* Flora 1835 I. 250 et Ban. 166 fide *Reichb.* Icon. XXIII. p. 48 est synonymon O. palustris *Jacq.* Secundum specimen a *Wierzbicki* ad Csiklova lectum differt tamen caule altiore usque bipedali, foliis late lineari-lanceolatis usque pollicem latis, perigoniis minoribus et labello obcordato obscure vel vix trilobo; his notis ad P. laxifloram *Lam.* spectans. In pratis paludosis montanis et planitiei Banatus. Majo, Junio.

Post O. maculatam 792:

O. saccifera *Brogn.* Exp. de Morée p. 259 t. 30 est fide *Reichb.* l. c. p. 67 t. 57 O. maculatae *L.* varietas saccigera, quae tantum bracteis angustioribus longioribusque et calcare paulo longiore crassiore subinflato a forma typica recedit. Labelli lobus medius valde productus et lobi laterales valde laceri in hac varietate aeque ac in forma typica nonnumquam occurrunt (Conf. *Reichb.* l. c. t. 54 f. 13 et 15, deinde t. 57 f. 4 et 5). O. lancibracteata *C. Koch* Linn. 1849 p. 284 est eadem planta. In silvis montium altiorum Banatus. Julio, Augusto (*Heuff.* Ban. 167).

O. tetragona *Heuff.* Flora 1833 I. 363 (an etiam *Kit.* Hydrogr. II.

' 320?) spica virginea tetragono-comosa, calcare ovarium aequante et bracteis florem suum longe superantibus ab ipso auctore in En. Ban. 167 varietas O. maculatae *L.* et in *Reichb.* l. c. p. 65 synonymon O. maculatae formae genuinae declaratur. In valle Diaraleu adThermas Herculis. Junio, Julio.

Post O. latifoliam 793:

O. cordigera *Fries* Nov.- mant. III. 130 est fide *Reichb.* l. c. p. 60 t. 59 O. latifoliae *L.* varietas subsambucina, quae foliis inferioribus cuneato-oblongis basi valde angustatis illis O. sambucinae *L.* similibus, spica pauciflora, labello leviter trilobo ambitu rotundo-ovato nunc subcordato et calcare conico a forma typica discrepat. O. cruenta *Koch.* Ban. p. 31 t. 1 nec *Retz*, specimen depauperatum. O. rivularis *Heuff.* exs. olim. In sphagnetis et ad rivulos alpium Banatus. Julio, Augusto (*Heuff.* Ban. 167).

GYMNADENIA *R. Br.*

Ad G. albidam 794:

G. **Frivaldskyana** *Hampe* Flora 1837 I. 230. *Labello trilobo, laciniis* integerrimis, *lateralibus rotundatis,* intermedio majore ovato obtuso, *calcare filiformi acuto ovarium dimidium subaequante, perigonii laciniis in galeam oblongam conniventibus, lateralibus duabus internis oblongis,* bracteis uninerviis ovario longioribus, spica cylindrica densiflora, *foliis oblongis,* tuberibus palmatis. ♃ In alpe Sarko Banatus (*N.* 66). Julio, Augusto. G. Friwaldii *Hampe* in *Griseb.* Rumel. II. 363, *Reichb.* Icon. XXIII. t. 68. Caulis 4—6" altus, spica ½—1" longa, corollae albae vel lilacinae. Affinis G. albida *Rich.* labelli laciniis lateralibus acutis, calcare breviore crassiore cylindrico obtuso et perigonii laciniis lateralibus internis obovatis distincta.

OPHRYS *L.*

Post O. apiferam 798:

O. **cornuta** *Stev.* Mém. soc. nat. Mosc. II. 1809 p. 175 t. 11 f. 3. *Labello* oblongo-obovato convexo tumido velutino *trilobo, lobis lateralibus duobus* ovatis *recurvatis, utroque basi cornu subulato deorsum curvato lobo longiore instructo,* intermedio signis glabris picto in appendicem tricrenatam glabram rectam seu sursum flexam terminato, laciniis perigonii interioribus brevissimis velutinis. ♃ In graminosis collinis perrara ad Quinqueecclesias Vesprimium et Oravica Banatus (*N.* 68). Majo, Junio. *Reichb.* Icon. IX. f. 1166. O. bicornis *Sadl.* in *Nendtv.* Quinqueeccl. p. 27 et 35 t. 1. O. Scolopax d. cornuta *Reichb.* fil. XXIII. t. 108. Perigonii laciniae albae vel lilacinae, labellum cum cornibus purpureo-fuscum signa lutescentia, cornua 2—3''' longa et hac nota inter omnes **Ophrydes hungaricas** excellens.

Observatio. *Reichenbach* fil. l. c. p. 98—101 optime demonstravit, O. Scolopax *Cav.*, O. bremiferam *Stev.*, O. oestriferam *MB.* et O. cornutam *Stev.* esse formas unius ejusdemque speciei gibberibus brevioribus longioribusve vel in cornu elongatis. Cum autem in Hungaria sola forma cornibus longissimis crescat, nomen O. cornutae praetuli.

IRIDEAE.

CROCUS *L.*

Post C. vernum 805:

C. banaticus *Heuff.* Flora 1835 I. 255, Ban. 170, nec *Gay.* Spatha monophylla, *perigonio lilacino campanulato, laciniis subaequalibus obovato-oblongis obtusis, fauce nuda,* tubo (scapo) arcte vaginato, *stigmate trifido* perigonii limbo subduplo breviore, *laciniis* erectis *sursum cristato-dilatatis denticulatis, foliis synanthiis linearibus* binis ternisve *adultis medio latioribus, tunicarum radicalium fibris capillaribus anastomosantibus vel subparallelis, areolis oblongis angustis.* ♃ In nemoribus et fruticetis ditionis orientalis (*N.* 60). Februario, Martio. *Reichb.* Icon. XIX. f. 800 — 1. C. Heuffelii *Körn.* Flora 1856 II. 476. C. vernus β banaticus *Heuff.* exs. olim. Perigonii laciniae sub apice utplurimum macula cordata profundius colorata notatae. Simillimus C. vernus *Wulf.**) perigonii laciniis magis conniventibus, fauce inter staminum basin ciliato-barbata et foliis exacte linearibus binis quaternisve; C. reticulatus *Stev.* perigonii laciniis acutiusculis, quorum tres exteriores intense violaceo-vittatae, fauce luteola, foliis exacte linearibus binis quaternisve et areolis tunicarum profunde ovatis rotundisve recedunt; nihilominus C. banaticus a C. verno vix specifice differre videtur, cum notae supra adductae sat levis momenti sint et perigonii faux teste *Andrae* Bot. Zeit. 1856 p. 66--7 nonnumquam parce pilosa occurrat.

C. moesiacus *Ker* Bot. Mag. ad t. 652 (1803) et in Ann. of Bot. I. (1805) 222. Spatha monophylla, *perigonio aurantiaco* campanulato, laciniis subaequalibus oblongis obtusis, fauce nuda, tubo (scapo) arcte vaginato, stigmate trifido perigonii limbo triplo breviore, laciniis erectis sursum dilatatis denticulatis, foliis synanthiis linearibus, tunicarum radicalium fibris filiformibus parallelis. ♃ In monte Strasuc prope Mehadia (*N.* 61). Februario, Martio. C. aureus Fl. graeca I. (1806) t. 35, Bot. Mag. t. 2986, *Reichb.* Icon. X. f. 1246, XIX. f. 792. C. luteus *Roch.* Reise 12 et 47, *Reichb.* Fl. excurs. n. 584 in addend. nec *Lam.*

---

*) Ubique Allione (1785) citatur, sed Wulfen jam 1778 in Jacq. Fl. aust. V. p. 47 hanc stirpem sub nomine C. verni proposuit.

C. Iridiflorus *Heuff.* exs., ÖBW. VII. 222. Spatha diphylla, *perigonio lilacino, laciniis inaequalibus acutis acuminatisve, exterioribus* obovatis vel oblongo - obovatis *subhorizontaliter patentibus*, *interioribus* oblongis vel lanceolatis *subdimidio angustioribus et brevioribus erectis*, fauce nuda, tubo (scapo) arcte vaginato, *stigmate trifido, laciniis erectis multipartitis* lacinulis lineari-cuneatis apice denticulatis, *foliis lanceolato-linearibus sub anthesi nullis* vere proximo prodeuntibus, tunicarum radicalium fibris capillaribus parallelis. ♃ In silvis collinis et montanis ditionis orientalis in alpes adscendens (*N.* 61). Augusto — Novembri. *Reichb.* Icon. XIX. f. 802—3. C. nudiflorus *Kit.* in *Schult.* Oestr. Fl. I. 101 nec *Sm.* C. speciosus *Baumg.* Transs. I. 60, *Reichb.* Icon. X. f. 1276—8 nec *MB.* C. banaticus *Gay* in *Féruss.* Bull. 1831 p. 320, *Körn.* Flora 1856 II. 473 nec *Heuff.* C. byzantinus *Herb.* Bot. Reg. 1845 t. 37 f. 2 et 1847 t. 4 f. 5, nec *Ker (Gawler)* Bot. Mag. 1808 p. 1111[2]. Perigonio quasi iridifloro, foliis vernalibus adultis 3—5′′′ latis et florendi tempore autumnali distinctissimus.

IRIS *L.*

Dispositio specierum.

1. Perigonii laciniae exteriores barbatae, i. e. basi linea dense pilosa notatae. 2.
   Perigonii laciniae exteriores barba destitutae. 11.
2. Perigonium unicolor, aut totum violaceum aut totum flavescens. 3.
   Perigonium aut ex violaceo et albo, aut ex luteo et violaceo, aut ex vitellino et albo variegatum. 8.
3. Perigonium totum violaceum. 4.
   Perigonium totum flavescens. 6.
4. Caulis absque perigonio 2—3″ altus uniflorus:
                         I. pumila var. violacea.
   Caulis 1—2′ altus pluriflorus. 5.
5. Folia caule breviora: I. germanica.
   Folia caulem floriferum aequantia, fructiferum duplo superantia:
                         I. bohemica*).
6. Folia angusta ½—2′′′ lata, rhizoma gracile stoloniferum:
                         I. arenaria.
   Folia latiora usque 6′′′ lata, rhizoma crassum obliquum vel horizontale. 7.
7. Caulis absque perigonio 4 — 7″ altus, folia 1½ — 3′′′ lata, perigonii tubus spathis inclusus: I. Reichenbachii.

---

*) Inter I. bohemicam Schm. et I. hungaricam WK. nullam differentiam memoratu dignam eruere possum.

Caulis absque perigonio 2—3″ altus, folia 3—6‴ lata, perigonii tubus
exsertus: I. pumila var. flavescens.
8. Perigonium ex violaceo et albo variegatum: I. lepida.
Perigonium ex vitellino et albo aut ex luteo et violaceo variegatum. 9.
9. Perigonium vitellinum, laciniae exteriores marginem versus lineis albis
pictae: I. leucographa.
Perigonium ex luteo et violaceo-variegatum. 10.
10. Perigonii laciniae interiores amoene luteae, exteriores pallidiores
venis fusco-violaceis pictae: I. variegata.
Perigonii laciniae interiores sordide luteae, exteriores ex albo et
violaceo variegatae venis fuscis pictae: I. squalens.
11. Perigonium unicolor saturate luteum, laciniae interiores stigmatis
laciniis minores: I. Pseudacorus.
Perigonium aut unicolor et violaceum, aut violaceum et ex albo et
flavo variegatum, laciniae interiores stigmatis laciniis majores. 12.
12. Perigonium totum violaceum, laciniae exteriores oblongo-obovatae in
unguem sensim attenuatae: I. sibirica.
Perigonii laciniae interiores violaceae, exteriores spathulatae vel
panduraeformes ex violaceo albo et flavo variegatae. 13.
13. Perigonii laciniae exteriores spathulatae, lamina suborbicularis, unguis
lanceolatus, caulis teres foliis longior: I. spuria.
Perigonii laciniae exteriores panduraeformes, lamina ovata, unguis
ovato-oblongus, caulis anceps foliis brevior: I. graminea.

Post I. hungaricam 809:

I. lepida *Heuff.* Flora 1853 II. 621. Barbata, *foliis* ensiformibus
caule florifero parum, fructifero subduplo brevioribus, caule plurifloro,
spathis herbaceis viridibus ovatis inflato-ventricosis, inferiore acuta, superiore obtusa vel rotundata, laciniis perigonii interioribus longitudine
exteriorum late obovatis subito in unguem contractis, tubo pro parte
spathis incluso, ovario obtuse trigono. 2↓ In dumetis collium arenosorum
legionum germanico- et serbico-banaticarum rarissima (*N.* 59). Junio.
I. lurida *Reichb.* Icon. XIX. p. 5 quoad locum natalem banaticum, non
icon, nam perigonium minime luridum. Caulis 1½—2′ altus, folia 6‴ lata,
perigonii laciniae exteriores albae basi ultra medium violaceo-venosae
lamina extima violacea, interiores albae levissime caeruleo suffusae. Diagnosis haec e descriptione auctoris derivata, in ejus herbario enim non
prostat nisi apex caulis deflorati perigoniis penitus emarcidis, et hoc
specimen insuper cultum est.

Post I. pumilam 809:

I. Reichenbachii *Heuff.* ÖBZ. VIII. 28, Ban. 170. Barbata, *foliis*
ensiformibus *1½—3‴ latis caule* uni-bifloro *elato brevioribus,* tubo spathis

* incluso, laciniis perigonii oblongo-obovatis exterioribus interiores aequantibus, rhizomate crasso obliquo vel horizontali. ♃ In rupestribus Banatus austro-meridionalis (*N.* 59). Majo, Junio. I. arenaria *Roch.* Ban. 27 et ejus Reise 59? nec *WK.* I. tristis *Reichb.* Icon. XIX. p. 3 quoad locum natalem banaticum, non icon, non descriptio. Caulis absque perigonio 4—7" altus, perigonium ex albido flavescens. Similis I. pumila *L.* differt foliis 3—6''' latis, caule 2—3" alto, tubo perigonii exserto et florescentia mense praecociore.

Post I. variegatam 809:

I. leucographa *Kern.* ÖBZ. XIII. 313. Barbata, *foliis late ensiformibus* 4—6''' latis caulem biflorum subaequantibus, spathis herbaceis perigonii tubum includentibus , *perigonii laciniis* exterioribus oblongo-cuneatis, *interioribus late obovatis subito in unguem contractis exteriores latitudine subduplo superantibus.* ♃ In arenosis ad Pestinum rarissima (*N.* 58). Junio. Caulis absque perigonio 7—8" altus, perigonium vitellinum, laciniae exteriores marginem versus lineis albis pictae. Affinis I. variegata *L.* differt laciniis perigonii interioribus et exterioribus aeque latis, interioribus in unguem sensim attenuatis, exterioribus pallide luteis venis fusco-violaceis variegatis. Hybrida ex I. variegata et I. arenaria, quibuscum una vegetat, esse non potest, cum omnes notae essentiales I. arenariae in I. leucographa desiderentur.

I. arenaria *WK.* Pl. rar. I. t. 57. Barbata, *foliis* anguste ensiformibus ½—2''' latis caule uni-biflore parum longioribus brevioribusve, tubo omnino vel basi tantum spathis incluso, *laciniis perigonii* exterioribus oblongo-obovatis, *interioribus* cuneatis *quam exteriores minoribus, rhizomate gracili stolonifero longe lateque repente.* ♃ In pascuis et clivis arenosis planitierum (*N.* 59). Aprili, Majo. *Reichb.* Icon. XIX. f. 757. I. nova *Wint.* Ind. f. 27. Caulis absque perigonio 2 — 4" altus, flos superior fere semper abortiens, perigonium parvum pallide flavum, habitu omnium gracillimo et foliis angustissimis valde distincta.

AMARYLLIDEAE.

STERNBERGIA *WK.*

Post S. luteam 811:

S. colchiciflora *WK.* Pl. rar. II. t. 159. Bulbo tunicato unifloro, flore autumnali basilari *aphyllo*, perigonii laciniis linearibus exterioribus apiculatis interioribus obtusis, *foliis* linearibus obtusis *vere proximo prodeuntibus*, capsula stipitata foliis laterali iisque multoties breviore. ♃ In apricis montanis calcareis inter lacum Balatou et Budam (*N.* 62) et in arenosis Comit. Pestinensis (*Roch.* exs.) et Bekesiensis (*Pawl.* exs.). Sep-

tembri. *N. ab E.* Gen. VI. t. 5, *Reichb.* Icon. XIX. f. 823—4. Perigonium
cum tubo 1—2" altus ejus laciniae 1—2''' latae, limbus flavus, tubus albus,
folia usque 6" longa 1—2''' lata. S. lutea *Ker* habitu robustiore, perigonii
laciniis oblongis 4''' latis et foliis synanthiis diversa.

LILIACEAE.

LILIUM *L.*

Post L. carniolicum 818:

L. albanicum *Griseb.* Rumel. II. 385. Bulbo squamoso, *foliis* erecto-
patulis acutis acuminatisve margine nervisque 5—7 in pagina inferiore
pubescenti-scabris caeterum glabris, *mediis lanceolatis confertis*, superioribus lineari-lanceolatis sparsis sensim minoribus, inferioribus nullis, caule
glabro 1—5floro *floribus nutantibus, perigonii phyllis revolutis.* 2↳ In regione
Mughi Bihariae et alpis Branu Banatus (*N.* 51). Julio. L. pyrenaicum
Baumg. Transs. I. 301 nec *Gouan.* Caulis 1—2' altus, folia media 4—6'''
lata perigonia flava. L. pyrenaicum *Gouan* (*Reichb.* Icon. XX. f. 992)
differt secundum specimina ab amicissimo *Koechel* in Pyrenaeis lectum
foliis lineari-lanceolatis linearibusve 1—3''' latis et excepto margine
utrinque glabris, perigoniisque majoribus, notae vix essentiales. In nervis
foliorum anastomosantibus (*Griseb.* l. c. 386) inter utrumque nullam video
differentiam. L. carniolicum *Bernh.* habet perigonia miniata vel fulva.
(Comparavi specimina in alpe Branu lecta et extranea).

LLOYDIA *Salisb.*

Ad L. serotinam 818 (absque diagnosi):

L. serotina *Reichb.* Fl. excurs. 102. Bulbo tunicato, caule unifloro,
foliis basilaribus binis semitereti-filiformibus caulem aequantibus superanti-
busve, caulinis multoties brevioribus lineari-lanceolatis decrescentibus,
perigonii phyllis oblongis obtusis patentibus. 2↳ In rupestribus alpinis
Carpatorum centralium et banaticorum (*N.* 50). Junio—Augusto. *N. ab E.*
Gen. IV. t. 19, *Reichb.* Icon. XX. f. 972. Anthericum serotinum *L.*
Spec. 444, *Jacq.* Fl. austr. V. app. t. 38, *Sturm* II. 28. Caulis 3—5" altus,
perigonium album striis rubellis.

GAGEA *Salisb.*

Post G. pusillam 825:

G. succedanea *Griseb.* It. 358 in vallibus umbrosis ad Thermas Herculis, ubi *Heuffel* eam detexit, G. pusillae *Schult.* simillima differt ab
illa ex verbis auctoris „bulbo obliquo, folio imo solitario juxta bulbum
cum scapo laterali late-lineari plano." Sed in agro Vindobonensi, ubi G.

pusilla frequens est, occurrunt bulbi perpendiculares et obliqui iuo horizontales promiscue uno eodemque loco et in speciminibus quatuor ab *Heuffel* ad Thermas Herculis lectis, quae comparare potui, tria habent bulbum obliquum quartum vero perpendicularem, quoad folia porro in G. pusilla minime sunt angustiora nonnumquam potius latiora et ut in G. succedanea lateralia, quae ergo nec species nec varietas sed cum G. pusilla identica est.

ALLIUM *L.*

Post A. fallax Roem. et Schult. nec Don, qui nullibi talem speciem proposuit, 828:

A. ammophilum *Heuff.* Flora 1835 I. 241, Ban. 174. Caule nudo basi tereti superne subcompresso obtuse angulato, foliis linearibus caulem latitudine superantibus subtus nervosis ecarinatis, spatha bifida, umbella hemisphaerica capsulifera, filamentis edentulis perigonium aequantibus vel superantibus, bulbo rhizomati transversali adnato tunicis integris tecto. ♃ In pascuis arenosis ad Grebenac legionis serbico-banaticae (*N.* 54). Junio, Julio. A. flavescens *Reichb.* Icon. XX. f. 1092. Caulis ½—1' altus juxta foliorum fasciculum positus et cum hoc basi vaginis aphyllis inclusus, folia secundum *Heuff.* l. c. et *Griseb.* It. 357 plana, fide *Janka* in Linn. 1859 p. 605 etiam canaliculata, *perigonia ochroleuca.* Praeter colorem perigonii nullam invenio differentiam inter A. fallax *Roem et Schult.* et A. ammophilum, mihi insuper A. fallax nil nisi varietas rupestris A. acutanguli *Schrad.* Affine A. ochroleucum *WK.* tunicis irregulariter fissis et foliis infimam partem caulis vaginantibus discrepat, A. suaveolenti *Jacq.* simillimum. A. flavescens *Bess.* Volhyn. 56 foliis semiteretibus ab A. ammophilo specifice vix differt.

Post A. oleraceum 831:

A. fuscum *WK.* Pl. rar. III. t. 241 in rupibus calcareis Banatus (*N.* 54) est sine dubio A. oleracei *L.* varietas capsulifera, se habens ad hoc ut A. pulchellum *Don* ad A. carinatum *L.* Synonyma: A. fuscum *Reichb.* Icon. XX. f. 1064, *Heuff.* Ban. 176. A. longispathum *Redout.* Lil. VI. t. 316, *Heuff.* l. c., nec *Reichb.* Icon. V. f. 619 et XX. f. 1068 propter perigonii phylla acuta. A. pallens *Host* Fl. aust. I. 423, an etiam *Koch* Syn. 832? A. paniculatum *Griseb.* It. 357 nec *Koch* l. c., quod ad A. tenuiflorum *Ten.* Fl. Nap. I. t. 30 pertinere videtur.

MUSCARI *Tourn.*

Loco M. comosi Mill. 834 ponatur:

M. comosum *Tausch* Flora 1841 I. 233. *Floribus inferioribus fertilibus remotis horizontaliter patentibus, perigonii angulati cylindrico-obovati dentibus recurvatis albido-viridibus ore aperto; floribus superioribus neutris* approximatis comosis, *perigoniis parvis* subglobosis clavatis vel cylindricis *pedicello quater—sexies brevioribus;* foliis linearibus canaliculatis. ♃ In agris, vineis, pratis collinis. Majo, Junio. *Reichb.* Icon. XX. f. 1001, *Sturm* II. 93. Hyacinthus comosus *L.* Mant. II. 366, Bot. Mag. t. 133. Scapus 1 — 2½' altus, folia latitudine varia plerumque ½ — 1" lata, perigonia florum fertilium 3 — 5''' longa olivacea, florum neutrorum tantum ½ — 3''' longa cum apice scapi et pedicellis amethystina.

M. tenuiflorum *Tausch* l. c. 234. *Floribus inferioribus fertilibus remotis horizontaliter patentibus, perigonii angulato-cylindrici dentibus brevissimis sphacelatis ore constricto subclauso; floribus superioribus neutris* approximatis comosis, *perigoniis cylindricis vel clavatis pedicellum aequantibus vel superantibus;* foliis linearibus canaliculatis. ♃ In collibus dumosis apricis absque dubio multis locis Hungariae, hucusque vero tantummodo ad Posonium *(Schneller)* et Magnovaradinum *(Janka)* observatum. Majo, Junio. Hyacinthus comosus *Jacq.* Fl. aust. II. t. 126 nec *L.* Scapus 8"—1½' altus, folia latitudine varia quidem sed iis M. comosi *Tausch* angustiora plerumque 1 — 6''' lata, perigonia florum fertilium 3—5''' longa albido-viridia, florum neutrorum 3 — 6''' longa cum apice scapi et pedicellis amethystina (Conf. *Uechtr.* Brandenb. Ver. VI. 131, 313).

COLCHICACEAE.

BULBOCODIUM *L.*

Ad B. vernum 835 (absque diagnosi):

B. vernum *L.* Spec. 422. Bulbo tunicato 1—3floro, laminis phyllorum perigonalium lanceolatis vel lineari-oblongis obtusis, foliis synanthiis subtribus lanceolatis canaliculatis glaucescentibus denique recurvis, capsulis trigonis subbasilaribus. ♃ In pratis silvisque Comit. Bihariensis (*N.* 48). Aprili. Bot. Mag. t. 153, *N. ab E.* Gen. VI. t. 8, *Reichb.* Icon. XX. f. 953—5. Perigonium cum scapo 3 — 6" altus, laminae lilacinae, ungues albae 2 — 4" longae. Habitu Colchici autumnalis *L.* formae vernali simillimum, sed perigonio hexaphyllo unguibus longissimis liberis in tubum conniventibus generice distinctum, in Colchico autumnali perigonium est gamophyllum infundibuliforme limbo sexpartito.

COLCHICUM *L.*

Sectio I. **Hysteranthia.** *Flores autumnales aphylli, folia vere proximo simul cum fructu prodeuntia.*

Post C. autumnale 835:

C. pannonicum *Griseb.* It. 359, quod a C. autumnali perigonii segmentis alternis paulo brevioribus et foliis latioribus 1½" latis differre dicitur, secundum specimina authentica a formis C. autumnalis majoribus nullo modo recedit, nam segmenta perigonii in omni C. autumnali sunt alternatim breviora et folia 1½'' lata ubique occurrunt. C. Haynaldi *Heuff.* Ban. 177 est planta non satis nota. *Heuffel* enim eam invenit in rupestribus calcareis ad Danubium Banatus in statu fructifero tantum et florem e bulbo in horto suo eduxit (*Janka* ÖBZ. VIII. 135). Extant duo specimina in herbario suo, unum fructiferum et verisimiliter spontaneum, alterum floriferum et cultum. Secundum specimina ista C. Haynaldi est gracilius quam C. autumnale *L.*, robustius quam C. arenarium *WK.*, ab hoc ultimo autem stylis manifeste uncinatis specifice recedit. Specimen floriferum cum formis minoribus C. autumnalis omnino identicum, specimen fructiferum autem foliis brevioribus semipedalibus et angustioribus 4 — 6''' latis bulboque minore discrepat. *Janka* monet in litteris, C. Haynaldi esse synonymon C. neapolitani *Ten.* Fl. Nap. III. p. 398 t. 138 (nec t. 221 ut false citatur) et IV. p. 54, quocum consentio, sed et C. neapolitanum secundum descriptionem et iconem auctoris a C. autumnali specifice non diversum puto, ut etiam *Tenore* suam speciem prius varietatem C. autumnalis habuit.

Loco C. arenarii 836 ponatur:

C. arenarium *WK.* Pl. rar. II. t. 179. Bulbo tunicato 1 — 2floro, floribus autumnalibus basilaribus aphyllis, *perigonii* limbo tubo multo breviore, *laciniis obverse-lanceolatis* recto-nervosis, *stylis rectis, foliis anguste lineari-lanceolatis* obtusis canaliculatis canescentibus vere proximo prodeuntibus, capsula stipitata oblongo-ovata utrinque acuta foliis breviore. ♃ In pascuis et clivis arenosis planitierum (*N.* 49). Augusto — Octobri. *Reichb.* Icon. XX. f. 944 — 5. Perigonium cum tubo 4 — 6'' altum, limbus intense lilacinus, ejus laciniae sicut folia 2 — 3''' lata. Inter affinia C. autumnale *L.* multo majus et robustius, folia late lanceolata 1 — 1½'' lata et styli apice uncinati. C. arenarium *Koch* Syn. l. c. Istriae incola est alia species in *Parlat.* Fl. ital. III. 188 C. Kochii nuncupata, differt a C. arenario *WK.* perigonio adhuc minore, laciniis lineari—lanceolatis 1—2''' latis versus apicem non dilatatis, foliis angustioribus viridibus et praecipue stylis uncinatis.

Sectio II. **Synanthia.** *Flores simul cum foliis prodeuntes.*

C. bulbocodioides *MB.* Taur. Cauc. I. (1808) p. 293. Bulbo tunicato bi- raro trifolio uni-plurifloro, floribus basilaribus simul cum foliis prodeuntibus, perigonii limbo tubo multo breviore, laciniis lineari-oblongis 7—12nerviis, nervis stylisque rectis, foliis late lineari-lanceolatis acutis canaliculatis ciliatis recurvis. ♃ In graminosis montis Harsányhegy prope Siklos Comit. Baranyensis (*Janka*). Februario, Martio. *Steven* in Mém. soc. nat. Mosc. VII. 1829 p. 267 t. 16, sed icon haec plantam hungaricam

non bene exhibet. Stirps gracilis elegans, perigonium cum tubo 3 — 5''
altum album vel limbus tinctu pallide violaceo variegatus, laciniae 2—3'''
latae, tubus filiformis debilis post anthesin cum limbo cernuus, antherae
luteae, folia opaca 3 — 6''' lata. (Conf. etiam *Janka* ÖBZ. XVII. 102.)
Comparavi specimina viva ab amico *Janka* missa.

Observatio. *Janka* plantam hungaricam propter florescentiam ver-
nalem C. bulbocodioides *MB.* habet, quem sequutus sum, quamvis ea
habitu Colchico Bertolonii *Stev.**) multo similior est et imprimis cum
icone in *Reichb.* Icon. XX. f. 940—41 exacte congruit, contra C. bulbocodioides secundum iconem *Steveni* supra citatam et specimina rossica
ac algerica a me visa statura robustiore, bulbo 3 — 4folio et perigonii
laciniis latioribus 12—plurinerviis a stirpe hungarica conspicue recedit. C.
Bertolonii typice quidem Septembri ad Novembrem floret, sed florendi
tempus differentiae specificae constituendae vix sufficere videtur, cum C.
Bertolonii fide *Vis.* Dalmat. I. 157 a Decembris exitu ad Februarium
floreat et in *Griseb.* Rumel. II. 379 inter Colchica vernalia enumeretur,
simul in museo c. r. Vindobonensi specimina algerica asserventur, quae
nunc autumno nunc vere in statu florifero lecta sunt. His de causis
plantam hungaricam formam intermediam habeo atque C. bulbocodioides
et C. Bertolonii specifice non diversa esse puto.

CYPERACEAE.

CYPERUS *L.*

Post C. fuscum 849:

C. calidus *Kern.* ÖBZ. XIV. 84. *Anthela umbelliformi fasciculis*
polystachiis simplicibus vel compositis pedunculatis sessilibusque *consistente,*
spiculis linearibus compresso-planis, *glumis* oblongis *enerviis* denique
patulis, stigmatibus tribus, nucula obovata argute triquetra, *involucri*
polyphylli *foliis* anthela longioribus *horizontaliter patentibus vel deflexis,*
foliis culmeis culmum aequantibus vel superantibus, radice fibrosa annua.
In aquis calidis stagnantibus ad thermas Budenses (*N.* 44). Augusto,
Septembri. Culmi 6—14'' longi, folia flaccida 2''' lata, anthela gracilis,
glumae purpureo-fuscae stria dorsali lata viridi. Affinis C. fuscus β.
virescens differt quidem habitu firmiore, culmis humilioribus 1—8'' longis,
foliis culmeis culmo brevioribus angustioribus lineam circiter latis et
inflorescentia uberius evoluta, nihilominus C. calidus ejus forma herba
luxuriante et inflorescentia depressa esse videtur in aqua calida sulfurata
orta. Dantur quoque formae intermediae, teneo enim specimen C. fusci

---

*) C. Bertolonii Stev in Mém. soc. nat. Mosc. VII. 268, Vis. Dalmat. I. 156, Parlat. Fl. ital. III.
190, Reichb. Icon. XX. f. 940—41. C. montanum Bertol. Rar. Ital. pl. dec. III. 1810 p. 19 (nec L., nec
All.), Vis. Stirp. t. 6 sed icon nimis aucta.

β. virescentis a *Kotschy* anno 1850 „in paludosis thermarum Budae" lectum culmis pedalibus debilibus et anthela gracili parva C. calidi, sed folia sunt culmo duplo breviora et angusta lineam lata.

C. glaber *L.* Mant. II. 179. *Anthela umbelliformi fasciculis polystachiis* simplicibus vel compositis pedunculatis sessilibusque *consistente*, spiculis lineari-oblongis compressis, *glumis* ovalibus *multinerviis* denique patulis, stigmatibus tribus, nucula obovata argute triquetra, *involucri* 3—5phylli *foliis* anthela longioribus *horizontaliter patentibus vel deflexis, foliis culmeis culmo brevioribus, radice fibrosa annua.* In ripis arenosis Sirmii et Banatus (*N.* 44). Julio — Septembri. *Reichb.* Icon. III. f. 347, XVIII. f. 669, specimina parva. C. patulus *Kit.* in *Host* Gram. III. t. 74 fide *Parlat.* Fl. ital. II. 29 et *Panč.* ZBV. VI. 586. C. banaticus *Kit.* in litteris secundum *Parlat.* l. c. 30 et *Kan.* ZBG. XVI. 80—1. Culmi erecti ½—1½' alti, folia 1—2''' lata, glumae fusco-sanguineae carina et margine viridibus. Radix C. patuli in *Host* Gram. III. p. 50 perennis dicitur, sed in icone sicut in speciminibus Sirmiensibus siccis annua esse videtur et in *Host* Fl. aust. I. 53 C. patulo radix simpliciter fibrosa adscribitur ut C. pannonico, flavescenti et fusco. C. glaber *L.* certe est annuus. Inter affines C. flavescens *L.* foliis duplo angustioribus, spiculis sordide luteis et stigmatibus duobus; C. calidus *Kern.* foliis culmeis culmum aequantibus vel superantibus; C. fuscus *L.* spiculis nigris vel viridi-fuscis, glumis enerviis et statura graciliore differunt.

C. pannonicus *Jacq.* Fl. austr. V. app. t. 6. *Anthela simplicissima ad fasciculum e spiculis 3 — 8 sessilibus compositum reducta,* spiculis oblongis compressis, glumis ovalibus enerviis denique patulis, stigmatibus duobus, nucula obovata compressa, *involucri diphylli* foliis anthela longioribus, *folio inferiore erecto vel curvato continuationem culmi aemulante,* foliis culmeis culmo brevioribus, radice fibrosa annua. In arenosis salsis planitierum (*N.* 44). Augusto, Septembri. *Host* Gram. III. t. 70, *Sturm* H. 52, *Reichb.* Icon. XVIII. f. 660. Culmi decumbentes aut adscendentes 3 — 12'' longi, folia angusta circiter semilineam lata, glumae viridi-albidae utrinque macula fusco-rubra. Species anthelâ oligostachyâ et ob involucri folium inferum erectum Scirporum more spurie laterali distinctissima.

ELYNA *Schrad.*

Ad E. spicatam 861 (absque diagnosi):

E. spicata *Schrad.* Fl. germ. 155. Spica terminali solitaria teretiuscula e spiculis billoris androgynis composita, staminibus elongatis denique pendulis, foliis setaceis rigidis, radice fibrosa caespitosa. 2↓ In alpe Skarisora Banatus (*N.* 41). Julio, Augusto. *Sturm* H. 36, *N. ab E.* Gen. IX. t. 19. *Reichb.* Icon. XVIII. t. 193. Carex Bellardi *All.* Pedem.

t. 92 f. 2, *Host* Gram. IV. t. 77. Caulis 3—6" altus, spica circiter 6'''
longa, glumae ferrugineae et albo-marginatae.

CAREX L.

Post C. rupestrem 863:

C. pyrenaica *Wahlb.* Vet. Ac. Handl. 1803 p. 139. *Spica terminali
solitaria ovato-oblonga androgyna multiflora* densa superne mascula, stigmatibus 3, *fructibus ovato-lanceolatis* trigonis glabris *stipitatis* in rostrum
emarginatum attenuatis *demum horizontaliter patentibus, infimis reflexis,
glumis femineis fructu maturo caducis*, foliis linearibus plicatis, *radice
fibrosa caespitosa.* ♃ In humidis alpinis Banatus (*N.* 31). Julio, Augusto.
Reichb. Icon. XVIII. f. 530, *Heuff.* Fragm. in Linn. 1863 t. IV. f. 2,
C. Grossekii *Heuff.* exs. olim. Culmi 3—10" alti debiles, folia angusta
½''' lata, spica 3 — 6''' longa, fructus cum gluma fusci. Affinis C. rupestris *All.* spica lineari, fructibus erectis et glumis femineis persistenti-
bus differt.

Ad C. Personii 870:

C. vitilis *Fries* Nov. mant. III. 137 ad lacum nigrum Tatrae borealis
a C. Personii *Sieb.* non differt (*Anders.* Cyper. 58, *Trev.* in *Ledeb.* Ross.
IV. 281, *Aschers.* Bot. Zeit. 1865 p. 366, *Uechtr.* ÖBZ. XVI. 210). C.
Personii autem ab auctoribus nonnullis varietas alpina brunnescens C.
canescentis *L.* habetur (*Pers.* Syn. II. 539, *Wahlb.* Fl. lappon. 232, *Koch*
Syn. ed. I. 754, *Trev.* l. c.).

Post C. strictam 872:

C. Buekii *Wimm.* Schles. Gesellsch. 1851 p. 83. *Spicis masculis
1—2, femineis 2—5 elongato-cylindricis* approximatis remotisve sessilibus
erectis vel inferioribus pedunculatis et tunc nonnumquam nutantibus,
bracteis basi utrinque auriculatis vagina destitutis, infima foliacea culmum
subaequante, reliquis multo angustioribus vix longitudine spicae suae,
stigmatibus 2, *fructibus* glabris obovatis compressis *obsolete vel vix nervosis*
arcte imbricatis glumâ latelineari latioribus et paulo longioribus aut brevioribus, rostro brevissimo integro vel bidentato, *culmo* erecto acutangulo
scabro *basi vaginis aphyllis margine reticulato-fissis cincto*, medio 3—4-
foliato, *foliis latelinearibus culmo triplo latioribus*, radice caespitosa simulque stolonifera. ♃ In fossis aquarum et pratis paludosis Banatus (*N.* 34).
Aprili, Majo. *Wimm.* Fl. Schles. ed. III. 81. C. banatica *Heuff.* Ban. 186
secundum specimina fructifera authentica, *Aschers.* ÖBZ. XVI. 108, XVII.
26, *Uechtr.* in litteris. Culmus 1—2' altus, folia 2—4''' lata viridia, spicae
masculae fuscae glumis obtusis, femineae plerumque 1—1½" longae interdum etiam breviores glumis acutis atropurpureis stria dorsali viridi,
fructus parvi virides teste *Heuffel* nervosi, sed re vera in planta banatica ·

- basi tantum obsolete nervosi, in planta silesiaca enervosi. C. stricta
Good. et C. Drejeri *Lang* radice dense caespitosa stolonibus destituta,
foliis angustioribus summum 2‴ latis, spicis crassioribus brevioribusque et
fructibus majoribus; C. vulgaris *Fries* et C. acuta *L.* culmis jam basi
foliatis et vaginis non reticulato-fissis distinguuntur.

Ad C. Drejeri 872:

C. Drejeri *Lang* (C. pacifica *Drej.*, C. caespitosa *L.*, *Reichb.* Icon.
XVIII. f. 582), quam in Enumeratione mea p. 34 pro Hungaria dubiam
indicavi, nunc in vallibus Tatrae reperta est (*Aschers.* ÖBZ. XVI. 106).
Sed dubitavi et dubito adhuc, *Hazslinszky* sub sua C. caespitosa in
Éjsz. Magy. 312 et in Ak. Közl. IV. 130 genuinam plantam hujus nominis
intellexisse, cum eam in ditione media et australi territorii sui, insuper in
regionibus ad Tibiscum Comit. Zempliniensis australis tamquam plantam
vulgarem adducat et C. strictam *Good.* certe ibi frequenter obviam
praetermittat. Tatra in ditione boreali sita est.

Post C. vulgarem 873:

C. dacica *Heuff.* Flora 1835 I. 247, Ban. 185, Fragm. in Linn. 1863
t. IV. f. 1 in turfosis alpinis et subalpinis Banatus et alpium Rodnensium
(*N.* 34) secundum descriptionem auctoris et specimina in ejus herbario in
alpibus Sarko et Retyezát lecta non differt a C. vulgari *Fries* nisi foliis
rigidioribus planis (nec concavis) et fructibus obsolete (nec manifeste)
nervosis. His notis exacte convenit cum C. hyperborea *Drej.* Rev. Car.
43 (*Anders.* Cyper. p. 52 t. V. f. 47, *Wimm.* Fl. Schles. ed. III. 84,
Aschers. ÖBZ. XV. 283), quae nuperrime etiam in valle Tatrae subalpina
Weisswasserthal dicta detecta est (Brandenb. Ver. VII. 157). Reliqui ab
Heuffel deducti characteres, quibus C. dacicam a C. vulgari discernere
vult, nempe spicae laxiflorae, quarum infima fere semper exserte pedunculata, herba laete viridis et fructus vix valva latiores sunt admodum
variabiles, in C. vulgari aeque occurrunt et in speciminibus ab ipso
Heuffel lectis pro parte desiderantur. C. saxatilis *Baumg.* Transs. III.
296 cum C. dacica fide *Heuff.* in Flora 1844 II. 536 est identica, sed et
C. saxatilis *Kit.* in *Schult.* Oestr. Fl. I. 146 in alpibus Dumbier et
Křivan et ad lacum viridem Tatrae (teste *Heuff.* l. c. varietas alpina C.
vulgaris) verisimiliter huc pertinet. Mihi tam C. dacica quam C. hyperborea sunt formae subalpinae vel alpinae C. vulgaris, ad C. rigidam *Good.* quoque spectantes, quae foliis glaucis recurvis et fructibus
subtrigonis parum recedit, in Hungaria autem nondum observata est. In
Griseb. It. 360 C. dacica ad C. pacificam *Drej.* (C. Drejeri *Lang*)
confertur, quod evidenter falsum.

Post C. praecocem 877:

C. trachyantha *Dorner* in Flora 1844. II. 534 et Bot. Zeit. 1863 p. 44, *Heuff.* Ban. 183 in pascuis montis Domugled (*N.* 35) est secundum specimen authenticum ab ipso auctore lectum et in herbario *Heuffel* asservatum forma C. pr a e c o c i s *Jacq.* culmo elongato 8" alto, bractea infima foliacea vaginante spicam masculam attingente et glumis femineis nervo excurrente in cuspidem longam dimidiam glumam subaequantem acuminatis. Fructibus pubescentibus et rhizomate stolonifero coincidit cum forma typica C. praecocis. In hac sunt glumae vel obtusae nervo excurrente longius breviusve mucronatae vel acutae in nervum excurrentem attenuatae et sic transitum in C. trachyantham praebent. C. trachyantha itaque se habet ad C. praecocem typicam ut varietas C. Kochiana *DC.* ad C. paludosam *Good.* typicam. C. pilulifera *L.*, quacum *Dorner* C. trachyantham comparat, radice fibrosa caespitosa recedit.

Post C. digitatam 878:

C. pediformis *C. A. Meyer* Cyp. nov. in Mém. de l'acad. St. Petersb. I. p. 25 t. 10. Spica mascula solitaria pedunculata, femineis subternis linearibus remotis vel approximatis incluso- vel exserte pedunculatis, fructiferis laxifloris, *bracteis* membranaceis vaginantibus *cuspidatis*, *infima subulato-foliacea*, stigmatibus 3, *fructibus* obovatis trigonis brevissime et *oblique rostratis* pubescentibus *glumam oblongam in mucronem attenuatam vel acuminatam aequantibus*, *culmo triquetro scaberrimo, vaginis ad basin culmi foliiferis, rhizomate crasso horizontali apice caespitoso.* 2| In monte calcareo Drevenyik Scepusii (*N.* 37). Aprili, Majo. *Kunze* Riedgr. t. 16, *Anders.* Cyper. t. 7 f. 86. Rhizoma validum lignosum comosum longe protensum, culmi ½—1' longi, glumae pallide ferrugineae margine hyalino-albo et stria dorsali viridi. Simillima C. digitata *L.* bracteis oblique truncatis non foliaceis, fructibus recte rostratis, glumis obovatis mucronatis quidem sed obtusis vel truncatis, culmo compresso glabro, vaginis ad basin culmi aphyllis et radice caespitosa fibrosa differt.

Ad C. ferrugineam 882:

C. tristis *MB.* Taur. Cauc. III. 615 in alpibus Marmatiae et Banatus (*Janka* Linn. 1859 p. 612) est varietas polystachya C. ferrugineae *Scop.* „non enim differt nisi spiculis masculis geminis imo pluribus (usque 4) ita tamen ut talis solitaria quoque subinde occurrat" (*Trev.* in *Ledeb.* Ross. IV. 294). Variat etiam spicis androgynis apice tantum masculis (*MB.* l. c.). In C. ferruginea typica spica mascula plerumque est solitaria.

Post C. Michelii 883:

C. brevicollis *DC.* Fl. franç. V. 295. Spica mascula solitaria, *spicis femineis* 1—3 remotis oblongis exserte pedunculatis erectis *multi-*

* *floris, bracteis vaginantibus* subfoliaceis *spica sua brevioribus vel infima
eam aequante*, stigmatibus 3, *fructibus* glabris vel parce puberulis nervosis
ellipsoideis vel subglobosis in rostrum lineare margine serrulato-scabrum
apice acute bifidum sensim attenuatis vel subito acuminatis, rhizomate
repente densos caespites nutriente. ♃ In herbidis et rupestribus umbrosis
Banatus (*N.* 39). Aprili, Majo. *Reichb.* Icon. XVIII. f. 606, *Kunze* Riedgr.
t. 4. C. rhynchocarpa *Heuff.* Flora 1833 I. 364 et in Linn. 1863 t. V.
f. 6, *Sturm* II. 69. C. tetanica *Roch.* Reise 12, 43, nec *Schk.* C. va-
ginata *Maly* En. austr. 36 quoad plantam banaticam, nec *Tausch.* Culmi
1—2' alti, folia radicalia anni prioris 2—3''' lata rigida plana culmum
longitudine aequantia illis C. pilosae *Scop.* similia, culmen brevissima
longe vaginantia, glumae masculae et femineae ferrugineae, hae ultimae
stria dorsali viridi. Proxima C. Michelii *Host* spica mascula obscure
straminea, glumis femineis albido-viridibus, fructibus inflatis, stigmatibus
longissimis, foliis angustioribus 1—1½''' latis, rhizomate repente quidem
sed culmos solitarios tantum emittente diversa.

GRAMINEAE.

ERIANTHUS *Rich.*

Post E. Ravennae 889:

E. Hostii *Griseb.* Rumel. II. 548. *Panicula subcoarctata stricta,
pilis sericeis spiculam cingentibus eâ brevioribus,* valvis spiculae sessilis
glabris, spiculae pedicellatae sparsim pilosis, *valva inferiore oblonga apice
emarginata,* palea superiore aristata, arista longe exserta, foliis lanceolato-
linearibus canaliculatis basin versus sparsim villosis caeterum glabris. ♃
In vineis graminosisque Comit. Bacsiensis et Slavoniae (*N.* 30). Julio,
Augusto. Andropogon strictus *Host* Gram. II. t. 2. Erianthus
strictus *Bluff et Fingerh.* Comp. ed. II. 1. 105 nec *Baldw.* Saccharum
strictum *Spr.* Pugill. I. 16, *Reichb.* Icon. XI. f. 1506. Caulis 2—4' altus,
panicula 3—6'' longa, spiculae parvae 1—2''' longae purpurascentes, folia
3—6''' lata. E. Ravennae *PB.* differt statura robustiore, panicula patula
ramosissima pedali, valva inferiore lanceolata acuminata et pilis spiculam
involucrantibus eam aequantibus vel superantibus, hinc panicula villosissima.

SORGHUM *Pers.*

Post S. vulgare 891:

S. cernuum *Willd.* En. Berol. II. 1036. *Panicula ovata conferta
cum apice culmi pendula,* spiculis hermaphroditis obovatis longe aristatis,
masculis oblongo-lanceolatis muticis brevissime pedicellatis, *valvis villosis,*

radice fibrosa. ⊙) Colitur in Hungaria australi (*Schult.* Oestr. Fl. I. 209), an adhuc nostris temporibus? Julio, Augusto. *Host* Gram. IV. t. 3, *Reichb.* Icon. XVII. f. 466. Stirps speciosa, culmus orgyalis, folia 1—2″ lata, semina subglobosa alba.

TRAGUS *Desf.*

Ad T. racemosum 891 (absque diagnosi):

T. racemosus *Desf.* Fl. atlant. II. 386. Culmis simplicibus vel basi ramosis procumbentibus adscendentibusve ad genicula saepe radicantibus, spiculis ovato-lanceolatis in paniculam racemiformi-contractam linearem digestis. ⊙ In arenosis et in ipsa arena mobili planitierum (*N.* 13). Julio — Septembri. Lappago racemosa *Willd.* Spec. I. 484, *Host* Gram. I. t. 36, *Reichb.* Icon. XI. f. 1414. Culmi 3—8″ longi, spiculae plerumque obscure violaceae.

HIEROCHLOA *Gmel.*

Ad H. odoratam 895:

Opinionem *Jankae* in Linn. 1859 p. 614, **H.** orientalem *Fries et Heuff.* ÖBZ. VIII. 28 et Bau. 188 ab H. odorata *Wahlb.* (H. boreali *Roem. et Schult.*) non differre, comparatis speciminibus authenticis omnino confirmare possum, nam evidenter est eadem planta. In schedula herbarii sui *Heuffel* scripsit: „H. borealis *Roem. et Schult.*, MK. Deutschl. Fl. I. 548. Diagnosis et descriptio apprime quadrant, tamen cel. *Fries* in litteris plantam indescriptam a vera H. boreali distinctam esse monet et H. orientalis nomine salutandam esse censet.“ Sed quomodo H. borealis et H. orientalis discernendae sint, neque *Fries* neque *Heuffel* demonstrarunt.

Post Crypsin 897:

BECKMANNIA *Host* Gram. III. p. 5.

Gluma bivalvis biflora glumellà paulo brevior, valvae aequales compresso-naviculares obtusae muticae. Glumella bipaleacea membranacea, palea inferior mucronata. Styli breves, stigmata elongata plumosa ex apice spiculae egredientia. *N. ab E.* Gen. XI. t. 20.

B. erucaeformis *Host* l. c. t. 6. Spiculis subrotundis in spicas imbricatas unilaterales biseriatas dispositis, spicis in apice culmi alternatim sessilibus pedunculatisve primo rachi adpressis denique patentibus spicam terminalem simplicem vel compositam formantibus, culmo erecto glabro, foliis scabris, ligula oblonga acuta, rhizomate repente. ♃ In inundatis et fossis aquarum planitierum (*N.* 11). Julio — Septembri. *Reichb.* Icon. XI. f. 1402—3. Phalaris erucaeformis *L.* Spec. 80. Culmus

1½—2′ altus, spiculae pallidae dorso virides. Spicarum similitudo cum
Eruca (*Raupe*) vix divinanda.

Loco generis Leersia 900 ponatur:

ORYZA *A. Br.* Brandenb. Ver. 1860 p. 195 t. 3.

Spiculae uniflorae. Gluma 4valvis, valvae glumellae proximae di-
minutae lanceolatae, reliquae 2 aut omnes 4 squamaeformes vel rudimentares. Glumella 2paleacea coriacea vel chartacea, paleae compresso-
carinatae subaequales muticae aut inferior aristata superiore multo latior.
Stamina 3—6. Styli mediocres, stigmata plumosa e latere spiculae egredientia. Caryopsis paleis inclusa libera. Oryza et Leersia auctorum,
N. ab E. Gen. XI. t. 1—2.

O. sativa *L.* Spec. 465. *Panicula contracta, spiculis* ovalibus hispidis *hexandris, valvis 2 evolutis lanceolatis diminutis,* 2 squamaeformibus,
palea inferiore aristata vel mutica, foliis scabris, *radice fibrosa annua.*
Colitur in Comit. Temesiensi (*N.* 9). Julio. *Host* Gram. IV. t. 25. Affinis
O. claudestina *A. Br.* l. c. 204 (Leersia oryzoides *Sw.*) statura
graciliore, panicula effusa flaccida, spiculis minoribus triandris, valvis omnibus rudimentaribus et stolonibus repentibus discrepat.

PIPTATHERUM *PB.*

Post P. paradoxum 908:

P. holciforme *Roem. et Schult.* Syst. II. 328. Panicula laxa, ramis
geminis longissime nudis flaccidis vel demum cernuis, glumis lanceolatis
acutis glumellà sparsim pilosiusculà longioribus, *arista exsertu glumam
duplo superante, foliis planis* scabris, culmeis late linearibus, basilaribus
angustioribus, *ligula elongata,* radice fibrosa caespitosa. ♃ In lapidosis
calcareis ad Danubium in Banatu (*N.* 13). Aprili, Majo. P. caerulescens
Koch. Reise 5 nec *PB.* Milium holciforme *Spr.* Syst. I. 251. Urachne
grandiflora *Trin.* Gram. unifl. 174, *Ledeb.* Icon. III. t. 224. P. paradoxum *Reichb.* Icon. XVII. t. 74=88 figurae duae sinistrae ob ligulam
elongatam et totum habitum sine dubio P. holciforme sistit. Caulis
1½—2′ altus, folia culmea 2—3‴ basilaria ½—1‴ lata, spiculae 3—4‴
longae basi violaceae. P. paradoxum *PB.* spiculis viridibus subduplo
minoribus, arista longissima glumam quater—quinquies superante et ligula
brevissima truncata; P. caerulescens *PB.* arista glumam vix superante
et foliis anguste linearibus demum convolutis discrepant. Caeterum genus
Piptatherum non differt a Milio nisi glumella aristata, character certe
non genericus.

SESLERIA Scop.

Loco S. caeruleae 911 ponatur:

S. caerulea *Ard.* Animadv. II. 18. Spica oblonga, spiculis 2 - 3floris, palea inferiore glabra vel parce hirsuta aristata, *arista brevissima paleam dimidiam non aequante, foliis* linearibus planis vel complicatis *subito in apicem subtriangularem obtusum vel mucronatum desinentibus etiam basilaribus culmo brevioribus*, vaginis emarcidis margine fissis, radice caespitosa simulque stolonifera. ♃ In rupibus calcareis Carpatorum occidentalium et in pratis udis planitierum (*N.* 19). Martio, Aprili. *Host* Gram. II. t. 98, *Reichb.* Icon. XI. f. 1510. Culmi ½—1½′ alti, folia 1—2‴ lata viridia, spicae viridi-caerulescentes raro albidae.

S. caerulans *Friv.* Flora 1836 II. 438. Spica ovata vel globosa, spiculis 2—3floris, palea inferiore hirsuta vel subglabra aristata, *arista paleam dimidiam aequante vel superante, vel superante, foliis* linearibus planis complicatis vel filiformi-convolutis *cuspidatis etiam basilaribus culmo brevioribus*, vaginis emarcidis margine fissis, radice caespitosa simulque stolonifera. ♃ In alpinis Tatrae et Banatus (*N.* 19). Julio. S. juncifolia *Roch.* Reise 25 quoad plantam banaticam alpinam, nec *Host*. S. marginata *Griseb.* Rumel. II. 442, paleae subglabrae. S. Biolzii *Schur* Siebenb. Ver. 1850 p. 109, paleae hirsutae. S. rigida *Schur* ZBV. VI. 200 exclus. var. c. rigidifolia, nec *Heuff.* S. rigida β. Bielzii *Heuff.* Ban. 191. S. rigida *Griseb.* It. 361 tam ad genuinam S. rigidam *Heuff.* quam ad S. caerulantem spectat. Culmi 3—12″ alti, folia ⅓—1‴ lata rigida glauca, spicae viridi-caerulescentes.

S. filifolia *Hoppe* in Flora 1834 I. 384. Spica oblonga, spiculis 2—3floris, palea inferiore glabra vel parce hirsuta aristata, *arista brevissima paleam dimidiam non aequante, foliis* linearibus filiformi-convolutis *cuspidatis etiam basilaribus culmo brevioribus, vaginis emarcidis in fibras distinctas longitudinales fissis*, radice caespitosa simulque stolonifera. ♃ In rupibus calcareis Banatus australis (*N.* 19). Martio, Aprili. *Heuff.* Ban. 192. S. tenuifolia *Roch.* Ban. 2. Culmi tenues 6″ alti, folia vix ¼‴ lata glauca, spicae viridi-caerulescentes. S. tenuifolia *Schrad.* simillima quidem sed vaginis dense reticulato-fibrosis facile dignoscenda.

S. rigida *Heuff.* in *Reichb.* Fl. excurs. p. 140³ Spica oblonga vel ovata, spiculis 2—3floris, palea inferiore glabra carina margineque ciliata aristata, arista paleam dimidiam aequante vel eâ breviore. *foliis* linearibus *filiformi-convolutis* apice obtusis, *basilaribus culmo florente longioribus* vel parum brevioribus, vaginis emarcidis margine fissis, radice caespitosa simulque stolonifera. ♃ In rupibus calcareis Bihariae et montis Domugled Banatus (*N.* 19). Aprili, Majo. *Heuff.* Flora 1833 I. 366, Ban. 191 exclus. var. β, *Reichb.* Icon. XI. f. 1512. S. juncifolia *Roch.* Reise 12 quoad

plantam montis Domugled, nec *Host.* S. rigida c. rigidifolia et pro
parte S. Haynaldiana *Schur* ZBV. VI. 202, 207, conf. quoque *Janka*
Bot. Zeit. 1859 p. 73. Culmi graciles $\frac{1}{2}$—1' alti, folia $\frac{1}{3}$—$\frac{1}{2}$''' lata glauca
rigida dura, spicae viridi-caerulescentes.

S. Heufleriana *Schur* Sert. 84. Spica oblonga vel ovata, spiculis
2—3floris, palea inferiore hirsuta aristata, arista paleam dimidiam aequante,
foliis linearibus *planis denique complicatis cuspidatis, basilaribus culmo
florente longioribus* vel parum brevioribus, vaginis emarcidis margine fissis,
radice caespitosa simulque stolonifera. ⁊ In calcareis ad Balaton, Strigonium et Budam (*Janka* ÖBZ. XVII. 34). Aprili, Majo. S. caerulea *Sadl.*
Pestin. 48, *Griseb.* It. 361, nec *Ard.* Culmi 1 — 3' alti, folia $\frac{1}{2}$ — 1''' lata
supra glauca subtus viridia rigida dura, spicae viridi-caerulescentes.

In dispositione specierum generis Seslcriae auctores recentiores
inprimis *Jankam* in ÖBZ. X. 35 secutus sum, quamquam characteres ab
iis propositi levissimi sint momenti et insuper minime constantes. Sic tran-
situs folii plani in canaliculatum et canaliculati in convolutum facile observari licet, hirsuties vel glabrities palearum quam maxime est variabilis et
differentiae e longitudine aristae desumtae sunt vix conspicuae, quia
arista ·in omnibus Sesleriae speciebus hungaricis unam lineam haud
superat. Inde auctorum repugnantia facile explicanda. *Heuffel* e. c.
propias suas species non novit, cum teste herbarii sui S. filifoliam cum
S. rigida et S. rigidam cum S. caerulante confuderit. Equidem
lubenter fateor, me multas formas, quas comparavi, divellere non potuisse.

AVENA *L.*

Post A. pratensem 919:

A. compressa *Heuff.* Flora 1835 I. 244. *Panicula contracta* racemosa elongata lineari, *ramis plerumque geminis spiculas binas gerentibus,*
una pedunculata altera subsessili, *spiculis 4—6floris,* axi piloso, pilis arti-
culorum callo paulo longioribus, valva superiore 3nervia, palea inferiore
dorso supra medium longe aristata, ovario apice piloso, *foliis* linearibus
planis vel complicatis *utrinque glabris, vaginis compressis* glabris radice
caespitosa. ⁊ In vincis ad Veršec Banatus (*N.* 17). Majo, Junio. *Reichb.*
Icon. XVII. f. 210. A. caryophyllea Fl. graeca I. t. 89, *Griseb.* Rumel.
II. 453, nec *Wigg.* et A. australis *Parlat.* Fl. ital. I. 285 suadente *Janka*
ÖBZ. XIV. 137 non differunt. Culmi 1—1$\frac{1}{2}$' alti, folia 1—2''' lata, spiculae
6—8''' longae albicantes nitidae, radix fide *Heuffel* annua, quod evidenter
falsum. Similis A. pratensis *L.* panicula simpliciore, pilis axeos longioribus, foliis angustioribus supra scaberrimis et vaginis teretibus recedit.
Cum speciebus sectionis Triseti *Koch,* cui A. compressa in *Heuff.* Ban.
193 subjungitur, nulla est similitudo.

Post A. alpestrem 921:

A. carpatica *Host* Gram. IV. t. 31 (A. fusca et ciliaris *Kit.* in *Schult.* Oestr. Fl. I. 268) in alpinis et subalpinis Carpatorum occidentalium et Banatus (*N.* 17) est varietas A. flavescentis *L.* spiculis duplo majoribus ex aureo et violaceo vel fusco variegatis (nec pallide flavescentibus), quamvis spiculae in icone *Hostii* albido-virentes depictae sunt. Inter A. alpestrem *Host*, etiam varietatem alpinam A. flavescentis, et A. carpaticam vero fere nullam differentiam eruere possum, sunt enim spiculae in utraque ex aureo et violaceo variegatae, sed in A. alpestri clari et pulchri coloris, in A. carpatica obscurae et fuscae. Omnes aliae notae ab auctoribus adductae sunt fallaces, nam utraque variat caule humiliore et altiore, panicula contracta et diffusa, ovario glabro et apice piloso, foliis latioribus et angustioribus, glabris ciliatis et pilosis (Conf. quoque *Griseb.* It. 361).

MELICA *L.*

Post M. Bauhini 923:

M. altissima *L.* Spec. 98. *Panicula contracta spiciformi* secunda basi interrupta, spiculis oblongo-lanceolatis, *paleis imberbibus*, foliis late linearibus vaginisque scabris, rhizomate repente. ♃ In silvaticis saxosis, ad sepes et margines vinearum (*N.* 22). Junio, Julio. *Host* Gram. II. t. 9, *Reichb.* Icon. XI. f. 1579--80. Culmus 2 — 5' altus, folia 3 5''' lata, panicula ½—1', spiculae 4–5''' longae nitidae dilute stramineae vel tinctu purpurascente.

POA *L.*

Post P. caesiam 928:

P. sterilis *MB.* Taur. Cauc. I. 62. *Panicula contracta racemiformi,* ramis scabris, *inferioribus brevissimis geminis ternisve, superioribus subnullis, spiculis hinc alternatim ad rachin subsessilibus,* spiculis lanceolatis attenuato - acutis 2 – 3floris, paleis fere enerviis parce villosulis, *vaginis internodio paulo brevioribus,* superioribus folio longioribus, nodis culmi denudatis, *foliis culmeis* anguste linearibus planis vel complicatis *angulo recto distiche patentibus vel reflexis, ligulis oblongis longe productis* laceris, radice fibrosa caespitosa. ♃ In apricis montis Saricusis Matrae prope Gyöngyös frequens (*Janka* exs.). Junio, Julio. P. scabra *Kit.* Addit. 7 fide *Kern.* ÖBZ. XIV. 85 nota, sed specimina authentica herbarii *Willdenow* n. 1955 a *Kitaibel* in montibus Matrae lecta et a cl. *Ascherson* benevole mecum communicata culmo scabro et foliis erecto-patentibus recedunt. Herba glabra glaucescens, culmi ½—1' alti rigidi, spiculae virides vel apice violaceae, stirps panicula angustissima lineari et foliis distiche patentibus ideoque habitu singulari valde discedens.

Observatio. Multis in dubiis haesi, num gramen ab *Janka* nuperrime in Matra repertum cum P. scabra *Kit.* autem vix identicum sit P. sterilis *MB.* an monente *Janka* P. attenuata *Trin.* in *Bunge* Verzeichn. der Altai-Pfl. 1836 p. 9 et in Mém. de l'acad. de St. Petersb. sér. VI. tome IV. 2. 1838 bot. p. 64. Nam adscribitur P. sterili in *MB.* Taur. Cauc. l. 62 „*ligula vix ulla*" P. attenuatae vero „*ligula producta*" et in gramine Matrensi tam a *Kitaibel* quam ab *Janka* lecto ligula omnino est longe producta. Sed e specimine perfecto Poae sterilis in herbario *Willdenow* n. 1976 ab ipso *Marschall a Bieberstein* determinato edoctus sum, ligulam in P. sterili minime esse brevissimam sed potius productam, ut *Trinius* de sua P. attenuata commemorat. Quamquam specimen authenticum P. attenuatae non vidi, e descriptionibus auctorum tamen patet, P. sterilem et P. attenuatam specifice vix differre (Conf. etiam *Ledeb.* Ross. IV. 371 et 375). Hac de causa nomen P. sterilis praetuli, cum prioritate gaudeat et haec species nullo dubio obnoxia sit, P. attenuata autem parum cognita esse videatur.

Ad P. nemoralem 929:

P. depauperata *Kit.* in *Spr.* Pug. I. 7 (*N.* 20) secundum specimen authenticum e manu *Kitaibelii* in herbario *Willdenow* est forma P. nemoralis *L.* spiculis parvis bifloris.

Post P. fertilem 930:

P. pannonica *Kern.* ÖBZ. XIV. 84. *Panicula diffusa patente*, ramis scabris, inferioribus plerumque quinis, *spiculis lanceolatis* 3–4*floris, paleis inferioribus trinerviis, nervis validis sericeo-pubescentibus, vaginis scabris internodio brevioribus, nodis culmi scabri denudatis, vaginis supremis folio suo parum longioribus, ligula oblonga* plerumque lacera, radice fibrosa caespitosa. 4 In rupibus calcareis montis Bontoskô Bihariae (*N.* 21). Junio, Julio. Culmi 1½—2' alti, folia glaucescentia ½—1''' lata, spiculae 2—2½''' longae virides paleis albide marginatis. Inter affines P. caesia *Sm.* vaginis internodio longioribus, P. nemoralis *L.* vagina suprema folio suo breviore et ligula brevissima, P. fertilis *Host* culmis vaginisque glabris et vagina suprema folio suo breviore, P. trivialis *L.* denique spiculis ovatis elevato-5nerviis glabris discrepant.

P. hydrophila *Kit.* in *Sadl.* Fünem. 148—9 et 155 in Banatu (*N.* 21) secundum specimen authenticum e manu *Kitaibelii* in herbario *Willdenow* est forma P. fertilis *Host* caule infracto-adscendente basi ad genicula radicante et foliis longissimis flaccidis sine dubio in solo uliginoso orta.

FESTUCA *L.*

Ad F. ovinam 939:

F. rupicola *Heuff.* ÖBZ. VIII. 29, Ban. 197 in monte Domugled (*N.* 25) est secundum specimina authentica forma F. ovinae *Koch* culmo

pedali stricto, panicula contracta racemiformi et spiculis hirsutis breviter
aristatis, cum F. hirsuta *Host* Gram. II. t. 85 et *Reichb.* Icon. XI. f.
1540 plane eadem, ob paniculam contractam tenuem ad F. ovinae varietatem α. vulgarem, ob culmum elatum ad varietatem ε. duriusculam
spectans, neque species neque varietas propria.

Ad F. drymeiam 942:

Poa banatica *Willd.* Herbar. n. 1905 et in *Kit.* Addit. 7 in silvis Banatus est secundum specimen authenticum e manu *Kitaibelii* Festuca
drymeia *MK.*, ut jam *Steudel* monuit (Nomencl. II. 358).

Post F. Scheuchzeri 942:

F. carpatica *Dietr.* Nachtr. zum Lex. der Gärt. und Bot. III. 1817
p. 333. *Panicula sub anthesi subpatente nutante demum contracta erecta,*
ramis scabris solitariis geminisve, spiculis 2—4floris muticis, valvis glabris
paleisque acutis vel obtusiusculis, valva superiore oblonga glumellas sub-
aequante et eas fere involucrante, palea inferiore elliptica 5nervia hispidula,
ovario apice piloso, *foliis complicatis filiformibus subteretibus cuspidatis,*
ligula brevissima truncata, radice fibrosa caespitosa simulque stolonifera.
♃ In valle alpina Drechselhäuschen Tatrae orientalis (*N.* 26) et in alpe
Rodnensi Koronjis jam in Transsilvania sita (*Porcius* exs.). F. nutans
Wahlb. Carpat. 28 nec *Host.* F. dimorpha *Guss.* Pl. rar. 1826 p. 34 t. 6,
Janka ÖBZ. XVI. 101. Culmi 1½ — 2' alti vaginisque glabri, vaginae
basilares squamaeformes aphyllae, spiculae circiter 3''' longae Melicae
potius quam Festucae similes (inde genus Amphigenes *Janka* Linn.
1859 p. 619) e stramineo aureo et violaceo variegatae. F. Scheuchzeri
Gaud. (F. nutans *Host*) ramis paniculae glabris, valvis paleisque acuminatis vel cuspidatis, foliis culmeis planis et ligula oblonga abunde diversa
(Vidi specimina ex alpibus Tatrae et Koronjis ab *Janka* benevole mecum
communicata). Julio, Augusto.

BROMUS *L.*

Post B. squarrosum 948:

B. macrostachys *Desf.* Fl. atlant. I. p. 96 t. 19 f. 2. *Panicula*
racemiformi subsimplici contracta erecta, spiculis lanceolatis compresso-
teretibus multifloris glabris pubescentibus villosisve, glumellis fructiferis
margine se invicem tegentibus, palea inferiore oblonga septemnerria
margine supra medium angulum obtusum exhibente paleam superiorem
conspicue superante, *aristis contorto-divaricatis,* vaginis villosis. ☉ In
collibus graminosis ad Bazias Banatus (*Winkl.* ÖBZ. XVI. 15). B. lanceolatus *Roth* Catal. II. 18, *Guss.* Pl. rar. t. 8 et B. divaricatus

18 *

• *Rhode* in *Lois.* Not. 22, *Reichb.* Icon. XI. f. 1597 secundum *Parlat.* Fl. ital. I. 397 et *Gren. et Godr.* Fl. de France III. 593. Culmi 1 — 2' alti, spiculae circiter pollicares pallide virides. Similis B. squarrosus *L.* panicula patente magis ramosa flaccide nutante et spiculis oblongo-lanceolatis latioribus diversus. Desideratur in *Heuff.* En. Ban. 198. Specimen banaticum non vidi.

TRITICUM *L.*

Post T. caninum 953:

T. cristatum *Schreb.* Gräs. t. 23 f. 2. *Spica ovali vel oblonga* compressa disticha, *spiculis* lineari-lanceolatis glabris hispidisve 3—plurifloris *pectinatim patentibus,* valvis subulatis 3nerviis paleisque breviter aristatis, rachi flexuosa scabra, foliis vaginisque glabris vel pubescentibus, radice fibrosa caespitosa simulque stolonifera. 2l In arenosis siccis vel salsis, ad vias, in aggeribus planitierum (*N.* 28). Majo—Julio *Host* Gram. II. t. 24. T. imbricatum *MB.* Taur. Cauc. I. 88. Agropyrum cristatum *PB.* Agrost. 102, *Reichb.* Icon. XI. f. 1382. Culmi 1—1½' alti, foliisque glaucescentes. Figurà spicae 1½—2" longae et ½" latae distinctissimum.

SECALE *L.*

Post S. cereale 954:

S. fragile *MB.* Taur. Cauc. III. 93. Culmo erecto ad apicem usque vaginato infra spicam villoso, *rachi fragili spica maturi articulatim dehiscente, valvis* lineari-subulatis *longe aristatis, arista valvae laminam duplo triplove superante,* palea inferiore longissime aristata, arista laminam suam quinquies-sexies superante. ⊙ et ⊙ In campis arenosis, ad vias, in arena mobili (*N.* 28). Junio, Julio. *Reichb.* Icon. XI. f. 1400. S. silvestre *Host* Gram. IV. t. 11. S. campestre *Kit.* in *Schult.* Oestr. Fl. I. 197, Addit. 11. Culmi 1 — 2' alti, vaginae glabrae, aristae scaberrimae. Simile S. cereale *L.* rachi tenaci continua et valvis vix vel breviter tantum aristatis differt.

AEGILOPS *L.*

Post Ae. triuncialem 958:

Ae. caudata *L.* Spec. 1489. *Spica cylindrica elongata stricta* e spiculis 5—11 composita, *valvis glabris uniaristatis, aristis spicularum inferiorum abbreviatis, terminalium longissimis,* palea inferiore tridentata, dente intermedio in mucronem vel in aristam brevissimam excurrente, dentibus lateralibus obtusiusculis. ⊙ Ad vias, agrorum margines, in arenosis, vineis, locis siccis (*N.* 29). Majo, Junio. Ae. cylindrica *Host*

Gram. II. t. 7, *Reichb.* Icon. XI. f. 1356. Culmi $\frac{1}{2}-1\frac{1}{2}'$ alti, aristae spicularum trium terminalium $1-1\frac{1}{2}''$ longae.

LEPTURUS *R. Br.*

Post L. filiformem 959:

L. pannonicus *Kunth* Gram. I. 151. *Spica tereti elongata stricta, spiculis bifloris muticis flore utroque perfecto hermaphrodito, glumis duabus oppositis rachi contrariis* glumellam superantibus, foliis brevibus plerumque horizontaliter patentibus vel refractis vaginisque glabris, ligula oblonga. ⊙ In locis salsis paludosis planitierum (*N.* 29). Majo, Junio. Rottboellia pannonica *Host* Gram. I. t. 24. R. salina Rel. Kit. 3, 83. Ophiurus pannonicus *PB.* Agrost. 116, *N. ab E.* Gen. X. t. 17 f. 1—15. Pholiurus pannonicus *Trin.* Fund. 132, *Reichb.* Icon. XI. f. 1336. Culmi geniculato-adscendentes simplices vel basi ramosi, 3—10'' alti, spicae graciles 2—5'' longae. L. incurvatus et filiformis *Trin.* spiculis unifloris flore nimirum superiore rudimentari et glumis collateralibus anticis discrepant.

III. ENDOGENAE CRYPTOGAMAE.

POLYPODIACEAE.

CYSTOPTERIS *Bernh.*

Loco C. montanae 981 ponatur:

C. montana *Bernh.* in *Schrad.* Neuem Journ. 1806 II. 26. Frondibus glabris ambitu ovato-triangularibus tripinnatisectis stipite suo brevioribus, segmentis tertiae divisionis oblongis pinnatifidis serratisve, *secundae divisionis segmento infimo quam subsequens longiore et longitudine totius segmenti tertii primae divisionis, rhizomate repente frondes solitarias emittente.* ♃ In silvis saxosis subalpinis Tatrae borealis et in valle Demanovka Liptoviae australis (*N.* 6). Julio—Septembri. *Milde* Höh. Spor. Pfl. 70. Aspidium montanum *Sw.* in *Schrad.* Journ. 1800 II. 42, *Schk.* Krypt. t. 63, Fl. dan. t. 2250. Frondes cum stipite 4 — 12'' altae, lamina 2 — 5'' longa et basi eadem latitudine.

C. sudetica *A. Br. et Milde* Schles. Gesellsch. 1855 p. 92. Frondibus glabris ambitu late ovatis tripinnatisectis stipite suo brevioribus, segmentis tertiae divisionis cuneatis pinnatifidis, *secundae divisionis segmento infimo* *quam subsequens breviore et longitudine totius segmenti septimi primae divisionis, rhizomate repente frondes solitarias emittente.* ♃ In silvis subalpinis saxosis Tatrae borealis et Bihariae (*N.* 6). Julio – Septembri. *Milde* Schles. Krypt. p. 554 f. 108–10, Höh. Spor. Pfl. 70. C. leucosoria *Schur* ÖBZ. VIII. 328. Frondes cum stipite 8 — 12" altae, lamina 3 — 6" longa et basi eadem fere latitudine vel paulo angustior. Simillima praecedenti, vix specifice distincta.

Addenda et corrigenda.

P. 28 ad Cherleriam sedoidem, loco Alsine Cherleria lege A. Cherleri.

P. 29—30 post Linum hologynum adde: Linum uniflorum *Kit.* Addit. 270 est secundum specimen authenticum in herbario *Willdenow* n. 6213 forma macra Lini usitatissimi *L.* caule unifloro (*Aschers.* in litt.).

P. 32 ad Erodium Neilreichii adde: *Janka* in ÖBZ. XVII. 101.

P. 67 ad Achilleam crithmifoliam linea 7. ab ima ante A. nobilem ponatur: *Reichb.* Icon. XXVI. t. 134.

Index.

Species et varietates in hoc libello commemoratae sunt *litteris cursivis*, synonyma litteris erectis impressa.

pagina

Absinthium spicatum Baumg. . . 66
Acer tataricum L. 32
Achillea banatica Kit. 67
  cartilaginea Ledeb. 67
  compacta Willd. 68
  crithmifolia WK. . . . 67, 142
  leptophylla MB. 68
  lingulata WK. 67
  nobilis Roch. 67
  nova Wint. 68
  ochroleuca WK. 68
  pectinata Willd. 68
  Ptarmica b. cartilaginea Roch. 67
  sericea Janka 68
Acinos rotundifolius Pers. . . . 100
Aegilops caudata L. 140
  cylindrica Host 140
Aethionema banatica Janka . . . 17
Agrimonia Agrimonoides L. . . 46
Agropyrum cristatum PB. . . . 140
Ajuga Laxmanni Benth. 103
Aldrovanda vesiculosa L. 19
Alkanna Tausch 89
  tinctoria Tausch 89
Allium ammophilum Heuff. . . . 124
  flavescens Reichb. 124
  fuscum WK. 124
  longispathum Redouté . . . 124

pagina

Allium pallens Host 124
  paniculatum Griseb. 124
Alsine banatica Bluff 27
  Cherleri Fenzl 28
  falcata Griseb. 27
  glomerata Fenzl 27
  graminifolia Bluff 28
  Preslii Reuss 28
Alyssum novum Wint. 13
  Rochelii Andrz. 13
  rostratum Roch. 13
  tortuosum WK. 13
  Wierzbickii Heuff. 14
Anchusa Barrelieri Vitm. . . . 87
  ochroleuca MB. 87
Andropogon strictus Host . . . 132
Anthemis alpina Baumg. 69
  carpatica WK. 69
  grandiflora Host 69
  Kitaibelii DC. 69
  macrantha Heuff. 68
  montana L. 69
  saxatilis DC. 69
  styriaca Vest 69
  tenuifolia Schur 69
Anthericum serotinum L. . . . 123
Anthriscus alpestris W. Gr. . . . 59

pagina

Anthriscus silvestris β. alpestris . 59
   torquata Heuff. 59
Apargia aspera WK. 76
Aquilegia alpina Baumg. 6
   glandulosa Fisch. 6
Arabis glareosa Schur 11
   neglecta Schult. 10
   ovirensis Wahlb. 11
   petrogena Kern. 10
Aremonia agrimonioides DC. . . 46
Arenaria frutescens Kit. 27
   glomerata MB. 28
   graminifolia Schrad. 28
   pendula WK. 28
Artemisia annua L. 66
   Baumgartenii Bess. 66
   monogyna WK. 66
   spicata Wahlb. 66
   spicata β. eriantha DC. . . 66
Arum orientale MB. 116
Asclepias R. Br. 4
   Cornuti Decn. 84
   syriaca L. 84
Asperula Allionii Baumg. . . . 61
   capitata Kit. 60
   ciliata Roch. 60
   hexaphylla Schult. 61
Aster punctatus WK. 65
Astragalus arenarius b. multijugus Roch. 40
   chlorocarpus Griseb. 40
   contortuplicatus L. 40
   dasyanthus Pall. 41
   eriocephalus WK. 41
   galegiformis L. 41
   leontinus Wahlb. 40
   novus Wint. 40
   oroboides Horn. 39
   pannonicus Schult. 41
   Rochelianus Heuff. 40
   virgatus Pall. 40
Astrantia Epipactis Scop. . . . 53

pagina

Atropa physaloides L. 90
Avena australis Parl. 136
   carpatica Host 137
   caryophyllea Fl. gr. 136
   compressa Heuff. 136
Azalea procumbens L. 83
Beckmannia Host 133
   erucaeformis Host 133
Beta trigyna WK. 110
Brassica elongata Ehrh. 13
   nova Wint. 13
   polymorpha WK. 11
Bromus divaricatus Rhode . . . 139
   lanceolatus Roth 139
   macrostachys Desf. 139
Bruckenthalia Reichb. . . . 83
   spiculifolia Reichb. 83
Buglossum Barrelieri All. . . . 87
Bulbocodium vernum L. 125
Bupleurum diversifolium Roch. . 53
   heterophyllum Roch. 53
Calamintha origanifolia Host . . 101
   patavina Host 100
   Pulegium Reichb. fil. 101
   rotundifolia Benth. 100
   silvatica Bromf. 100
Calepina Corvini Desv. 18
Camelina macrocarpa Reichb. . 15
Campanula abietina Griseb. . . 81
   carpatica Jacq. 81
   cervicaria β. multiflora Reichb. 81
   crassipes Heuff. 80
   divergens WK. 82
   Grossekii Heuff. 82
   heterophylla Baumg. 82
   lingulata WK. 82
   macrostachya WK. 81
   multiflora WK. 81
   patula b. pauciflora Roch. . 81
   spathulata WK. 82
   Steveni MB. 80
   thyrsoidea Baumg. 81

	pagina
Campanula transsilvanica Schur	81
Wanneri Roch.	82
Welandii Heuff.	80
Camphorosma ovata WK.	110
Capsicum L.	90
annuum L.	90
Cardamine graeca L.	11
Carex banatica Heuff.	129
Bellardi All.	128
brevicollis DC.	131
Buekii Wimm.	129
dacica Heuff.	130
Drejeri Lang	130
pediformis Meyer	131
pyrenaica Wahlb.	129
rhynchocarpa Heuff.	132
saxatilis Kit.	130
tetanica Roch.	132
trachyantha Dorn.	131
tristis MB.	131
vaginata Maly	132
vitilis Fries	129
Centaurea arenaria MB.	75
atropurpurea WK.	74
calocephala Willd.	75
Heuffelii Reichb. fil.	75
iberica Trev.	76
Kotschyana Heuff.	75
triniaefolia Heuff.	75
Cephalaria centauroides Coult.	62
corniculata R. Sch.	63
levigata Schrad.	63
Cerastium longirostre Wich.	29
macrocarpum Schur	29
Chaerophyllum nitidum Wahlb.	59
Chamaemelum inodorum Vis.	70
uniglandulosum Vis.	71
Cheiranthus cuspidatus MB.	12
junceus WK.	12
Cherleria sedoides L.	28, 142
Chrysanthemum achilleaefolium Steud.	71

	pagina
Chrysanthemum inodorum L.	70
Leucanthemum γ. rotundifolium Kan. Kn.	70
rotundifolium WK.	70
serotinum L.	70
sibiricum Turcz.	70
tenuifolium Kit.	71
trichophyllum Boiss.	71
Zawadzkii Herb.	70
Chrysocoma villosa WK.	65
Cirsium arvensi-palustre Näg.	73
Boujarti Sch. Bip.	73
brachycephalum Jur.	73
Chailleti Koch	73
Erisithali-heterophyllum Näg.	74
Cirsium pauciflorum Spr.	74
Cochlearia macrocarpa WK.	15
Colchicum arenarium WK.	126
Bertolonii Stev.	127
bulbocodioides MB.	126
Haynaldi Heuff.	126
montanum Bert.	127
pannonicum Gris.	125
Colutea cruenta Ait.	38
Comandra elegans Reichb.	111
Comarum palustre L.	45
Conioselinum Fischeri W. Gr.	56
Convolvulus silvaticus WK.	85
silvestris WK.	85
Corispermum canescens Kit.	108
hyssopifolium L.	108
intermedium Moq.	108
Marschallii Stev.	108
microspermum Host	108
nitidum Kit.	108
orientale Lam.	108
Pallasii NE.	108
purpurascens Host	108
Cortusa Matthioli L.	105
Crataegus melanocarpa MB.	47
nigra WK.	47
Oxyacantha var. oliveriana	47

	pagina
Crataegus pentagyna WK.	47
Crepis agrestis WK.	77
Fussii Kov.	79
nova Wint.	77
rigida WK.	77
virens L.	77
viscidula Fröl.	78
Crocus aureus Fl. gr.	119
banaticus Gay	120
banaticus Heuff.	119
byzantinus Herb.	120
Heuffelii Körn.	119
iridiflorus Heuff.	120
luteus Roch.	119
moesiacus Ker	119
nudiflorus Kit.	120
speciosus Baumg.	120
vernus β. banaticus Heuff.	119
Cucubalus multiflorus Ehrh.	24
Cucumis Citrullus Ser.	48
Cucurbita aurantia Willd.	48
Citrullus L.	48
Lagenaria L.	47
maxima Duch.	48
subverrucosa Willd.	48
verrucosa L.	48
Cuscuta aurantiaca Req.	86
breviflora Vis.	86
obtusiflora HBK.	85
Rogovitschiana Trautv.	86
Cynoglossum umbellatum WK.	87
Cyperus banaticus Kit.	128
calidus Kern.	127
glaber L.•	128
pannonicus Jacq.	128
patulus Kit.	128
Cystopteris montana Bernh.	141
sudetica A. Br. et Milde	141
Cytisus albus Hacq.	33
austriacus L.	33
banaticus Griseb.	34
cinereus Host	34

	pagina
Cytisus Heuffelii Wierzb.	34
leiocarpus Kern.	34
leucanthus WK.	33
leucanthus b. obscurus Roch.	34
pallidus Kit.	34
Rochelii Wierzb.	34
Danaa aquilegifolia All.	60
Delphinium Ajacis Wolfn.	7
orientale Gay	6
Dianthus atrorubens All.	21
Balbisii Ser.	21
banaticus Heuff.	21
capitatus Roch.	22
Carthusianorum L.	20
compactus Kit.	20
diutinus Kit.	21
glaucophyllus Reichb.	22
hungaricus Hausskn.	23
nitidus WK.	22
petraeus WK.	23
polymorphus MB.	21
polymorphus Wierzb.	21
pruinosus Janka	22
sabuletorum Heuff.	21
serotinus WK.	23
trifasciculatus Kit.	22
vaginatus Reichb.	21
Wimmeri Wich.	23
Digitalis lanata Ehrh.	93
Winterli Roth	94
Dioszegia crispa Heuff.	77
Dondia Epipactis Spr.	53
Doronicum caucasicum MB.	71
hungaricum Reichb. fil.	72
Neudtvichii Sadl.	71
plantagineum Kit.	72
Dorycnium diffusum Janka	37
Draba Aizoon Wahlb.	14
androsacea Baumg.	15
Kotschyi Stur	15
lasiocarpa Roch.	14
nemoralis Ehrh.	15

	pagina			pagina
Draba nemorosa L.	15	Ficaria calthaefolia Reichb.		3
pyrenaica L.	14	nudicaulis Kern.		3
Echinops banaticus Roch.	72	Fumaria agraria Griseb.		10
humilis Reichb.	72	calycina Kit.		8
Rochelianus Griseb.	72	capreolata Nendtv.		10
ruthenicus Roch.	72	deflexa Heuff.		9
Elyna spicata Schrad.	128	Kraliki Jord.		9
Ephedra distachya L.	115	Laggeri Jord.		9
minor Host	115	media Janka		9
monostachya L.	115	micrantha Griseb.		8
vulgaris Rich.	115	officinalis L.		8
Eremogone procera Reichb.	28	parviflora Bert.		9
Erianthus Hostii Griseb.	132	parviflora Lam.		9
strictus Bluff	132	Petteri Reichb.		9
Erica Bruckenthalii Spr.	83	prehensilis Kit.		8
spiculifolia Salisb.	83	rostellata Knaf		8
Erodium Neilreichii Janka	32, 142	tenuiflora Janka		9
Erucastrum elongatum Reichb.	13	Vaillantii Lois.		9
Erysimum cuspidatum DC.	12	Wirtgeni Steff.		9
junceum Willd.	12	Gayca succedanea Griseb.		123
suffruticosum Reuss	12	Galatella insculpta Reichb.		65
Witmanni Zaw.	12	punctata DC.		65
Erythraea emarginata WK.	85	villosa Reichb.		65
Euphorbia ambigua WK.	112	Galinsoga parviflora Cav.		65
lingulata Heuff.	112	Galium capillipes Reichb.		61
mehadiensis Kit.	112	Kitaibelianum Schult.		61
salicifolia b. angustata Roch.	112	nitidum Willd.		61
Fedia pumila Reichb.	62	ochroleucum Kit.		61
Ferula Koch	57	papillosum Heuff.		61
communis Heuff.	57	Genista hungarica Kern.		33
Ferulago b. commutata Roch.	56	lasiocarpa Spach		33
Heuffelii Griseb.	57	Mayeri Janka		33
Sadleriana Ledeb.	57	Gentiana pyrenaica L.		85
sibirica Sadl.	57	Geum aleppicum Jacq.		44
silvatica Bess.	56	strictum Ait.		44
Ferulago monticola Boiss.	56	Glaux maritima L.		105
Sadleri Griseb.	57	Glycyrrhiza echinata L.		37
silvatica Reichb.	56	glandulifera WK.		37
Festuca carpatica Dietr.	139	Gymnadenia Friwaldii Hamp.		118
dimorpha Guss.	139	Frivaldskyana Hamp.		118
nutans Wahlb.	139	Hacquetia Epipactis DC.		53
rupicola Heuff.	138	Hamiltonia elegans Reichb.		111

19 *

148

	pagina
Hedysarum album WK.	41
Heliotropium supinum L.	86
Helleborus atrorubens WK.	6
cupreus Host	6
dumetorum WK.	6
graveolens Host	6
laxus Host	6
odorus WK.	6
pallidus Host	6
purpurascens WK.	6
viridis L.	5
Heracleum asperum Roch.	58
palmatum Baumg.	58
Hesperis africana L.	11
nova Wint.	11
Hieracium auriculoides Laug	80
bihariense Kern.	80
carpaticum Bess.	80
foliosum WK.	79
lasiophyllum Hillebr.	79
murorum b. simplex Roch.	80
oreades Heuff.	78
pannonicum Jacq.	77
petraeum Friv.	78
Pilosella-aurantiacum Heer	80
pleiophyllum Schur	78
porphyriticum Kern.	80
praealto-Pilosella Wimm.	80
pyrenaicum Roch.	78
rhodopeum Griseb.	78
transsilvanicum Heuff.	79
virosum Pall.	79
Hierochloa orientalis Fries	133
Hippophaë rhamnoides L.	111
Hyacintus comosus Jacq.	125
comosus L.	125
Hypericum alpinum WK.	31
Richeri Vill.	31
Rochelii Griseb.	31
umbellatum Kern.	31
Iris arenaria Roch.	122
arenaria WK.	122

	pagina
Iris lepida Heuff.	121
leucographa Kern.	122
lurida Reichb.	121
nova Wint.	122
Reichenbachii Heuff.	121
tristis Reichb.	122
Jurinea macrocalathia C. Koch	74
Kitaibelia Willd.	30
vitifolia Willd.	30
Knautia carpatica Heuff.	63
ciliata Heuff.	64
dipsacifolia Heuff.	64
drymeia Heuff.	64
dumetorum Heuff.	63
pannonica Heuff.	64
Kochia sedoides Schrad.	109
Lagenaria vulgaris Ser.	47
Lamium garganicum Roch.	101
inflatum Heuff.	101
Lathyrus gramineus Kern.	42
Hallersteinii Baumg.	42
Nissolia L.	42
pratensis b. grandistipulus Roch.	42
Leontodon asper Heuff.	76
crispus Vill.	76
saxatilis Reichb.	76
Lepidium crassifolium WK.	17
Lepturus pannonicus Kunth	141
Ligusticum aquilegifolium Willd.	60
Lilium albanicum Griseb.	123
pyrenaicum Baumg.	123
Linaria genistifolia - vulgaris Aschers.	94
Kociauovichii Aschers.	94
Linosyris glabrata Lindl.	65
villosa DC.	65
Linum alpinum Wahlb.	30
hologynum Reichb.	29
nervosum WK.	29
uniflorum Kit.	142

	pagina
Lithospermum dispermum L.	86
tinctorium L.	89
Lloydia serotina Reichb.	123
Lychnis nemoralis Heuff.	26
nivalis Kit.	26
Lycopersicum Tourn.	89
esculentum Mill.	90
Malcolmia africana R. Br.	11
Marrubium peregrinum α. lati-	
folium Koch	102
peregrino-vulgare Reich.	102
remotum Kit.	102
Mattia Schult.	87
umbellata Schult.	87
Melampyrum saxosum Baumg.	97
subalpinum Kern.	97
Melandryum nemorale A. Br.	27
Zawadzkii A. Br.	25
Melica altissima L.	137
Melilotus caerulea b. laxiflora Koch.	34
laxiflora Friv.	34
procumbens Bess.	34
Melissae albae similis WK.	101
Melissa Pulegium Koch.	101
subnuda WK.	101
Mentha silvestri-arvense Kern.	98
Skofitziana Kern.	101
Micromeria Pulegium Benth.	101
Milium holciforme Spr.	134
Moehringia pendula Fenzl	28
Muscari comosum Tausch	124
tenuiflorum Tausch	125
Myosotis obtusa WK.	87
Myosurus minimus L.	2
Nasturtium proliferum Heuff.	10
Nicandra Adans.	90
physaloides Gaertn.	90
Nuphar sericeum Lang	7
Nymphaea Lotos WK.	7
thermalis DC.	7
Oenanthe banatica Heuff.	54
dacica Kov.	54

	pagina
Oenanthe media Griseb.	54
peucedanifolia Heuff.	54
silaifolia Heuff.	54
Onobrychis alba Desv.	41
Onopordum tauricum Willd.	74
virens β. tauricum DC.	74
Ophiurus pannonicus PB.	141
Ophrys bicornis Sadl.	118
cornuta Stev.	118
Scolopax d. cornuta Reichb.	118
Orchis cordigera Fries	118
cruenta Koch.	118
elegans Heuff.	117
glaucophylla Kern.	117
lancibracteata C. Koch	117
rivularis Heuff.	118
saccifera Brogn.	117
tetragona Heuff.	117
Orobanche alba Wierzb.	96
Echinopis Panč.	97
epithymoides Heuff.	96
leucantha Griseb.	96
psilandra C. Koch	96
Orobus alpestris WK.	43
canescens L. fil.	43
flaccidus Kit.	43
ochroleucus WK.	43
pallescens MB.	43
praecox Kit.	43
rigidus Lang	43
tuberosus Lunn.	43
variegatus Heuff.	43
vernus L.	43
Oryza A. Br.	134
sativa L.	134
Oxytropis carpatica Uechtr.	38
Paeonia tenuifolia L.	7
Pedicularis campestris Griseb.	98
comosa Heuff.	98
limnogena Kern.	98
Peganum L.	32
Harmala L.	32

	pagina
Petrocallis pyrenaica R. Br.	14
Peucedanum arenarium WK.	58
longifolium WK.	57
Rochelianum Heuff.	58
ruthenicum Roch.	58
sibiricum WK.	57
Phaca oroboides DC.	40
Phalaris erucaeformis L.	133
Phleboanthe Laxmanni Tausch	104
Pholiurus pannonicus Trin.	141
Physospermum Cuss.	60
aquilegifolium Koch	60
Piptatherum caerulescens Roch.	134
holciforme R. Sch.	134
Plantago gentianoides Sm.	106
limosa Kit.	106
maxima Juss.	105
Schwarzenbergiana Schur	106
sibirica Poir.	106
tenuiflora WK.	107
uliginosa Baumg.	107
Poa banatica Willd.	139
depauperata Kit.	138
hydrophila Kit.	138
pannonica Kern.	138
scabra Kit.	137
sterilis MB.	137
Polycnemum arvense L.	109
Heuffelii Lang	109
majus A. Br.	109
verrucosum Lang	109
Polygala alpestris Heuff.	19
hospita Heuff.	20
vulgaris b. *elongata* Roch.	19
Polygonum arenarium WK.	111
graminifolium Wierzb.	110
Polyschemone nivalis Schott	26
Populus albo-tremula Krause	115
Bachofenii Wierzb.	115
canescens Sm.	115
croatica WK.	115
hybrida Reichb.	115

	pagina
Populus pannonica Kit.	115
villosa Lang	115
Potamogeton Grisebachii Heuff.	116
Potentilla chrysantha Trev.	46
chrysocraspeda Lehm.	46
grandiflora Baumg.	46
Heuffeliana Steud.	46
micropetala Reichb.	46
transsilvanica Schur	46
Pteroneurum graecum DC.	11
Rochelianum Reichb.	11
Pulmonaria rubra Schott	89
Pyrethrum achilleifolium MB.	71
uliginosum WK.	70
Quercus Budayana Hab.	114
conferta Kit.	114
Esculus Heuff.	114
Farnetto β. conferta DC.	114
hungarica Hub.	114
pallida Heuff.	114
Radiola linoides Gmel.	30
Ranunculus acris Jord.	5
auricomus grandiflorus Reichb.	4
carpaticus Herb.	5
flabellifolius Heuff.	4
Frieseanus Jord.	5
Gouani Willd.	5
lateriflorus DC.	3
Lerchenfeldianus Schur	5
mediterraneus Steff.	4
nodiflorus L.	2
pedatus WK.	3
Philonotis β. *mediterraneus* Griseb.	4
polyphyllus WK.	3
pygmaeus Wahlb.	4
Steveni Andrz.	5
Thomasii Ten.	5
Reseda inodora Reichb.	18
Rhodiola rosea L.	49
Rhododendron myrtifolium Schott	83

pagina

Rochelia Reichb. 86
saccharata Reichb. 86
stellulata Reichb. 86
Rottboellia pannonica Host . . . 141
salina Kit. 141
Rubus agrestis WK. 45
hirtus WK. 45
Rudbeckia L. 66
laciniata L. 66
Sabulina banatica Reichb. . . . 27
Saccharum strictum Spr. . . . 132
Sagina dichotoma Heuff. . . . 27
Salsola cinerea WK. 109
Salsolae sativae affinis RK. . . 107
Salvia amplexicaulis Reichb. . . 98
nutans L. 99
Saponaria glutinosa MB. . . . 23
Sarothamnus vulgaris Wimm. . . 33
Satureia Kitaibelii Wierzb. . . . 100
Saxifraga ajugaefolia Wahlb. . . 51
carpatica Reichb. 52
Flittneri Heuff. 51
fonticola Kern. 52
Grzegorcekii Janka 52
Heuffelii Schott 52
Lapeyrousii Herb. 51
luteopurpurea WK. 51
luteoviridis Schott 51
perdurans Kit. 51
pseudocaesia Roch. 51
rigens Kit. 51
rivularis Towns. 52
Rochelianus Sternb. 51
sibirica Wahlb. 52
Wahlenbergii Ball 51
Scabiosa arvensis β.carpatica Fisch. 63
banatica WK. 64
centauroides Host 63
ciliata Reichb. 64
corniculata WK. 63
levigata WK. 63
uralensis Host 63

pagina

Scandix silvatica Kit. 59
Scheuchzeria palustris L. . . . 116
Scleranthus neglectus Roch. . . 49
Scrofularia grandifolia C. Koch 93
Scutellaria albida L. 103
altissima L. 103
Columnae All. 103
hirsuta Kit. 103
pallida MB. 103
peregrina WK. 103
simplex Nendtv. 102
Secale campestre Kit. 140
fragile MB. 140
silvestre Host 140
Sedum Hillebrandii Fenzl . . . 50
roseum Scop. 49
Selinum Rochelii Heuff. . . . 55
Sempervivum assimile Schott . . 50
Heuffelii Schott 50
patens Griseb. 50
Senecio macrophyllus MB. . . . 72
umbrosus WK. 72
Seseli gracile WK. 55
leucospermum WK. 55
rigidum WK. 54
Sesleria Bielzii Schur 135
caerulans Friv. 135
caerulea Ard. 135
caerulea Sadl. 136
filifolia Hoppe 135
Haynaldiana Schur . . . 136
Heufleriana Schur 136
juncifolia Roch. 135
marginata Griseb. 135
rigida Heuff. 135
rigida Schur 135
tenuifolia Roch. 135
Sicyos L. 49
angulatus L. 49
Silaus carvifolius Mey. . . . . 55—6
virescens Griseb. 55
Silene commutata Schur 25

152

	pagina			pagina
Silene depressa Baumg.	26	Tanacetum serotinum Sch.		71
dinarica Spr.	26	Waldsteinii Sch.		71
dubia Herb.	25	*Taraxacum crispum* Heuff.		77
flavescens WK.	26	*Teesdalia nudicaulis* R. Br.		17
Gallinyi Heuff.	24	Teucrium Laxmanni L.		104
Kitaibelii Vis.	26	*pannonicum* Kern.		104
longifolia Ehrh.	24	Thalictrum galioides Nestl.		2
multiflora Pers.	24	laserpitiifolium Griseb.		2
petraea WK.	25	*medium* Jacq.		1
saxatilis Sims	25	*peucedanifolium* Griseb.		2
Saxifraga WK.	26	*simplex* Wahlb.		2
Siegeri Baumg.	26	*Thesium elegans* Roch.		111
spergulifolia Schur	25	Thlaspi alpestre Janka		16
transsilvanica Schur	25	*dacicum* Heuff.		17
trinervia Seb. Maur.	24	*Jankae* Kern.		16
viridiflora L.	25	*Kovatsii* Heuff.		16
Zawadzkii Herb.	25	montanum Kn.		16
Sinapis levigata Pall.	13	praecox Kit.		16
Sison Amomum L.	53	*Thymus acicularis* WK.		99
Sisymbrium junceum MB.	11	*comosus* Heuff.		99
Solanum Lycopersicum L.	90	Tilia alba WK.		31
Sorghum cernuum Willd.	132	*argentea* Desf.		31
Spartium scoparium L.	33	*flava* Wolny		31
Spiraea chamaedryfolia L.	44	*vitifolia* Wierzb.		30
crenata L.	44	*Torilis microcarpa* Andrz.		59
hypericifolia Schm.	44	*Tozzia alpina* L.		97
oblongifolia WK.	44	*Tragus racemosus* Desf.		133
obovata WK.	44	*Trientalis europaea* L.		105
Stachys lanata Jacq.	101	Trifolium albidum Kit.		36
nitida Janka	102	*angulatum* WK.		37
Sternbergia colchiciflora WK.	122	*diffusum* Ehrh.		36
Succisa centauroides Reichb.	63	echinatum Wierzb.		36
uralensis Reichb.	63	*expansum* WK.		35
Swertia punctata Baumg.	84	purpurascens Roth		36
Symphyandra Wanneri Heuff.	82	*reclinatum* WK.		36
Symphytum angustifolium Kern.	88	recurvum WK.		36
cordatum WK.	88	reflexum DC.		36
ottomanum Friv.	89	*Sarosiense* Hazsl.		35
uliginosum Kern.	88	*vesiculosum* Savi		36
Syrenia cuspidata Reichb.	12	Trigonella Besseriana DC.		34
Tanacetum achilleaefolium Sch.	71			
Gmelini Sch.	71	Tripleurospermum inodorum Sch.		70

pagina

Triticum cristatum Schreb. . . . 140
   imbricatum MB. 140
Trochiscanthes nodiflorus Koch . 55
Urachne grandiflora Trin. . . . 134
Urtica dioica L. 113
   galeopsifolia Wierzb. 113
   Kioviensis Rogow. 113
   major Kan. 113
   radicans Bolla 113
Valeriana simplicifolia Kab. . . 62
Valerianella membranacea Lois. 62
   pumila DC. 62
Verbascum banaticum Schrad. . 91
   blattariforme Griseb. 93
   bombyciferum Heuff. 90
   lanatum Schrad. 92
   leiocaulon Heuff. 92
   leiostachyon Heuff. 92
   Lychnitis - phoeniceum Kern. 93
   macrophyllum C. Koch . . . 91
   repandum Wierzb. 93

pagina

Verbascum rubiginosum WK. . . 93
   Schmidli Kern. 93
   specioso-phoeniceum N. . . . 93
   vernale Wierzb. 92
   Wierzbickii Heuff. 92
Verbena supina L. 104
Veronica anagalloides Guss. . . 94
   Bachofenii Heuff. 95
   Baumgartenii R. Sch. . . . 94
   crassifolia Wierzb. 95
   incana L. 95
   neglecta Schult. 96
   pallens Host 96
   pauciflora Kit. 95
   petraea Roch. 95
Vicia hungarica Heuff. 42
   truncatula Fisch. 42
Viola Olimpia Begg. 18
Waldsteinia Willd. 45
   geoides Willd. 45